Gerd Rohde

SELBSTHILFE GESCHICHTEN

Der Autor dankt Frau Hildegard Sommer, Frau Lara Gattuso und ganz besonders Herrn Dr. Peter Daublebsky für die geduldigen Hilfen auf dem Wege von seinem Kopf bis zum fertigen Buch.

Rückfragen zu Selbsthilfegruppen bei:

Nationale Kontakt- und Informationsstelle zur Anregung und Unterstützung von Selbsthilfegruppen (NAKOS),
Wilmersdorfer Straße 39, 10627 Berlin,
Tel.: 030/31018960, E-Mail: selbsthilfe@nakos.de

die Selbsthilfekontaktstelle Hanau (SEKOS),
Breslauer Straße 19, 63452 Hanau,
Tel.: 06181/255500
E-Mail: sekos@bgz.de

Gerd Rohde, Südring 62, 63517 Rodenbach,
Tel.: 06184/51247
E-Mail: gerd.rohde@gmx.de

ISBN: 978-3-00-028408-3

1. Auflage Oktober 2009:1500
9,00 Euro einschließlich Porto

Bestellung des Buches:

- bei der Selbsthilfekontaktstelle Hanau (SEKOS): **siehe oben!**
- in jedem Buchladen

Inhaltsverzeichnis

1.) Alkohol

Einer fährt betrunken Auto. Mal wieder. Man sieht es ihm kaum an. Aber er merkt es. Ohne Alkohol zittert er. Zum Gotterbarmen. Mit Alkohol fährt er wie auf einem Gleis. Ausweichen geht nicht. Seine Arbeitsstelle ist er los. Erinnerungslücken. Er schreibt auf Zettel, was er nicht vergessen darf. Aber er vergisst, wo er die Zettel hat. Sein Geld ist alle. Seine Frau ist weg, mit dem Kind.

Er weiß, dass die Polizei an der Kreuzung kontrolliert. Es ist sein Weg. Er fährt in die Kontrolle. Blutprobe: 3,1 Promille. Führerschein weg.

Er geht zu den Anonymen Alkoholikern, den AA. Da sagt er, er habe an der Kreuzung gewusst, was er tut: Lieber ein Ende mit Schrecken als ein Schrecken ohne Ende. Von da an trinkt er keinen Alkohol mehr. 3 Tage zittert er durch. Dann wird er ruhiger. Andere, die er bei AA trifft, haben es auch geschafft. Das hilft ihm. Und wenn ein Neuer zu seiner Gruppe kommt, sieht er sich in ihm wieder. Auch das hilft ihm.

Nach einiger Zeit aber kommen ihm Zweifel. Er hört: „Der Alkoholiker trinkt nicht, weil er Probleme hat. Er hat Probleme, weil er trinkt." Danach ist der Alkohol der Teufel, ein böser König (wie Jack London in seinem Bestseller „König Alkohol" geschrieben hat). Der eine möchte den Alkohol links liegen lassen - wieso ihn bekämpfen? Zu viel der Ehre, denkt er: „Nicht an allem ist der Alkohol schuld." Er erinnert sich auch daran, dass der Alkohol verschieden auf ihn wirkte, je nach Wunsch und Stimmung - so richtig besoffen war er eigentlich nur, wenn er`s darauf anlegte. Und einmal hatten sie ihn verarscht: sein Bier war alkoholfrei, aber er wusste es nicht, und er war trotzdem „zu".

Er hat einen Vorgesetzen. Oft denkt er: Wenn der weg wäre, wäre alles gut! Aber mit ihm reden? Zwecklos! In der Gruppe erzählt er das. Probier`s doch mal ! heißt es. Einige lachen: Und zwar ohne Dir vorher Mut zu machen – Du weißt schon! Der eine nachdenklich: „Das stimmt, der Alkohol hat mir gegeben was ich wollte, so hat er mich verführt." Der eine spricht mit dem Chef: Er fühle sich von ihm überfordert. Der Chef lobt ihn: „Was wäre ich ohne Dich?" Der eine ist geschmeichelt. Er ackert weiter, „bis zum Umfallen, ohne Alkohol", so sagt er. Also war kein „Teufel" daran schuld. Er selbst, er weiß es

jetzt, ist ein Selbstausbeuter, und auch da gibt`s Leidensgenossen in der Gruppe.
Da allerdings hört er: Hier ist AA, und unser Feind ist der Alkohol, er macht uns ohnmächtig. Der eine, von ein paar anderen unterstützt, antwortet: „Aber der Alkohol ist ebenso wenig allmächtig – wie auch mein Chef, und ich habe ihn sogar benutzt, als Sündenbock – ebenso wie meinen Chef, und dann habe ich mich verführen lassen..."
Eine Frau ruft aus der Gruppe: „Auch ich habe gesoffen, ich war verführerisch, ich hätte den Deibel im Leib, haben sie gesagt, aber ich habe mir die Hände gerieben: Ich und der Deibel? Ihr wollt mich ja so, habe ich gesagt! Da hatte ich Oberwasser! Prost!"
Er erklärt, er wolle nie mehr trinken, und dazu gehöre auch, dass ach so geliebte „Feindbild Alkohol" aufzugeben. Die Frau ergänzt: „Ein Mann hat mich mal, geliebte Lügnerin' genannt, er war mir verfallen, er ist immer wieder gekommen..." Der eine sieht es: Es geht bei der Frau nicht um den Mann, es geht bei ihm nicht um den Chef, es geht bei der Frau und bei ihm nicht um den Alkohol. Bei ihm geht es um ihn selbst, er muss einfach loslassen. Einfach? Schwer! Übrigens geht es der Frau ebenso. Die beiden verstehen sich.

2.) Selbstausbeutung

Einer ist in seinem Betrieb der Erste und der Letzte, das „Mädchen für alles." Er lässt es mit sich machen. Er sagt nie Nein. Darauf ist er stolz. Man schlägt ihm auf die Schulter und lobt ihn. Aber man nennt ihn auch Streber und Speichellecker. Denn er hat auch Neider. Seine Frau fragt ihn, mit wem er eigentlich verheiratet sei: mit ihr oder mit seiner Firma?
Erste Anzeichen von Überarbeitung überspielt er, indem er sich noch mehr reinkniet. Er kann nicht mehr richtig schlafen. Er hat Kopfschmerzen. Er wird fahrig. Er wird reizbar. Seine Neider warten nur darauf. Letztlich fühlt er sich ausgenutzt, ja ausgebeutet und sogar gemobbt. Er bekommt die kalte Wut. Er macht nur noch Dienst nach Vorschrift. Innerlich kündigt er.
Seine Vorgesetzten verstehen die Welt nicht mehr. Sie sind bitter enttäuscht von ihrem bisher besten Mann. Sein Pflichtgefühl und seine Zuverlässigkeit waren für sie selbstverständlich gewesen. Jetzt halten sie ihn für total undankbar. Sie versuchen ihn los zu werden. Sein Gesundheitszustand verschlechtert sich. Es kommt zu Herz-

rhythmusstörungen. Seine Frau sagt: „Das hast Du Dir selber eingebrockt.“ Sie wollte schon lange gehen, sie geht.

Der eine fühlt sich von Gott und die Welt verlassen. Ein Psychiater stellt die Diagnose: Paranoia und Depressionen. Soll er sich die Kugel geben? Er denkt an seine Kinder. Im Grunde weiß er, was er tun muss. Das geht natürlich gemeinsam besser. Er liest von einer Selbsthilfegruppe „Die Selbstausbeuter.“ Er geht hin. Er trifft auf Leidensgenossen. Einigen davon geht es inzwischen besser. Sie lassen sich nicht mehr ausbeuten, sie verzichten auf den Ruhm, die Besten zu sein, sie sind nicht mehr zu gut, sondern nur noch gut.
Er nimmt sich an ihnen ein Beispiel. Es geht aufwärts mit ihm. Vielleicht kommt seine Frau zurück, mit den Kindern. Er hofft es.

3.) Migräne

Einer hat Migräneanfälle. Stechende Schmerzen, zerbrechender Kopf. Dicker Kopf geht ja noch. Nur kein Licht, liegen und leiden. Und abwarten. Es geht wieder weg, aber es kommt zurück. Medikamente, Ärzte, Kliniken: alles durchprobiert, seit Jahrzehnten.
Der letzte Strohhalm: ein Arzt in Bayern. Stand in der Zeitung: Der hat`s, der kann´s!
Seine Fachkollegen sind skeptisch. Und neidisch. Sie erklären ihn zum Scharlatan. Er gibt nicht auf. Wie der eine. Er fährt hin. Er glaubt an den Arzt. Er will an ihn glauben. Der Arzt begrüßt ihn wie einen alten Freund: Auch er hatte Migräne, ihm braucht keiner was zu erzählen, er ist geheilt, er hat eine Theorie, da ist eine Stelle im Rückenmark, da ist das Schmerzzentrum, die Ursache. Endlich die Ursache! Druck, Hitze, Spritzen, bei Betäubung: das hilft. Die Praxis ist gemütlich, warme Farben, Blumen, leise Musik, Mozart. Der Arzt hat schon vielen geholfen, die treffen sich immer wieder. Er lernt sie kennen. Geheilte! Ein Wunder.
Die Migräneanfälle klingen ab, bleiben aus. Das nächste Wunder. Aber ist er wirklich geheilt? Am liebsten würde er umziehen, nach Bayern, zu seinem Retter, dem Arzt. Da wo die Geheilten zusammenkommen. Wo alles nach Mozart duftet, nach Schönheit, nach Liebe. Er ist verheiratet. Seine Frau fasst sich ein Herz und fragt ihn, ob er das vergessen habe. Ob dieser Arzt ein Guru sei. Und seine Patienten eine Sekte.

Er merkt selbst, dass da was nicht stimmt. Er zerbricht sich darüber den Kopf. Aber sein Dickkopf setzt sich durch: Er bleibt seinem Retter treu. Allerdings tut sein Kopfzerbrechen weh, es kommt zu einem Migräne-Rückfall. Seine Frau sagt nichts mehr. Sie will nicht schuld sein, wenn es ihm wieder schlecht geht. Schon früher hat sie alles runtergeschluckt, um ihn zu schonen. Sie hatte schon immer Angst um ihn und auch vor ihm. Schon immer hat ihn das genervt, es ist ihm durch den Kopf gegangen, bis es weh getan hat. Woraufhin seine Frau noch vorsichtiger wurde und nie mehr sagte, was sie nur ein einziges Mal gesagt hatte: Mit deinem Kopfweh tyrannisierst Du mich!
Schon lange hat sie Magenbeschwerden, das Geschluckte ist ihr sauer aufgestoßen. Jetzt kommt es zu einer schweren Magenschleimhautentzündung. Ihr Mann lässt die nächste Guru-Reise ausfallen und bleibt bei ihr. Wie schon früher, wenn er den Haushalt übernahm, trotz Kopfweh – wenn sie sich vor Magenschmerzen krümmte.
In seinem Dickkopf beginnt es wieder zu stechen. Seine Frau schickt ihn zu seinem Doktor, sie macht wieder ihre Hausarbeit, trotz Magenschmerzen.
Ihre Tochter wird 20. An ihrem Geburtstag sagt sie ihren Eltern, wie sie sie sieht: Ihr macht euch das Leben zur Hölle, Eure Krankheiten sind Eure Waffen. Sie zieht aus, sie will das nicht mehr mit ansehen. Aber sie hat einen Tipp: die Eltern sollen zu einer Ehepaar-Selbsthilfegruppe gehen. Sie hat gehört, dass da Menschen mit ihrer Hölle Schluss machen wollen und dass das gemeinsam besser geht. Der eine und seine Frau gehen hin, voller Angst – aber die Angst vor der Hölle ist größer. Nach einem Jahr geht es seinem Kopf und ihrem Magen besser, und zwar dauerhaft, soweit man das jetzt schon sagen kann. Die Gruppe ist für sie ein Stück Heimat geworden.

4.) Reue

Einer prügelt seine Frau nicht mehr. Er ist voller Reue. Er sagt jetzt zu ihr: „Es verletzt mich, wenn du immer das letzte Wort hast. Du bist so überlegen, aber das ist gut so, das Problem habe ich."
Seine Frau, die sich von ihm hatte prügeln lassen, trennt sich erst jetzt von ihm. Sie sagt: „Er macht mich erst jetzt richtig hilflos. Er ist der Kleine und Anständige, und ich habe das schlechte Gewissen. Und ich habe die Angst, dass er doch wieder prügelt, wenn ich nicht endlich auch klein werde." Auch ? Groß ist allein er. Bisher. Sagt sie.

Er wünscht sich Unterstützung. Er geht in eine Selbsthilfegruppe „Männer“. Da sitzen noch mehr Zerknirschte: Was wir machen, ist falsch: Prügeln ist falsch, das Gegenteil ist falsch, was nun? Er sagt: „Es ist wie in einer Falle – kein Ausweg.“ „Also Selbstmitleid – oder?“, wirft jemand ein und lacht, und bevor der eine antworten kann, fährt er fort: „Deine Frau hat immer das letzte Wort, und jetzt habe ich`s, aber du sagst, das ist gut so, und es ist Dein Problem, und ich nehme Dich jetzt beim Wort und behalte das Wort, das letzte!“
Einige lachen. Der eine will was sagen, aber er hört: Halte Wort, du wolltest das letzte Wort ja nicht haben! Er fühlt Wut in sich aufsteigen: „Ja, aber Ihr könnt mir doch hier nicht den Mund verbieten!“ Der, der ihm gegenüber das Wort genommen hatte, ruft: „Könntest mir gerade eine reinhauen, oder? Bin aber nicht Deine Frau, wie gut.“ Der eine knallt mit der Faust auf den Tisch und springt auf. Es wird ganz still im Raum. Er rennt raus.
Draußen ist es kalt. Er marschiert zwei bis drei km. Er kühlt ab. Er hat sein Handy dabei und ruft seine Frau an: „Ich muss mit Dir reden.“ Sie treffen sich. Er heult: „Ich bin noch der alte, hilf mir!“ Seine Frau: „Das ist Deine Sache, meine Sache ist, Dir alles Gute zu wünschen!“ Er geht. Irgendwie fühlt er sich befreit. Er spürt, dass seine Frau, genau wie sein Gegenüber in der Gruppe, ihm was zutraut – er kann es schaffen, wenn er will, es ist eine Zumutung, aber es ehrt ihn.
Er erscheint wieder in der Gruppe. Er kämpft gegen sein Selbstmitleid und seine Wut, und da ist er nicht der einzige. Er lädt seine Frau ein, in die Gruppe mitzugehen. Sie tut es. Die Gruppe ist einverstanden. Des einen Frau sagt erst mal gar nichts. Sein Gegenüber spricht von sich selbst: „Den Trick, der eigenen Frau als Geläuteter die Argumente zu nehmen, um sie zu erpressen für den Fall, dass man vielleicht nicht spurt – den habe ich auch draufgehabt.“ Die Frau bekommt Tränen in die Augen: „Dabei bin ich selbst schuld, ich bin wirklich eine gewesen, die immer recht haben musste.“ Ihr Mann blickt sie an: „Du warst so eine, und ich war der Prügler und Trixer, der eine Teil hat dem anderen die Gründe für das geliefert, was er, der andere, getan hat.“ Sie nickt.
Sie wissen jetzt, woran sie arbeiten müssen. Er ist nicht mehr allein groß, aber er ist auch nicht mehr klein. Übrigens bringt auch sein Gegenüber jetzt seine Frau mit in die Gruppe. Allmählich wird aus der Männer - eine Paar- Gruppe.

5.) Ungewollte Kinderlosigkeit

Ein Ehepaar will ein Kind. Es bekommt keines. Man läuft von Arzt zu Arzt. Körperliche Defekte liegen nicht vor. Doch die Frau hatte von Kindheit an immer Angst um ihre Mutter gehabt, die war depressiv und selbstmordgefährdet und durfte nicht alleingelassen werden. Ihr Kind konnte kein Kind sein. Es war eine Art Mutter der Mutter. Die Mutter war keineswegs dankbar. Sie war anspruchsvoll und konnte nie genug kriegen von ihrer Tochter: Wozu habe ich Dich? „Du machst mich noch kränker, als ich schon bin!", sagte sie zu ihrer Tochter. Schließlich begann die Tochter, der alles zu schwer war und die unter starken Rückenschmerzen litt, ihre Mutter zu hassen. Um von ihr loszukommen, heiratete sie.
Ihr Mann, Diplomingenieur, ist beruflich oft unterwegs. Sie stirbt oft beinahe vor Angst um ihn. Er muss sich fast stündlich bei ihr melden: er hätte ja einen Unfall haben können, und es hätte sein können, dass er überfallen wurde, oder eine Krankheit hätte bei ihm ausbrechen können. Eigentlich ist er ein schmaler, etwas stiller, aber tüchtiger Mann. Er fühlt sich von der Liebe seiner Frau zunehmend verfolgt. Sie stört ihn beim Arbeiten, sie lässt ihn nicht richtig schlafen. Er sagt es ihr.
Daraufhin zeigen sich bei ihr erste Depressionen. Der Mann weiß nicht, was er noch tun soll. Sie versucht, ihn zu beruhigen: Wahrscheinlich habe sie die Depressionen von ihrer Mutter. Auf keinen Fall aber wolle ihr Mann zu ihrem Vater werden, so wie sie einst zur Mutter ihrer Mutter geworden war.
Ein gemeinsames Kind soll die Rettung bringen: Sie kann das Kind lieben, und ihr Mann wird, um sie dabei zu unterstützen, weniger reisen als bisher, sein Chef ist einverstanden. Aber sie wird nicht schwanger. Die Ärzte raten ihrem Mann, viel bei ihr zu sein. Er gibt seine Reisetätigkeit völlig auf und wechselt dafür die Stelle. Das ist seiner Frau aber immer noch zu wenig. Ihr Mann, der in der letzten Zeit immer mehr unter Anfällen von Luftnot zu leiden hat, sagt zu ihr: „Du bist bald wie Deine Mutter, Du erstickst mich!"
Sie beginnen mit einer Paartherapie. Der Therapeut meint: Auch ein Kind bekommt keine Luft mehr, wenn die depressive Mutter es zu fest umarmt, und dann hat es Asthma, muss gleichzeitig seine depressive Mutter betreuen und beginnt die Mutter zu hassen. Der Mann nickt,

seine Frau bricht die Therapie ab. Beide versuchen es mit einer Selbsthilfegruppe „Ungewollte Kinderlosigkeit".
In dieser Gruppe stoßen die beiden auf ein anderes Paar. Das ist schon nicht mehr kinderlos. Es hat gelernt, dass, wer lebt, weder erpressen noch sich erpressen lassen darf. Der Funke springt über: Die Frau gesteht sich endlich ein, dass sie eigentlich kein Kind wollte, solange ihm und auch seinem Vater, ihrem Mann, die Luft zum Leben genommen würde – auch sie könnte dann nicht mehr leben, diese Last wäre zu schwer für sie.
Sie und ihr Mann beginnen an sich zu arbeiten und sich zu ändern, Schritt für Schritt. Dann wird sie schwanger und bekommt ein gesundes Kind. Alle haben genug Luft: Kind und Eltern.

6.) ADHS

Einer ist nicht bei der Sache, nervös, unkonzentriert, launisch, gereizt, zappelig: ein Zappelphilipp. Ein erwachsener. Er soll brav am Tisch sitzen und essen, der Zappelphilipp im „Struwwelpeter". Der eine, erwachsener Zappelphilipp, soll sich political correct verhalten, er soll brav schlucken oder fressen, was ihm an Meinungen serviert wird.
Der Zappelphilipp des „Struwwelpeter" fällt mit seinem Stuhl und reißt Tischdecke und Essen für die ganze Familie mit sich zu Boden. Der eine äußert sich folgendermaßen: „Manche Kunst ist für mich entartet. Auch unter Hitler gab es Gutes, z.B. standen Kinder, Mütter und Familien im Mittelpunkt. Und es stimmt, dass Jesus der erste politische Häftling Israels war. Man sollte Täter nicht zu Opfern machen, aber so manches Opfer hat es mit sich machen lassen, z.B. die Juden, und Gelegenheit macht bekanntlich Diebe." Damit reißt der eine alles Mögliche ein und um, nicht zuletzt sich selbst. Hinterher ist der Tisch leer, ohne die Tabus, die man sich eigentlich mal wieder zu Gemüte führen wollte: „Und der Vater blicket stumm auf dem ganzen Tisch herum", heißt es im „Struwwelpeter".
Heute spricht man vom Zappelphilipp-Syndrom oder von ADHS: dem Aufmerksamkeitsdefizit-Hyperaktivitäts-Syndrom. Das gibt es auch bei Erwachsenen, die dann allerdings beweisen müssen, dass sie nicht schlecht erzogen sind, sondern krank wie die Kinder. Kindern werden Trotzphasen und Flegeljahre zugestanden. Was darüber hinausgeht, wird mit belebenden Medikamenten und Förderprogrammen bekämpft. Man geht davon aus, dass die Kinder bisher immer nur „correct" sein sollten, sich also nicht richtig verwirklichen konnten,

so dass sie irgendwann zu streiken beginnen – statt zu verkümmern und in Ängsten, Depressionen, Migräneanfällen, Kreislaufbeschwerden, Gallenkoliken oder Drogen zu versinken.
Der eine wird nach seinen Äußerungen als Antisemit beschimpft. Einmal in Fahrt, verstärkt er seinen Streik und lässt sich zu der Bemerkung hinreißen: „Zum Teil kann ich die Nazis schon verstehen!" Das ist so, als ob er einfach blind um sich schlägt. Sein Streik wird zum Eigentor. Er setzt sich ins Unrecht. Er überreagiert. Sein Streik wird niedergeschlagen, die Tabus überleben, er bleibt zwar political correct, aber ein Duckmäuser: lieb, aber kümmerlich.
Er will das alles nicht. Er erscheint in einer Selbsthilfegruppe: „Wir Zappelphilippe."
Er verzichtet auf den Nachweis, krank zu sein, auf Medikamente und Förderprogramme. Aber er lernt dazu. Er entschuldigt sich nicht für seinen Tabubruch. Im Gegenteil, er erinnert an das chinesische Märchen von des Kaisers neuen Kleidern, er sei der, der sich ein Herz fasst und dazwischenruft: Der Kaiser ist ja nackt!
Er möchte seine Lebenskraft nicht übers Ziel hinausschießen lassen, aber auch nicht in die alten „geordneten Bahnen" zurücklenken. Er will sie „kultivieren". Als Kind würde er am Tische seiner Eltern die Stimme erheben und folgendes zu seinem Vater sagen: „Es geht nicht nur darum, dass Du, der Vater, was zu essen kriegst, die Mama und wir Kinder sind auch noch da! Im „Struwwelpeter" heißt es nämlich: ... und alles auf den Boden rollt, was der Vater essen wollt. Der Vater!"
Der eine ist erwachsen, das heißt: jetzt wird er`s.

7.) Angst

Einer spürt ein Kratzen im Hals. Es ist Grippezeit. Er trinkt Milch mit Honig. Am nächsten Morgen kann er nur noch krächzen. In der Zeitung steht, es gebe schon Grippetote, besonders unter Nichtgeimpften. Er hat sich nicht impfen lassen. Irgendwoher hört er, auch Kehlkopfkrebs fange so an, besonders bei Rauchern. Er raucht, schon sein Leben lang. Er misst sich: 37,8 Grad. Seine Schluckbeschwerden nehmen zu. Er schleppt sich zum Arzt. Er lässt sich krank schreiben. Der Arzt empfiehlt Wärme und Gurgeln mit Pastillen. Der eine schlägt nach unter „Halserkrankungen". Da steht, Kehlkopfkrebs sei oft erblich. Der eine betreibt Ahnenforschung. Krebs gab es schon oft in seiner Familie. Die Beschwerden nehmen

weiter zu. Er denkt: Und wenn ich jetzt ersticke? Er hält sich wach, er hat Angst vor dem Einschlafen.
Seine Frau sagt zu ihm: „Du spinnst mal wieder, aus jeder Mücke machst Du einen Elefanten." Das schnürt ihm den Hals noch mehr zu. Auch sein Arzt fordert ihn auf, sich nicht so anzustellen. So eine Grippe dauere eben. Bei ihm, dem einen, sitze sie eben im Hals. Der eine fühlt sich allein gelassen mit seiner Angst. Er zittert. Er braucht Luft. Er rennt um den Block, mehrmals. Nassgeschwitzt. In der nächsten Nacht setzt hohes Fieber ein: eine Lungenentzündung. Der eine würde schreien, wenn er könnte. Er schlägt um sich. Er schneidet sich dabei den Arm auf. Seine Frau stürzt zu Boden. Er spielt verrückt. Er wird zur Gefahr für sich und seine Umwelt.
Er wird abgeholt. Wegen erheblicher Selbstgefährdung wird er geschlossen untergebracht. Schon am zweiten Tag unterschreibt er, dass er freiwillig dableiben wolle. Diagnose: Angsterkrankung. Behandlung: Beruhigungsmittel, Entspannungsübungen und aufbauende Gespräche. Sein Gesundheitszustand bessert sich. Seine Angst vor einer erneuten Verschlechterung bzw. einem Rückfall packt ihn jedoch jede Nacht. Seine Frau besucht ihn und teilt ihm mit, sie habe keine Lust mehr, dieses Theater weiter mitzumachen: „So geht das jetzt schon jahrelang, du brockst dir deine Panikzustände immer selbst ein."
Der eine bricht die Behandlung ab und legt einen Zettel auf den Tisch: Ich kann nicht mehr! Er ist verschwunden. Die Frau lässt ihn suchen. Die Polizei findet ihn auf einer Brücke. Sie führt ihn ab, bevor er springt. Er kommt wieder in die Geschlossene, diesmal für zunächst 2 Monate.
Seine Frau trennt sich von ihm. Die zwei Kinder nimmt sie mit. Seine Firma kündigt ihm. Seine Freunde wenden sich ab. Mit Ausnahme einer früheren Leidensgenossin, die seit langem einer Selbsthilfegruppe für Angsterkrankte angehört und ihn besucht. Sie erklärt ihm: Mitleid habe sie nicht mit ihm, denn die Verantwortung für sich habe er selbst. Wer sich von ihm abgewendet habe, habe sich selbst vor ihm retten müssen. Sie selbst werde sich von ihm und seinesgleichen nicht verrückt machen lassen - nicht mehr, anders als früher, als sie bei jeder Gelegenheit durchgedreht habe - so wie er noch jetzt.
Er findet den Weg in die Selbsthilfegruppe. Inzwischen spricht er wie die Leidensgenossin. Und er handelt so. Die Grippe ist überstanden. Überhaupt ist er jetzt viel gesünder.
8.) Magersucht

Eine ist schon immer das Lieblingskind. Auch ihre beiden Schwestern sind hübsch und gescheit, sie aber ist ein blauäugiger Lockenengel. Sie wächst, blüht und gedeiht. Sie spielt Handball und fährt Rennrad. Schon frühzeitig kämpft sie mit roten Backen und starken Worten für die Gerechtigkeit. Die wird mal Anwältin, denkt der Vater.
Mit 13 magert sie plötzlich ab. Der Arzt findet nichts. Sie selbst erklärt, alles sei o.k. Allerdings isst sie immer weniger oder packt ihr Essen ein, angeblich für später. Sie gibt es an Mitschüler weiter: aus armen Familien, wie sie sagt, als es herauskommt. Sie hat ein neues Hobby: sie kocht gern, ohne je einen Bissen davon selbst zu essen. Schließlich weigert sie sich, gemeinsam mit der Familie zu essen.
Als sie 14 ist, erleidet sie in der Schule einen Schwächeanfall. Die Eltern sind verzweifelt. Sie, das Musterkind, verweigert die Nahrung. Ist das ein Streik? Ist ihr der Appetit vergangen? Und wenn, warum? Die Eltern versuchen es im Guten, halbe Nächte durch bemühen sie sich, mit der einen zu reden: Was fehlt Dir? Hast Du Liebeskummer? Hast Du Neider? Verbirgst Du was vor uns? Sie schweigt, sie weint, und die Eltern gehen. Die Mutter verliert als erste die Geduld und schreit sie an: Man werde sie zwangsernähren lassen! Sie schreit zurück: So seid ihr immer, Ihr versteht mich nicht, Ihr vertraut mir nicht, Ihr macht einfach nur Druck!
Die Eltern gehen zu einer Selbsthilfegruppe von Eltern magersüchtiger Kinder. Sie hören, dass auch Liebe erdrücken kann und leicht zur Verwöhnung wird: man schont und beschützt, und das Kind fühlt sich unwohl: Die trauen mir nichts zu! Die Eltern fragen daraufhin die eine, ob sie das gedacht habe. Das Kind explodiert geradezu: Ja, ja, ja, und wehren kann ich mich ja nicht - gegen Eure Liebe! Und jetzt wehrst Du Dich, indem Du Dich weigerst, unser Essen und unsere Liebe anzunehmen, antwortet der Vater. Das Kind widerspricht nicht. Es weint lange.
Aber es isst immer noch fast nichts. Die Eltern wollen ihre Tochter nicht mehr verwöhnen, sie fordern sie: Entweder Du isst wieder normal, oder wir übergeben Dich dem Jugendamt – außerdem können wir selber nicht mehr, und Deine Schwestern und wir haben auch ein Recht zu leben! Letzteres hatten die Eltern in ihrer Selbsthilfegruppe zu begreifen begonnen.

Das Kind verschwindet. Es erscheint nicht mehr in seiner Schule. Die Eltern suchen es. Sie finden es mager und weinend bei Bekannten. Die Bekannten, unterstützt von ihrem zu Rate gezogenen Gemeindepfarrer, halten die Eltern für Rabeneltern – bis sie alles erfahren. Die

Eltern nehmen die Tochter wieder mit. Sie läuft immer wieder weg. Aber die Eltern suchen nicht mehr. Sie schalten das Jugendamt ein. Der Arzt hatte Lebensgefahr attestiert. Ehe die Polizei in Aktion tritt, erscheint die Tochter bei einer Schulfreundin und isst. Die Schulfreundin teilt dies den Eltern mit, die eine will es so.
Sie kommt nach Hause und wird begrüßt, aber nicht gefeiert. Sie beginnt, ihren Streik aufzugeben. Sie geht wieder zur Schule. Die Eltern lieben sie jetzt in einer anderen Weise: Die eine ist eine von Dreien – nicht mehr und nicht weniger.

9.) Show

Einer war, sagt er, „als Kind schon Scheiße." So lautet der Text eine Witzpostkarte, über die viele nicht lachen können. Der eine schon. Er hat Visitenkarten drucken lassen mit folgendem Text: „Ich bitte höflich zu beachten, dass niemand mehr gelitten hat resp. noch leidet als ich, ich danke für die Aufmerksamkeit." Sein Lieblingsautor ist der französische Philosoph Pascal Bruckner mit seinem Bestseller: „Ich leide, also bin ich."
Der eine erscheint, ausgerüstet mit Witzpostkarte, Visitenkarte und Bruckners Buch, bei einer Selbsthilfegruppe „Lebenskrisen". Er macht erst mal alle hilflos. Jemand fasst sich ein Herz und sagt ihm, er wolle offenbar von vorneherein allen den Wind aus den Segeln nehmen – er sehe sich wohl als die große Ausnahme, die sich nicht selbst bemitleide und keine Leidens- Show abziehe, es gehe ihm also doch sicherlich ausgezeichnet...
Der eine lacht wie üblich und behauptet, er komme genau deshalb in die Gruppe, er wolle sich weiden an der Bewunderung und dem Neid der anderen. Er sei nämlich als Lehrer rausgeflogen und als Börsenmakler pleite - emotionale Überlegenheit sei sein Ausgleich.
Das alles sei doch zu schön, um wahr zu sein, ruft jemand aus der Gruppe: „Dir misstraut doch jeder, nicht nur aus Neid!" „Daher Deine Niederlagen!", schließt sich ein anderer an. Der eine lacht immer noch: „Klasse! So ist die Welt, und mir geht's gut!" Da sagt ein weiterer aus der Gruppe ganz leise: „Wie ein Besoffener – Du bescheißt Dich ja selber, Dein Hochmut bricht Dir`s Genick! Darum bist Du heute hier! Endlich! So ging's mir auch voriges Jahr! Du siehst: Ich lebe noch!"
Der eine lacht nicht mehr. Er sagt, ebenfalls sehr leise: „Weil ich besoffen war, bin ich kein Lehrer mehr, ich bin trocken, aber ich habe

spekuliert, an der Börse, ich hatte das System, das einzige, das richtige, jetzt habe ich nichts mehr, gar nichts mehr..." Er sinkt in sich zusammen. Er ist in der Gruppe angekommen.
Er sagt später, er wisse das natürlich: Hochmut komme vor dem Fall, er sei halt so ein Hochbegabter, und den Fall habe er immer mit seiner Ursache bekämpft: mit Hochmut, das sei ihm glasklar gewesen, immer, und genau deshalb sei sein Hochmut nie gewichen, selbst im Suff und im Rausch des Zockens nicht, er sei jetzt noch da... Er schreit auf: „Wer hilft mir, wer, wer?"
Der, der ganz leise gesprochen hatte, fasst ihn um die Schulter und flüstert: „Wir schaffen es zusammen, und zum wir gehört auch eine Macht, die größer ist als Menschen, Du wirst es bald merken, wenn Du `s nicht jetzt schon merkst."
Der eine blickt auf, ungläubig, noch ungläubig – aber er blickt und bleibt.

10.) Aneurysma

Eine ist 25, hübsch, Verkäuferin. Man schreibt das Jahr 1973. Sie lernt einen 9 Jahre älteren Mann kennen, geschieden von einer psychisch Kranken, mit 2 Töchtern, die ihm zugesprochen sind. Die beiden heiraten. Der Mann ist Techniker und will nicht, dass seine Frau arbeitet. Sie soll seine Kinder erziehen. Er hat Angst, sie wieder zu verlieren. Er ist eifersüchtig. Er verwöhnt sie. Er bevormundet sie. Er baut ihr einen golden Käfig.
Doch wenn er mit ihr intim ist, schaut er sich gleichzeitig Pornos an. Die eine beginnt zu trinken, heimlich. Zuerst gefällt das ihrem Mann, sie ist dann so locker. Aber sie entgleitet ihm. Er will ein Kind von ihr. Sie weigert sich. Er tobt. Sie ist nur noch betrunken. Er stellt sie in einer Suchtberatungsstelle vor. Um ihre Ruhe zu haben, erklärt sie sich mit einer Entziehungskur einverstanden. In der Klinik verbringt sie 6 Monate. Ihr Mann hat seine Kinder – die jetzt bei ihm und der einen leben - bei einem seiner Brüder untergebracht.

Trocken kommt die Frau zurück. Der Entzug war sehr schwer gewesen. Es war um Leben und Tod gegangen. Ihr Mann hatte sich in der Klinik im Rahmen eines Ehepaarseminars sagen lassen müssen, dass auch er sich ändern muss. Er hat Angst vor einem Rückfall. Am liebsten würde er seine Frau festbinden. Aber er lässt sie. Sie arbeitet wieder halbtags in ihrem Beruf. Sie wird ehren-

amtliche Mitarbeiterin in der Suchtberatungsstelle. Ihr Mann ist zwar immer noch eifersüchtig, aber er belässt es dabei, selber ehrenamtlicher Mitarbeiter der Suchtberatungsstelle zu werden.
Seine Töchter sind wieder bei ihm und seiner Frau. Sie wollen von ihrer Stiefmutter nichts mehr wissen. Diese hat ohne Alkohol nicht den Mut, sich zu wehren. Sie gibt immer wieder nach und lässt sich von den Stieftöchtern nach Strich und Faden ausnutzen. Ihr Mann spürt, dass ein Rückfall droht. Er sorgt dafür, dass die eine Tochter zu ihrem Freund zieht und die andere, die mit Drogen angefangen hat, vom Jugendamt übernommen wird.
Die eine bleibt trocken. Für ihren Mann wird die Trockenheit selbstverständlich. Er wird wieder der Alte. Er gründet eine Beratung für Kraftfahrer, denen der Führerschein wegen Alkohols am Steuer entzogen wurde und die ihn wieder haben wollen. Er stellt seine Frau bei sich an. Er ist es, der berät, und nach einer halben Stunde stellt er seine dabeisitzende Frau als jemanden vor, der den Alkohol besiegt hat. Sie will das nicht, aber er macht es. Termine macht er so, dass er zunächst seine Frau fragt – wenn sie dann 18.30 Uhr vorschlägt, legt er den Termin auf 19.30 Uhr fest. So geht das über Jahre. Sie, ohne Alkohol, lässt es sich gefallen, bis 2003. Immerhin nimmt er ihr nicht nur viel weg, sondern auch ab.
Sie weiß, dass ein Rückfall ein äußerst zweischneidiges Schwert ist: Sie kann ihren Mann damit bestrafen, aber er wird auch triumphieren – Rückfall nach fast 30 Jahren: typisch, nicht wahr? Säuferin bleibt Säuferin! Ohne Vorwarnung erleidet die eine ein Hirnaneurysma, einen Blutsturz im Gehirn. Es geht wieder um Leben und Tod: Ihr Mann kümmert sich in dem der Operation nachfolgenden 2 Rehajahren so um sie wie noch nie zuvor. Ihre Bedürfnisse werden ihm zum Gesetz.
Man schreibt 2007. Die Frau ist wieder gesund. Sie hat mit Walking begonnen. Ihr Mann begleitet sie. Er sorgt sich um sie. Er führt ihr Konto. Er ist ihr Taxifahrer. Er kauft für sie ein. Das gefällt ihr. Aber er beginnt schon wieder zu kommandieren. Natürlich hasst sie das noch immer. Sie ist jetzt Mitglied einer Selbsthilfegruppe „Lebenskrisen“, die hat sie sich selber gesucht. Sie begreift, dass es nicht reicht, trocken zu bleiben. Wenn der Käfig golden ist und sie ihn verlassen will, kann sie nicht das Gold behalten wollen, das weiß sie jetzt. Sie richtet sich selber ein Konto ein. Sie fährt selber Auto. Sie geht selber zum Einkaufen. Ihrem Mann, der ebenfalls in die Gruppe geht, ist schon lange klar, dass er selbst die gleiche Neigung zum Zuschlagen hat, die er früher nur bei Alkoholikern vermutete, er will jetzt endlich

dagegen anarbeiten. Beim Walken bleibt er jetzt 200 Meter zurück - wenn ihr unwohl wird, ist er in ihrer Nähe, aber zum Kommandieren ist der Abstand zu groß.

11.) Marathon

Einer ist trockener Alkoholiker. Jetzt läuft er Marathon. Er lacht: Vom Saufen zum Laufen, ist doch gut, oder? Er hat eine Frau. Die hat ihn, als er noch trank, betüttelt und ermahnt. Das tut sie auch jetzt noch, wenn er läuft. Sie fahrt mit ihm zum Wettkampf, steht an der Strecke, hält ihm den Becher mit isoterischem Getränk hin, reicht ihm Bananen rüber und, wenn´s nass ist, trockene Klamotten. Sie feuert ihn an, sie tröstet ihn, wenn er durchhängt, und sie schimpft, wenn er allzu viel von ihr will oder auch mal unvernünftig ist, in seinen nassen Plünnen weiterläuft oder am Anfang viel zu schnell ist. Ihr Lieblingsseufzer ist: Der Läufer hat´s gut, der muss ja nur laufen, aber wir, die Angehörigen, wissen nicht, wo uns der Kopf steht!
Aber sie macht´s gern, denn: Besser laufen als saufen! Andererseits: Irgendwie fühlt sie sich doch erpresst. Sie gibt sich´s nicht zu, aber warum ist sie oft so gereizt?
Ihr Mann spricht nicht mehr vom Bierchen. Auch früher ist er schon gelaufen, aber vor allem, um einen Grund zum „Bierchen hinterher" zu haben – und um was für die Gesundheit zu tun, als Gegengewicht zum Bierchen. „Bierchen" steht dabei für die Gattung, nicht für die Zahl.
Der eine, jetzt trocken, läuft leidenschaftlich. Er will seine Bestzeiten verbessern. Er will noch nach New York und nach Hawaii. Er will auch mal 100 km laufen: Ultra-Marathon. Das kostet Geld und Zeit. Er hat noch einen guten Job. Seine Frau soll mit. Wie geht das alles zusammen? Der eine läuft den New York Marathon, nicht in Bestzeit, dafür ist die Strecke zu schwer. Aber unter 40 000 Läufern ist er im ersten Viertel. Er ist stolz, seine Frau kaputt. Er will in einem halben Jahr nach Boston, zum ältesten Marathon der Welt. Dazu hat er sich Geld gepumpt, sein Konto überzogen und Ratenzahlungen nicht geleistet. Seine Frau hat sich entschieden: Boston? Ohne mich! Ohne sie will er aber nicht.
Er kann dann auch nicht. Denn ihm wird gekündigt. Ein Zahlungsbefehl ist eingelaufen. Ist das nicht das alte Lied, das aus der Suffzeit? Läuft er nicht so, wie er früher gesoffen hat? Damals wollte seine Frau schon gehen. Jetzt zieht er sich auch noch eine Ver-

letzung zu: einen Ermüdungsbruch, der nicht ausheilen will, weil er trotzdem weiter läuft. Er ist laufsüchtig. Er bekämpft die Folgen der Sucht mit ihrer Ursache, der Sucht – wie früher.
Seine Frau stellt ihn vor die Alternative: Er geht mit ihr zu einer Sucht-Selbsthilfegruppe, oder sie macht Schluss. Sie gehen hin. Es hilft. Oder vielmehr: Sie beginnen sich selbst zu helfen, in Gemeinschaft mit anderen, denen es ebenso geht – bei denen es ebenso „so nicht weiter geht", wie auf dem Flyer der Gruppe steht.
Er, der trocken geblieben ist, aber seine Sucht nur verlagert hat, beginnt erst jetzt ein neues Leben, und nicht nur er, sondern auch seine Frau. Er läuft, nach einer Pause, weiter, in Maßen, auch mal bei einem Wettbewerb in der Nähe, seine Frau muss nicht mehr mit. Er hat auch Glück und bekommt eine neue Stelle, wenn auch mit weniger Lohn als zuvor, er kann die Pfändung vermeiden, und seine Frau hat kein Sorgenkind mehr.
Halten das die beiden aus: ohne Sorgen, jedenfalls gemessen an den Problemen von gestern und vorgestern? Sie nehmen es sich vor und gehen weiter in ihre Selbsthilfegruppe.

12.) Krebs

Eine spielte schon als Kind am liebsten mit Puppen, die sie mit Salben einrieb und denen sie Verbände anlegte. Sie, 54, ist Krankenschwester. Ihr Mann ist Alkoholiker. Sie hat sich von ihm getrennt. Ihr Sohn, 33, ist brav, aber dick, langsam und unselbstständig. Er, gelernter Mechaniker, ist seit 10 Jahren erwerbslos. Er lebt in eigener Wohnung im Nachbarort – nicht mehr wie früher bei ihr und von ihr.
Vor 12 Jahren wurde sie wegen Brustkrebs operiert, 2 mal, es hatten sich Metastasen gebildet. „An meiner Brust haben sich immer alle ausgeweint", sagt sie heute und fährt fort: „Und sind von mir genährt worden." Sie ist heute Leiterin eines landesweiten Krebshilfevereins und Trägerin des Bundesverdienstkreuzes, sie hat auch den Landesehrenbrief bekommen. Jeder kennt zumindest ihren Namen.
Früher, erzählt sie Neuen in ihrer Gruppe, habe sie andere vor Liebe tatsächlich „aufgefressen", wie man spaßeshalber so dahersage. Sie habe in ihrem Beruf nie auf die Uhr geschaut. Je schlechter es einem ihrer Patienten ging, desto mehr habe sie ihn getröstet, gestreichelt und versorgt. So mancher wollte später gar nicht mehr nach Hause. Dabei hing ihr Mann, zu alt für die Mutterbrust, an der Flasche, und ihr Sohn klebte förmlich an ihr, ein wahres Muttersöhnchen. Um das

alles zu schaffen, so die eine heute, habe sie „über sich hinauswachsen“ müssen. Ihre Zellen, so weiß sie heute, taten ihr den Gefallen, sie wucherten und zwar da, wo sie, symbolisch, am meisten gebraucht wurden – in der Brust. Da aber niemand und nichts tatsächlich über sich hinauswachsen kann, so die eine heute, gibt es nur 2 Wege: aufgeben oder sich selbst zerstören.
Bei ihr waren die wuchernden Zellen, die Krebszellen, dabei, das aufzufressen, wovon sie leben, ihren Wirt. So wie sie, die Wirtin, schon jahrelang dabei war, die Menschen aufzufressen, die sie doch so sehr liebte. Das heißt: Mann, Sohn und auch manche ihrer Patienten wurden oder blieben bequem – wozu sich bewegen, wozu trocken werden und, erstmals oder wieder, in Schwung kommen, wenn man so ´ne Mama hat? Mit anderen Worten: Wer zu sehr liebt, bringt um, er überfordert alle, auch sich selbst. Der Rest ist nicht Schweigen, sondern verbrannte Erde, und die spricht, oder besser: sie schreit zum Himmel!
Damit es nicht dahin kommt, ist jetzt die eine in anderer Weise unterwegs als früher. Sie läuft keinem mehr nach und drängt sich keinem mehr fürsorglich auf. Sie ist nicht mehr die bewunderte Märtyrerin undankbarer Säufer, quengelnder Sohnemännchen und vielleicht auch mal leichtsinniger und uneinsichtiger Patienten. Sie ist am Leben, metastasenfrei, weder ihre Zellen noch sie selbst als Ganzes wuchern noch und gehen dabei sowohl über ihre eigenen Kräfte als auch über die Kräfte der von ihr geliebten Mitmenschen. Sie erzählt von sich, und man glaubt es ihr. Das ist gut so, denn es hilft, allen, auch ihr selbst.

13.) Ausreden

Einer erklärt, er sei verloren. Seine Gene seien zu schlecht. Bei ihm liege die Melancholie in der Familie. Er sei halt sensibel, vielleicht zu gut für diese Welt. Nein sagen, wenn einer in Not sei, das könne er einfach nicht. Sein einer Großvater habe sich umgebracht. Außerdem gebe es in dieser Gesellschaft keine oder keine anständige Arbeit für ihn, Arbeit zerstöre entweder die Umwelt oder jede Hoffnung auf zukünftige menschenwürdige Verhältnisse, unser Wirtschaftssystem sei nun mal menschenverachtend. Deshalb arbeite er bei einer Erwerbsloseninitiative mit, sein Ziel: die Menschen mobilisieren, um den Kapitalismus abzuschaffen – als Erstes jedoch die Agenda 2010, insbesondere Hartz IV.

Er bastelt gern .Er bekommt eine Chance: einen Arbeitsplatz in einer Firma, die Solarzellen baut, hell und ruhig, mit Einarbeitung und Probezeit, Vergütung nach Tarifvertrag.

Er geht nicht hin. Er sei lustlos, und er traue dem Frieden nicht: Solarzellen für wen? Natürlich für das System, das ja Strom brauche, um uns alle weiter auszubeuten.

Der eine hat eine Freundin. Die ist MTA und unterstützt ihn, den Hartz IV-Empfänger. Sie fordert ihn auf, es mit der Arbeit wenigstens zu probieren. Er solle sich mal zusammenreißen. Er tut ihr den Gefallen. Sie nimmt sich extra frei und bringt ihn selbst hin. Abends kommt er nicht zurück. Sie sucht ihn. Er sitzt in der Stammkneipe der Erwerbsloseninitiative und trinkt immer noch einen. „Nie mehr gehe ich da hin", erklärt er. Und saufen tue er nur, um sich nichts anzutun. Schrecklich sei es gewesen. Alle hätten geguckt, so furchtbar geguckt. Da sei er wieder in sein Loch gefallen – ein depressiver Schub, er könne nichts dazu. Das Geld, das sie ihm heute morgen mitgegeben habe, habe er einem geschenkt, der da rumhing, und sie solle jetzt mal bitte gleich bezahlen, der Wirt schreibe nicht mehr an.

So kennt ihn die Freundin. Sie trennt sich von ihm. Bei seinen Eltern ist er längst rausgeflogen. Als der Wirt sein Geld verlangt, schreit er ihn an: er werde mit seinem Leben Schluss machen, jawohl, jetzt gleich! Der Wirt wirft ihn raus, da die anwesenden Kameraden von der Erwerbsloseninitiative gerade selber blank sind.

Er torkelt auf die Strasse und wird um ein Haar überfahren. Er landet in der Ausnüchterungszelle. Von da wird er, da er mit Selbstmord droht, in die Psychiatrie gebracht. Dort geschieht etwas mit ihm. Er begegnet einem alten Freund. Der ist jetzt dort Pfleger. Vor Jahren war er dort selbst Patient: lebensmüde, am Ende. Der Pfleger nimmt

sich Zeit. Er erzählt von sich. Er lädt den einen ein, mit ihm zu der „Selbsthilfegruppe für Gefühlsgestörte“ zu gehen, die jetzt für ihn das ist, was früher für ihn die Stammkneipe war: Tankstelle. Er tankt dort Ermutigung, und die steckt auch in der Zumutung, dass jeder für sich selbst verantwortlich ist – vieles kann er, wenn er nur will!
Der eine, nach der Entlassung am nächsten Tag, geht mit. Da redet jemand von seiner Freundin, recht habe die gehabt, ihn aufzufordern, sich zusammenzureißen. Ein anderer lacht in der Rückschau über sich selbst: Alles Ausreden – wie schön, dass es Erbanlagen und keine Arbeitsplätze oder nur ganz schlimme gibt und dass ich so ein guter Kerl bin, der alles verschenkt, da brauche ich mich nicht zu verändern, Klasse! Der eine merkt, dass er in einen Spiegel schaut, das hilft. Allmählich kommt er in Bewegung. Er hört, dass die Amerikaner sagen: Ich habe eine Depression nicht bekommen, sondern mir genommen! Er nimmt sie sich jetzt immer weniger.
Die Chance mit dem Solarzellen-Arbeitsplatz ist vertan. Aber er findet etwas anderes, Billiglohn, in einem Fahrradladen, es ist ein Anfang. Auch Kapitalisten fahren Rad, und Stahl wird von Kapitalisten produziert. Aber er, der eine, beginnt gerade, die Gesellschaft zu verbessern: Er übernimmt für sich selbst die Verantwortung.

14.) Selbstmorddrohung

Einer blickt morgens aus dem Fenster. Es regnet. „Schon wieder Regen“, seufzt er. Seine Frau findet, dass es endlich mal wieder richtig regnen müsse, die Erde sei zu trocken. Der eine sagt, der Regen schlage ihm aufs Gemüt, und sie wisse ja, was das bedeute. Seine Frau verlässt wortlos den Raum. Der eine starrt in den Regen, dann setzt er sich und starrt vor sich hin. Er fährt heute nicht zur Arbeit. Er nimmt auch nichts zu sich. Der Appetit sei ihm vergangen, sagt er schließlich, als seine Frau zurückkommt. Wieder schweigt sie. Der eine legt sich aufs Bett. Er fordert seine Frau auf, den Arzt zu holen, er sei so unendlich traurig. Die Frau ruft nicht an: der Arzt habe jetzt Sprechstunde, und er, der Traurige, solle nicht so tun! Der eine darauf: „Niemand versteht mich!“ Die Frau will wieder gehen, aber sie dreht sich noch mal um: „Jetzt sag´ nur noch, dass alles keinen Sinn mehr hat!“
Jetzt schweigt er. Er zieht den Rollladen runter. Er bleibt allein im dunklen Zimmer. Über sein Handy erreicht er die Telefonseelsorge. Die hört ihm, dem, wie er sagt, Lebensmüden, eine Stunde lang zu.

Dann geht er ohne Schirm und Jackett raus in den Regen und verschwindet. Seine Frau weiß, was er denkt: Sie soll ihn suchen – sie oder die Polizei. Sie will das nicht. Sie weiß: Je häufiger sie ihn rettet, desto sicherer wird er in seiner Annahme, dass ihm nichts passiert, und je sicherer er wird, desto unvorsichtiger wird er, und je unvorsichtiger er wird, desto wahrscheinlicher wird, dass er tatsächlich sein Leben verliert, z.B. durch Unterkühlung mangels Schirm und Jackett und Kreislaufversagen. Einmal wäre so etwas beinahe geschehen. Trotz allem lässt die Frau ihn suchen. Denn wer tot ist, sagt sich die Frau, kann nichts mehr dazulernen.
Er wird gefunden, lebendig und nicht allein. Er ist einer Empfehlung der Telefonseelsorge gefolgt und hat von einer Parkbank aus den Ansprechpartner einer „Selbsthilfegruppe SOS“ angerufen. Der kam sofort. Er hat den einen in sein Auto gebeten. Jetzt reden sie schon zwei Stunden miteinander. Der Ansprechpartner sagt im Grunde dasselbe wie die Frau, aber er hat selbst einst dieses Spiel mit dem Tod gespielt, so wie der eine jetzt. Auch er hat eine Frau. Die hatte ihn verlassen, und sie hatte recht, sagt der Ansprechpartner.
Neuerdings sagt der eine morgens, wenn es regnet: „Es regnet mal wieder, die Natur freut sich, soll ich da verzweifeln?“ Er geht regelmäßig zu seiner SOS-Gruppe, und er erkennt: Je weniger Aufmerksamkeit ich mit meiner Überempfindlichkeit und meiner Selbstmordneigung errege, desto weniger fühlt sich meine Umwelt von mir moralisch erpresst und lässt mich am Ende tatsächlich hängen – dann tritt genau das ein, was ich verhindern wollte...
Der eine kommt voran.

15.) Power

Einer ist ein Wirbelwind, ein Energiebündel. Aber immer wieder ist er übers Ziel hinausgeschossen, oder die Wand war dicker als der Kopf. Aber er hat immer versucht, sich am eigenen Schopf aus dem Sumpf zu ziehen oder über seinen Schatten zu springen oder über seine Kräfte zu gehen – natürlich alles erfolglos.
Er hat Anschluss gefunden an eine Selbsthilfegruppe „Lebenskrisen“. Seitdem versucht er, „einen Gang herauszunehmen.“ Sein neues Motto: Weniger ist mehr! Z.B. macht er am Wochenende wirklich mal frei, und er bemüht sich, sich kein Bein mehr auszureißen, zumindest nicht für Leute, die ihn ausnutzen wollen.

Er arbeitet also an sich. Allerdings tut er das wie ein Berserker, im alten Power–Stil. Seine Gruppenkameraden sagen es ihm, einige ebenfalls powermäßig. Alle sehen das Problem: Wer sich krampfhaft entspannen will, will sich eigentlich nicht entspannen. Er tut so, als ob – ein Alibi! Darüber wird jetzt in der Gruppe geredet und zwar zunehmend entspannt.

16.) Der Kleine

Einer ist klein und struppig, schmal wie ein Handtuch und wieselflink. „Husch husch die Waldfee" sagt er von sich selbst. Er war auf der Sonderschule, seine Schreibkünste sind begrenzt, jeder nennt ihn beim Vornamen. Meist ist er jedoch guter Laune, und wenn er den Mund aufmacht, werden die anderen still.
Er jammert nicht. Mit lauter und starker Stimme sagt er: Die Husch-husch-Waldfee haut gerne ab, ich auch, das ist mein Fehler! Zwar wolle er mit denen, die „was haben", nicht tauschen, aber ein bisschen neidisch sei er schon. Das ist seine Einleitung.
Dann geht's los: Also eigentlich wollte ich ja gar nichts sagen, und ich sag´s überhaupt nicht gern, sagt er klar und deutlich, und dann nennt er das Kind mit dem Namen: einfache Worte, kurze Sätze, jeder versteht ihn. Z.B. „Hartz IV ist eigentlich o.k., denn viele brauchen immer wieder einen Tritt in den Hintern, so wie ich." Oder: „Nur keine Feindbilder! Unternehmer schleppen viel mit sich rum, oft zu viel, daher bin ich froh, keiner zu sein, die beneiden doch <u>mich</u>, aber irgendjemand muss ja schleppen, nicht nur ne` Schaufel, sondern eine ganze Firma."
Der das sagen kann, hat Gärtner gelernt, ohne Lehrabschluss. Er ist ein guter Gärtner und ein guter Kerl. Seine Frau, älter als er, ging früher auf den Strich, jetzt nicht mehr, sie putzt jetzt. Der eine hat sie „da" rausgeholt. Man kennt ihn und bucht ihn, wenn's ihm Spaß macht: mal als Gärtner, mal als Aufpasser. So was läuft cash, als Nachbarschaftshilfe, ganz legal.
Er ist Hartz IV-Empfänger, raucht und trinkt nicht und wohnt mit seiner Frau in einem uralten efeuumrankten „Hexenhäuschen", mit ein paar Katzen und vielen Singvögeln, die sich von der Katze nicht fangen lassen.
Auch der eine lässt sich nicht fangen. Er fühlt sich frei, in seiner Weise: Hartz IV zwingt ihn, sich einzuteilen und immer mal wieder einen 1€ - Job anzunehmen. Das macht ihm wenigstens zeitweise frei

vom alten Schlendrian, so sagt er selbst. Er mag kein Fernsehen. Aber er liest viel und hört viel. Er kommt viel rum. Er sitzt bei der Erwerbslosenhilfe, bei Parteiveranstaltungen, bei der Tauschbörse, immer ganz hinten und dann doch ganz vorne. Dann spricht er. Keiner widerspricht. Er ist weder ein Abzocker und Sozialmissbraucher noch ein Speichellecker des Kapitals. Er ist ein Held. Was will er mehr? Er lernt Leute kennen, die in Selbsthilfegruppen gehen, deren Motto z.B. lautet: So geht´s nicht weiter! Da will er nicht hingehen. Es gehe ja so weiter, „irgendwie, immer so." Jemand von diesen Leuten sagt zu ihm: „Ich und sicher noch viele andere bewundern Dich, aber Du besäufst Dich daran, und Du findest deinen Schlendrian gar nicht mehr so schlimm." Darauf der eine: „Na, dann tritt mir doch mal in den Hintern!" Darauf der aus der Gruppe: „Mach ich! Eigentlich bist Du ein Feigling, wie alle Säufertypen, auch die ohne Alkohol!"
Er geht. Er spricht mit seine Frau. Er erzählt ihr, was ihm gesagt wurde. Sie antwortet: „Für Deine Rabatten, Deine Katzen und mich tust Du ja einiges, aber viel zu wenig für Dich selbst, nur darin, Dir was vorzumachen, da bist Du Spitze! Du bist ein schlechtes Beispiel, auch für mich!"
Da passiert etwas. Er erlebt etwas, was es ihm zunächst mal unmöglich macht, sich aufzuraffen. Ein Blutsturz aus dem Darm bringt einen Darmpolypen zutage, der zusammen mit einem großen Darmstück herausoperiert wird – zum Glück gutartig. Aber der eine liegt wochenlang im Krankenhaus. Ihm ist klar, dass sein Schlendrian die Notbremse gezogen hat.
Er, der klein bleiben wollte, weil er sich groß genug wähnte, will nun doch groß werden. Er geht nach der Entlassung aus dem Krankenhaus in eine Selbsthilfegruppe mit dem Namen „So geht`s nicht weiter." Er bewirbt sich um eine Fortbildung im Gartenbau. Die macht er jetzt. Seine Ausbilder finden ihn gut. Vielleicht, so sagt man ihm, bekommt er eine Chance beim Grünamt seiner Stadt. Dann wird aus der Einsicht, die er ja hat, das heißt aus dem ersten Schritt zur Besserung, vielleicht doch noch die ganze Besserung.

17.) Glückspilz

Einer hat alles, außer Krankheiten. Er hat eine nette Frau, zwei nette Kinder, einen netten Chef und überhaupt Glück, immer wieder Glück. Ein Auto kommt von der Gegenfahrbahn auf ihn zu, 2 cm vor ihm

kommt es zum Stehen. Er zieht 5 Lose, 4 gewinnen. Er sucht ein vierblättriges Kleeblatt, er schaut vor sich, da wächst eins.
Er wird beglückwünscht. Er ist ein Sonntagskind. Auch seine Gene sind gut. Sein Verstand sagt ihm zweierlei: Zu gut geht es ihm nicht, Millionär ist er nicht, und das ist gut so. Und: sein Glück wird nicht ewig währen, die Sonne geht ja auch mal unter, das Gegenteil wäre ja auch langweilig.
Aber die Sonne bleibt. Dem einen wird unwohl, allmählich. Er ertappt sich dabei, dass er zu spät zur Arbeit fährt. Aber es fällt nicht auf, der Chef kommt auch zu spät. Er lässt, in Gedanken, den Autoschlüssel stecken. Keiner merkt´s. Sei Kollege hustet ihn stundenlang an. Mitnichten steckt er sich an.
Nichts ändert sich. Ihm fehlt`s an nichts, nach wie vor. Er denkt: Ich sollte etwas zurückgeben von meinem Glück. Er meldet sich zum Blutspenden. Er überweist einen ansehnlichen Geldbetrag an die Welthungerhilfe. Er besucht Senioren in einer Alteneinrichtung.
Das tut ihm gut. Aber: Wenn ihn je einer nicht mochte – jetzt mag ihn jeder! Ihn, das Glückskind. Das nagt an ihm. Er fragt sich, was das Schicksal mit ihm noch vor hat. Etwas ganz Besonderes? Da bekommt er Angst. Oder lässt das Schicksal ihn plötzlich fallen, gewissermaßen zum Ausgleich? Wieder bekommt er Angst. Oder soll er einfach genießen, ohne Wenn und Aber? Davor hat er die meiste Angst: die vor dem eigenen Hochmut – wenn´s dem Esel zu wohl wird, geht er auf´s Eis...
Er träumt von einem Wasser, das kommt und immer höher steigt. Er hat in der letzten Zeit nur noch wenig Appetit. Er erinnert sich an den König Midas aus dem Altertum, dem alles zu Gold wurde, was er essen wollte, er verhungerte. Und dann gab es doch mal diesen König von Thule, der seinen Goldring hasste, er warf ihn ins Meer, aber dann wurde ihm ein Fisch serviert, in dem Fisch war der Ring. Und das wiederholte sich.
Dem einen graut´s. Er ist nicht mehr glücklich. Er nimmt ab. Er schläft schlecht. Manchmal sticht´s ihm im Herz. Zeitweise sitzt er starr da, auch am Arbeitsplatz. Alle sind ratlos, auch seine Frau: Er hat doch alles. Alle aber denken auch: Ihm muss doch was fehlen! Sie decken ihn mit guten Ratschlägen ein, sie versuchen ihn abzulenken und zu erheitern. Damit er wieder glücklich wird. Aber er wird´s nicht. Denn er hat zu seinem Unglück schon wieder Glück: Gott und die ganze Welt sind für ihn.
Aber das ändert sich. Ein Fass ohne Boden füllen, bis zur eigenen Erschöpfung - das will keiner. Schritt für Schritt ziehen sich alle von

ihm zurück. Er verliert seine Arbeit. Seine Frau will ihn verlassen. Vorher aber fragt sie ihren Arzt, ob er einen Ausweg sehe. Der Arzt kennt einen Mann von einer Selbsthilfegruppe „Ängste“. Der und der eine treffen sich.
Der Selbsthilfemann stellt sich lächelnd vor: „Gestatten – Werner, Glückspilz!“ Der eine zuckt zusammen. Darauf Werner, jetzt ganz ernst: „Ich zucke nicht mehr, mein Glück ist dahin, und das ist mein Glück.“ Werner erzählt, und der eine meint, sich in einem Spiegel wiederzusehen. Werners Frau war gegangen, sie ist wiedergekommen, aber, so Werner wörtlich: Ich habe wieder einen Boden in meinem Fass! Der eine erkennt in seinem „Spiegel Werner“, dass ihn dann doch der gefürchtete Hochmut gepackt hatte: der Hochmut des von seinem Glück Geschlagenen, den Gott und die Welt, weil er unschuldig ist, nie alleinlassen werden...
Er hat wieder Appetit. Er weiß inzwischen, nicht alles wird zu Gold. Er kann wieder schlafen. Er hat keine Herzstiche mehr. Er träumt jetzt von einem Fisch, in dem nur Fisch ist. Er sitzt nicht mehr starr da. Seine Frau ist geblieben. Sein Chef will ihn wieder nehmen. Er geht regelmäßig zur Selbsthilfegruppe „Ängste“.
Er hatte einst nur eines nicht: Krankheiten. Die Angsterkrankung hatte er jetzt. Da fehlte ihm was, und jetzt muss er gut aufpassen, dass es keinen Rückfall gibt. Er wusste es ja schon immer: Hochmut kommt vor dem Fall. Aber jetzt weiß er `s in Demut.

18.) Verschworen gegen sich selbst

Eine meint, niemand brauche sie. Dabei hilft sie so gerne. Und sie kann viel: nicht nur Babies wickeln und Omas begleiten, sondern organisieren und Buch führen, sogar Geld verwalten und mit Maschinen umgehen. Sie spielt auch Flöte und tanzt vorzüglich. Sie war Sekretärin und verheiratet. Beides ist sie nicht mehr. Ihre Tochter hat ein Kind, dass sie ihr nicht mehr anvertraut.
Wer sie nicht kennt, fragt sich, was da los ist. Natürlich klagt sie und schimpft oft lautstark, es gehe ihr weder um Geld noch um Dank. Geben sei seliger denn Nehmen. Aber man lasse sie nicht geben. Gott und die ganze Welt hätten sich gegen sie verschworen. Sie trinke nicht, sie stinke nicht, aber kein Hund wolle ein Stück Brot von ihr.
Sie erscheint bei einer Erwerbsloseninitiative. Dort wird viel durcheinandergeredet, und einige fordern die Revolution, um den Kapitalismus

abzuschaffen. Sie erklärt, sie werde jetzt, mit Verlaub, erst mal Ordnung in den Laden hier bringen: Anwesenheitsliste, Rednerliste, Diskussionsleiter, Tagesordnung, Konzentration auf den Einzelfall. Alle sind dagegen. Sie ist empört. Man ruft: „Was will die eigentlich hier?“ Darauf die eine: „Wisst ihr eigentlich, wen Ihr hier vor Euch habt? Ich kenn´ mich aus!“

Wutschnaubend verlässt sie das Treffen. Zuvor allerdings hat ihr jemand von der Initiative den Flyer einer Selbsthilfegruppe „Lebenskrisen“ in die Hand gedrückt. Er gehe da auch hin und lade sie ein. Tatsächlich geht sie hin. Der, der sie eingeladen hatte, hatte ihr gefallen, weil er so ruhig geblieben war.

In der Selbsthilfegruppe meint dieser Mann, er könne verstehen, dass ein Chef sauer sei, wenn sie so auftrete, wie bei der Initiative, sie habe wohl schon allerlei durchgemacht. Dass ist ihr Stichwort. Sie redet lange und fasst zusammen: „Pleiten, Pech und Pannen, das war mein Leben bisher, dabei habe ich mich immer und überall total engagiert, eigentlich müsste ich schon das Bundesverdienstkreuz haben, obwohl mir`s darauf nun wirklich nicht ankommt!“ Die Gruppe schweigt, bis einer sagt: „Von mir kriegst du das Bundesverdienstkreuz auch nicht, du hast Gott und die ganze Welt ganz schön unter Druck gesetzt: Wer nicht zugibt, dass er mich braucht, ist gemein!“ Darauf die eine: „Ach ja, Ihr könnt froh sein, dass ich heute hier bin!“ Darauf der Mann, der sie eingeladen hatte: „Du bist die Größte, und wir müssen dich anbeten!“ Sie springt auf: „Wie immer, auch Ihr versteht mich nicht!“ Alle Gruppenmitglieder weigern sich, sie wunschgemäß als „uneigennütziges Geschenk des Himmels“ zu begrüßen, und einige erzählen, wie ihnen selbst eine derartige „Abfuhr“ schließlich die Augen für den eigenen Hochmut geöffnet hat.

Sie, den Tränen nahe, bestreitet Hochmut. Sie sei doch nur furchtbar enttäuscht – nein, nicht von sich selbst, denn wer habe sie denn so oft zurückgewiesen? Antwort aus der Gruppe: „Du selbst, denn die anderen hatten von Dir genug, wie wir gerade auch! „Und warum werft Ihr mich nicht raus?“, schreit sie. Es antwortet der, der sie eingeladen hatte: „Kann noch kommen! Ist mir auch mal passiert!“

Sie bleibt zweimal weg. Niemand sucht sie. Dann ist sie wieder da und bleibt. Dem Mann, der sie eingeladen hatte, bringt sie Blumen mit, nicht, wie sie sagt, als Geschenk des Himmels, sondern zum Dank für seine Ehrlichkeit und auch stellvertretend für die ganze Gruppe... „zu der du jetzt auch gehörst“, sagt der Mann, der sie eingeladen hatte.

19.) Zucker

Einer ist ein Schaffer. Schon als Kind geht er seiner Mutter zur Hand, er hilft ihr beim Zeitungsaustragen. Er ist Schülerlotse und geht zur Jugendfeuerwehr. „Aus dem wird was!“ sagen die Leute. Die Mutter ist stolz auf ihn. Er hat keine Geschwister. Sei Vater trinkt. Er lebt in einer anderen Stadt und kümmert sich nicht um seinen Sohn.
Er lernt Bäcker. Da muss er um 3 Uhr raus. Abends ist er der Letzte. Sein Chef lässt nichts auf ihn kommen. Er hat eine Freundin, aber er muss immer früh ins Bett, bei der Jugendfeuerwehr ist er schon Wehrführer, er besucht Lehrgänge beim DRK und macht seinen Rettungsschwimmer. Seine Freundin findet, dass er zu wenig Zeit hat für sie. Sie verlässt ihn.
Er besteht seine Lehrabschlussprüfung mit „sehr gut“. Aber schon nach 1 ½ Jahren Berufstätigkeit entschließt er sich, Altenpfleger zu werden. An seinem Heimatort gibt es ein großes Seniorenzentrum, da lernt er. Er muss nicht mehr mitten in der Nacht aus dem Bett, er hat wieder eine Freundin. Aber es dauert nicht lange, und er hat noch weniger Zeit als früher. Im Seniorenzentrum macht er Überstunden, unbezahlt. Freiwillig kümmert er sich um Senioren, die von ihren Angehörigen alleingelassen werden. Er kauft mit ihnen ein, geht für sie zur Bank, hört ihnen zu. Seine Altenpflegerprüfung besteht er wiederum mit „sehr gut“. Daneben fungiert er jetzt als Oberwehrführer bei der Feuerwehr, DLRG-Wart und DRK-Vertrauensmann. Nichts davon vernachlässigt er. Seine neue Freundin leidet seit einiger Zeit unter asthmatischen Beschwerden. Er findet, trotz aller Verpflichtungen, auch für sie Zeit, sie walken zusammen, das tut ihr gut.
Auch er fühlt sich nicht mehr ganz gesund, vielmehr oft müde und abgeschlagen. Er verliert an Gewicht und hat viel Durst, er muss sehr oft Wasser lassen. Lange meidet er den Gang zum Arzt. Überhaupt ist es sein Grundsatz, an sich selbst zuletzt zu denken. Auf Drängen der Freundin lässt er sich untersuchen. Er hat Zucker: Diabetes I. Er weiß, was das bedeutet: Er braucht Insulin und Stressabbau. Der Arzt gibt ihm einen Prospekt der „Anonymen Diabetiker“. Da steht, manche Menschen seien süchtig auf Stress wie andere auf Alkohol. Seine Freundin sagt zu ihm: „Du bist immer am Geben, aber Du nimmst nur sehr ungern, Du hilfst ja auch mir, aber ich habe Dir ja schon oft gesagt, dass ich Dir auch mal danken will, und das willst Du nicht!“
Er will nicht zu den „Anonymen Diabetikern“. Es ist gegen seine Ehre, jemanden für sich in Anspruch zu nehmen. Seine Chefin im Senio-

renzentrum nimmt ihn auf die Seite: „Du gibst, was Deine Kräfte angeht, mehr aus, als Du einnimmst, Deine Bilanz ist schlecht, willst Du pleite gehen?“ Sein Zustand verschlimmert sich. In dem Prospekt der „Anonymen Diabetiker“ steht eine Telefonnummer .Er ruft an.
Die Frau am Telefon sagt, sie sei Kindergärtnerin mit drei eigenen Kindern und kranken Eltern. Ihr helfe es, bei ihrer Gruppe von sich zu reden und anderen zuzuhören und dabei von ihnen zu lernen. Das klinge egoistisch, aber es sei gut für sie. Er sagt es niemandem: er fährt zu einem Treffen der „Anonymen Diabetiker“. Er hört dort den Satz: Wir haben Liebe nie angenommen, sie ist bei uns immer durchgefallen – die Liebe ist wie der Zucker, der immer durch unseren Körper fällt, er bleibt nicht hängen, sondern geht ab. Er weiß längst, dass Diabetes eigentlich Zuckerruhr heißt und dass Krankheit mit Seele zu tun hat. So sagt seine Freundin immer, sie brauche nicht nur Luft zum Atmen, sondern das Gefühl von Freiheit, deshalb sei das gemeinsame Walken so schön.
Er lernt in der Gruppe lauter gute Menschen kennen, die zu weit gegangen sind: Selbstausbeuter, unentbehrlich allenthalben, aber dann kaputt – Diabetes als eine der möglichen Folgen. Er lernt: Geben ist seliger denn Nehmen, aber wer nicht nimmt, kann auch nicht geben!
Es geht ihm jetzt wieder gut. Jetzt erst bekommt er mit, dass er zuletzt gar nicht mehr so beliebt war. Da er´s immer allen recht machen wollte und zwar möglichst gleichzeitig, hatte er immer mehr Fehler gemacht. Darauf hatten seine Neider nur gewartet. Hinter vorgehaltener Hand hatten sie ihn „eingebildet“ genannt: „Der denkt, ohne ihn geht's ja wohl nicht!“ Aber seine zunehmende Schwäche hatte ihn auch wieder geschützt. Er weiß jetzt: Wenn er sich nicht ändert, schützt ihn nichts mehr. Der eine hat einen Weg gefunden für sich selbst und nicht für andere.
Übrigens hatte er bisher immer allen anderen geraten, an sich selbst zu denken und Hilfe anzunehmen – seine! Jetzt schämt er sich, er war unglaubwürdig gewesen. Er macht´s jetzt besser.

20.) Wiederholungen

Einer, noch jugendlich, schwört, er werde, groß geworden, alles besser machen als seine Mutter. Seine Mutter ist eine Glucke. Zwanzig Jahre später entdeckt er entsetzt, dass er ebenso ist: eine männliche Glucke. Seine Mutter hatte ihn ständig beschützt und ihm

alles abgenommen. Das tut er jetzt auch, bei seiner eigenen Tochter. Seiner Mutter hatte er immer vorgeworfen, sie habe ihm nie vertraut und ihm keine Erfolgserlebnisse ermöglicht. Seine Tochter wirft ihm jetzt dasselbe vor.
Er erinnert sich: Er war gegen seine Mutter in den Streik getreten. Aus gefühlter Notwehr heraus hatte er sich ihr gegenüber danebenbenommen. Er hatte sie angeschrien und auch schon mal seinen Teller auf den Boden geworfen. Das war der Glucke dann doch zu viel geworden. Ohne zu überlegen, hatte sie ihm eine gelangt. Von nun an war sie für den Sohn eine alte Hexe gewesen, die es zu vertreiben galt. Das hatte sie noch zorniger gemacht. In ihrer Wut hatte sie den einen rausgeworfen. Der war zu seinem Konfirmationspfarrer gelaufen, und der hatte das Jugendamt informiert. Von nun an galt die Mutter als Rabenmutter. Es war Krieg, man provozierte sich gegenseitig. Die Mutter wurde herzkrank. Der Sohn hatte sie vom Thron gestoßen. Auch das wiederholt sich: zwischen dem einen, der groß geworden ist, und seiner Tochter. Die Tochter stößt den einen, der magenkrank geworden ist, ebenso von seinem Thron wie einst er seine Mutter.
Die Leute sagen dann: Der Apfel fällt nicht weit vom Stamm. Er denkt nach. Er erinnert sich, dass er eigentlich immer Angst hatte, auf eigene Füße zu kommen, seine Glucke hatte ihn nicht gerade zur Selbstständigkeit erzogen. Er war, trotz allen Streits, ein Muttersöhnchen. Er klebte an der Mutter, obwohl er später anders sein wollte als sie. Also gab er den Fuchs, der Frieden mit der Mutter nur vorspiegelte, sie aber tatsächlich einwickelte. Das schmeichelte ihr – nicht Peitsche, sondern Zuckerbrot! Sie aber, die Rabenmutter, tat das auch mit ihm. Der Aufstand endete also auch hier damit, dass er die Mutter kopierte. Heute ist er ihr Nachfolger. Denn die Tochter ist zum „Vatertöchterchen“ geworden.
Hat da wirklich einer auf die Tochter abgefärbt? Wieder denkt er nach: Ein Betriebsrat, der lange und oft auf dem Sofa des Chefs sitzt, ist offensichtlich in Gefahr, zur Chef-Partei überzulaufen, ohne es zu merken. Tatsächlich hat er am Chef gehangen. Viele Spione werden, von außen betrachtet, allmählich Komplizen des Feindes. Im Grunde sind sie es schon immer. Betriebsräte und Spione werden deshalb klugerweise von Zeit zu Zeit ausgetauscht.
Der eine sieht sich als Verlierer: selbst entthront, krank und ein Weichei, wie auch schon die Mutter, und wie wird die Tochter? Darunter leidet er. Zeitweise nimmt sein Magen keine Nahrung mehr an. In einer Selbsthilfegruppe „Lebenskrisen“ findet er Leidensgenos-

sen. Gemeinsam versucht man, doch noch ein bisschen Konsequenz in eigene Leben zu bringen. Der eine versucht, seiner Tochter von jetzt an einiges zuzumuten, im Vertrauen darauf, dass sie nur so zu eigenen Erfolgserlebnissen kommt. Er weiß, dass das für sie auch unbequem ist, dann wird sie sich wehren, und er darf nicht nachgeben. Er kommt voran.

21.) Autor

Einer schreibt ein Buch. Wie so viele andere. Er will sich mal einiges von der Seele schreiben. Jedenfalls sagt er das. Er will auch Geld verdienen. Er findet einen Verlag, der das auch will. Der eine kennt eine Hartz IV-Empfängerin, der er eine Gewinnbeteiligung für den Fall verspricht, dass sie sich in dem Buch wiederfindet: als eine, deren bewegtes Privatleben damit geoutet wird.
Der Verlag kennt in seinem Bezirk Richter, deren Kammer für das Gebiet des Schutzes der Privatsphäre zuständig ist und die gerne rauchen. Der Raum, in dem sie das dürfen, ist kalt und ungemütlich. Der Verlag sponsert der Kammer Maßnahmen, die geeignet sind, den Raucherraum zu wärmen und gemütlich zu machen.
Das Buch erscheint. Die Hartz IV-Empfängerin klagt gegen Autor und Verlag wegen Verletzung ihrer Privatsphäre. Die zuständige Kammer gibt ihr recht. Das Buch wird verboten. Unter dem Tisch und via Internet wird das Buch zum Bestseller. Der eine und sein Verlag verdienen viel Geld, ebenso die Hartz IV-Empfängerin durch Gewinnbeteiligung. Sie freuen sich.
Der Autor schreibt jetzt an einem neuen Buch. Er lässt seine Empörung über Hartz IV-Empfänger freien Lauf, die Geld, Partner, Auto und Wohnung verstecken, um abzukassieren. Einer der dort nicht namentlich erwähnten Hartz IV-Empfänger soll, gegen gutes Entgelt, wegen Verletzung seiner Privatsphäre klagen, denn unzweifelhaft sei er gemeint. Den Richtern der bewussten Kammer soll eine Studienreise an die Princeton-Universität gesponsert werden, mehrtägig, mit Partner oder Partnerin. Die bewusste Kammer soll sich erneut mit einem Buchverbot erkenntlich zeigen. Autor und Verlag hoffen, dass alle, die das zweite verbotene Buch kaufen, schon immer wissen wollten, wie man die Behörden als Erwerbsloser, als dem „letzten Mittel gegen die Übermacht der Ämter“, wirksam übers Ohr hauen kann.

Der eine hofft, dass auf diese Weise, per Buchkauf, auch mal die Heldentaten unters Volk kommen, die sich die Anonymen Alkoholiker in ihren Meetings erzählen. Da braucht nur einer von denen seine Anonymität aufzugeben. Das darf er. Dann kommt er in einem dritten Buch des Autors vor. Dann klagt er. Er sei gemeint. Keineswegs habe er seine Anonymität aufgegeben gehabt. Der Autor und sein Verlag zahlen gut. Die Richter brauchen unbedingt neue Roben. Der Autor ist dienstbereit. Die Roben kommen, und auch das dritte Buch wird verboten.
Über das bewegte Leben mancher Frauen, die Cleverness des kleinen Mannes und Säuferfreuden zu lesen, macht Spaß. Es kann dazu verführen, es auch mal zu probieren oder damit immer noch nicht aufzuhören. Das wird sich rächen.
Dem Autor steigt sein Erfolg zu Kopf. Das tut dann auch der Alkohol. Der eine sitzt kurz darauf bei den Anonymen Alkoholikern und sagt ganz leise: „Ich bin dieser Autor, ich bin jetzt Alkoholiker, meine Heldentaten waren Schweinereien, sie sollten verführen und sie haben verführt, auch mich selbst. Ich habe die Leute und mich selbst bestochen, so oder so. Ich will das nicht mehr. Ich komme wieder."
Er will ein viertes Buch schreiben: noch eine Enthüllung, aber eine Enthüllung der eigenen Person. Er ist jetzt trocken und redet auch so: „Ich will mir jetzt wirklich was von der Seele schreiben, es ist eine Beichte. Mir tut das gut – und vielleicht auch anderen, die ehrlich werden wollen zu sich selbst." Er geht regelmäßig zu seiner Gruppe.

22.) Positiv denken

Einer sagt: „Nach mir die Sintflut! Ich lebe im Jetzt und Hier!" Er ist gegen Investitionen in die Zukunft – sie liegt ihm fern. Er macht auch Schulden – was interessiert ihn die Rückzahlung? Er sagt: „Spare in der Zeit, so hast du in der Not – überholt." Und wenn er jemandem etwas leiht – nur gegen hohe Zinsen. Er hat auch lieber keine Kinder – wer weiß, ob sich die Sorge um sie künftig rentiert?

Der eine hält sich im Grunde für unsterblich: wozu also Umweltschutz jetzt? Das kostet nur was und zwar jetzt. „Et hätt noch immer jutjejange", sagt der Kölner. Sollte der Wald nicht schon tot sein, nach der Prognose von 1980? Er ist ja so grün wie immer. Es hat auch keinen Atomkrieg gegeben. Die Deutschen sind nach zwei verlorenen Weltkriegen ebenso wie die Juden nach Auschwitz wiederauferstanden, und sogar Gott ist nach wie vor gefragt, und die Atheisten sind out. Und hatten wir nicht gerade wieder einen Aufschwung in Deutschland? Und sind wir nicht das beliebteste Volk der Erde? Na also.

Angst ist ein schlechter Ratgeber, besonders „the German angst", sagen alle. Die „Angsterkrankung" ist die Krankheit des Jahres. Denke positiv! sagt jeder zu jedem. Alles wird gut, sagt Tina Ruge. Krisen sind normal, sagt John Maynard Keynes, man handelt antizyklisch, und schon kommt der nächste Boom. Alles ist möglich, sagt die Firma Honda. Alle Dinge sind möglich dem, der da glaubt, sagt die Bibel – am besten an sich selbst, sagt der eine. Wer ist der ganz persönliche Gott? Der eine sagt es nicht, aber er denkt: Gott ist der, den ich mir backe, so wie ich ihn will, das Sagen habe ich, wer sonst?

Der eine stellt Wechsel auf eine Zukunft aus, für die er nichts tut, sie sind ungedeckt. Aber eines weiß er: Wenn es eine Zukunft gibt, dann haben die Reichen sie, z.B. er, und die werden den Wechsel dann einlösen. Aber klar!

Der eine ist ein Kind. Sein Traum von der Unsterblichkeit ist unvollständig ohne den Traum von den Reichen. Das sind die Eltern, die immer da sind und die eigene Unsterblichkeit gewährleisten. Auch sie sind Gott, zwar nicht selbstgebacken, aber zuverlässig bis in alle Ewigkeit. Der eine hat sich seinen Turm zu Babel gebaut. Er ist der Baum, der gen Himmel wächst. Er ist der Vogel, der zur Sonne fliegen will. Der Turm bricht ein. Der Baum wächst nicht in den Himmel. Der Vogel stürzt in die Tiefe.

Auch der eine liegt plötzlich am Boden. Die Angst packt ihn. Die Angst, die er verbannen wollte, die Angst nicht des Schöpfers, sondern die des Geschöpfes, das sich für den Schöpfer hält. Der eine kann nicht mehr anders, er fühlt sich ohnmächtig. Er ist sterblich, der „unsterbliche eine" hat kapituliert.

Er geht jetzt zu den „Emotions Anonymous". Die sagen: „Wie gut, dass ich erlebt habe, was ich brauche, und nicht, was ich will!" Der Kindertraum ist ausgeträumt. Das göttliche positive Denken ist beendet. Es gibt ein menschliches positives Denken: Nicht Hochmut tut gut, aber auch nicht Kleinmut, sondern etwas, was der eine für sich nun entdeckt hat und was man heute oft falsch versteht, weil man es falsch verstehen will: Demut!

23.) Handwerksmeister

Einer und eine sind ein Paar, seit 2o Jahren. Sie liebt Kinder, Tiere und Blumen. Er liebt Autos und Elektrogeräte. Sie ist Kinderkrankenschwester. Er ist sowohl Kfz - als auch Elektromeister und führt ein Autohaus mit „angeschlossenem" Fernsehgeschäft. Sie haben zusammen drei Kinder. Der eine Junge (19) wird Ingenieur, der andere Junge (12) will Pilot werden, das Mädchen (14) Ärztin. Ihre Mutter arbeitet jetzt wieder in ihrem Beruf, halbtags.
Eine bürgerliche Familie, lauter Leistungsträger. Alle sind sportlich. Er spielt Tischtennis im Verein. Sie macht Nordic Walking. Die Kinder reiten und spielen Volleyball. Der Vater ist außerdem Feuerwehrmann und zwar stellvertretender Wehrführer, und die Mutter leitet den Handarbeitskreis der örtlichen AWO.
Wie ein Blitz aus heiterem Himmel bricht der Vater plötzlich zusammen. Aber es ist kein Herzinfarkt. Was ist es? Keiner weiß es. Das macht ihn verrückt. Und wieder rast sein Herz, ebenso verrückt wie er. Das macht ihn noch verrückter. Wieder rast sein Herz, noch schlimmer. Ihn packt eine irre Angst: Noch einmal, und es ist aus... Er schluckt Beruhigungsmittel. Jetzt fühlt er sich ferngesteuert. Ist er noch sein eigener Herr? Er will weglaufen, irgendwohin, vielleicht in den Tod, dann ist Ruhe. Ruhe? Die hatte er doch noch nie, er, der Hans Dampf in allen Gassen! Das sagt ihm auch seine Frau. Daraufhin sagt er zu ihr: Du bist auch nicht besser! Daraufhin sie: Ja, soll ich Dich vielleicht jetzt allein lassen, jetzt, wo Du verrückt spielst?
Er hat eine Hausärztin, die ihn schon mehrfach gewarnt hatte: sein Motor drohe heißzulaufen, als Kfz-Meister wisse er ja, was das heiße. Jetzt sagt sie ihm, einen Blitz aus heiterem Himmel gebe es nicht, es gebe nur Leute, die das aufziehende Unwetter übersehen haben. Seine Frau, die mitgekommen ist, wird von der Ärztin gefragt, ob sie noch ein Kind mehr haben wolle, nämlich ihren Mann... Die eine versteht sofort. Sie zeigt der Ärztin ihre Arme: Schuppenflechte – alles gehe ihr schon immer furchtbar unter die Haut, und jetzt auch noch die Sache mit ihrem Mann! Die Schuppenflechte habe sich ausgedehnt, früher war sie nur am Rücken.
Auf Empfehlung der Ärztin machen die beiden gemeinsam eine psychosomatische Kur. Anschließend gehen sie in eine Paar-Selbsthilfegruppe mit dem Namen „Workoholics". Sie nehmen auch mal ihre Kinder mit. Die hatten von ihren überforderten Eltern zuletzt nicht mehr viel gehabt. Doch schon vor Jahren hatte der große Junge mal

zu seinen Eltern gesagt: „In der Schule habe ich den Satz gehört: Everybody`s darling is everybody´s Depp! Das seid Ihr doch, Ihr wollt`s immer allen recht machen, und da kommen halt alle zu kurz, wir auch!"
Jetzt sind zwei Jahre vergangen. Die beiden haben ein neues Lebensmotto: Wer immer nur schuftet, wird bald zum Schuft! Sie legen die Latte nur noch so hoch, dass sie darüber kommen. Die Kinder danken es ihnen.

24.) Hochbegabt

Einer sieht aus wie Old Shatterhand im Film: blondgelockt, blauäugig, breitschultrig, hochgewachsen, dabei schon 49, man sieht´s nicht, und wenn er den Mund aufmacht: intelligent, eloquent, gewinnend – ein Mannsbild wie aus dem Buch.
Er ist erwerbslos und wird von der Behörde gejagt wie ein starker Hirsch, den man einfach nicht kriegt. Der Vorwurf lautet, er verschleiere seine wahren Aufenthalt und sein wahres Leben, tatsächlich sei er höchstwahrscheinlich nicht hilfebedürftig, zumindest könne er das Gegenteil nicht nachweisen, und die Beweislast habe er. Die Behörde vermutet, dass er insgeheim mit einer Frau zusammenwohnt, einen unangemeldeten Handel betreibt und sogar unter falschem Namen Auslandsreisen unternimmt.
Er hat bessere Zeiten erlebt. Er hat Abi, studierte Betriebswirtschaft und arbeitete als Marktleiter und selbständiger Kaufmann. Er galt als Verkaufsgenie. Er ist ein Hochbegabter. Aber er ist abgestürzt.
Genau das glaubt ihm keiner: So einer kann doch einfach nicht abstürzen! So einer kann doch nicht mittellos sein, ohne festen Wohnsitz und alleinstehend! Das muss ein Gauner sein, ein cleverer Blender, der es besser versteht als Otto Normalverbraucher, auf Kosten der Gesellschaft zu leben!
Der eine spürt das Unverständnis und den Neid von Otto Normalverbraucher, und den gibt´s überall. Nur eines spürt er nicht, weil er´s nicht spüren will: seinen eigenen Hochmut. Im Grund fühlt er sich so überlegen, dass er von klein auf dazu neigt, sich Freiheiten zu nehmen, die ihm nicht zustehen, dies allerdings so geschickt, dass es über lange Zeit wie Notwehr wirkt:
Dass die Welt ihn beneidet, das war schon in der Schule so, er aber lässt sich keineswegs provozieren, um so neidischer wird die Welt, er ist der haushohe Favorit, so einen liebt keiner. Er erleidet auch mal,

was menschlich ist, kleine Niederlagen, die Welt freut sich, über seine üblichen Siege ärgert sie sich. Er lässt sich immer noch nicht provozieren, der Neid wächst und beginnt an ihm zu nagen, die Niederlagen häufen sich. Allmählich gerät er in Not, und keiner glaubt sie ihm.
Erst jetzt packt ihn die Wut. Er schlägt zurück. Er setzt sich ins Unrecht. Aber es sieht halt wie Notwehr aus. Er nimmt sich die Freiheit, abzutauchen. Er entzieht sich jeder Hartz IV-Kontrolle, nur eine Postadresse hat er bei einer Obdachlosenstelle. Er sieht sich als unschuldiges Opfer von Behördenwillkür. Viele stimmen ihm zu: Old Shatterhand ist ein Edler, kein Gauner.
Zwei Anwältinnen vertreten ihn. Das Sozialgericht entscheidet zu seinen Gunsten. Sein Hochmut ist ungebrochen. Seine Fehler häufen sich. Eine seiner Anwältinnen legt ihr Mandat nieder. Die Behörde reagiert nach der Rechtslage: Der eine verletzt laufend seine Mitwirkungspflicht, was wie eine Notwehrsituation aussieht, die er selbst hergestellt hat.
Jetzt verliert der eine auch vor dem Sozialgericht. Auch seine zweite Anwältin verlässt ihn. Hochmut kommt vor dem Fall. Jetzt spürt er ihn, den Hochmut - er tut weh.
In einer Selbsthilfegruppe „Hochbegabte“ spricht er darüber. Man versteht ihn und umgekehrt. Er entwickelt den Stolz, jene Dummheit abzubauen, die ihn hat hochmütig werden lassen. Er nennt es Dummheit, er weiß, dass es die Angst vor der Wahrheit ist. Die Wahrheit lautet: Wer hochbegabt ist, scheitert, wenn er nicht ganz besonders auf sich aufpasst, und das kann er doch, der Hochbegabte!
Er arbeitet sich mit einem Werbebüro hoch: allmählich, vorsichtig – endlich ein wirklicher Old Shatterhand.

25.) Schuften

Einer hat getrunken. Jetzt ist er trocken und versucht, alles wiedergutzumachen. Er arbeitet wie verrückt. Schließlich hat er Schulden. Und er will sich ein Auto anschaffen, seinen Führerschein hat er wieder. Auch hilft er gern. Er hat einen Lehrgang zum Suchtkrankenhelfer hinter sich und ist aktiv in einer Sucht-Selbsthilfegruppe. Also: Vom Saulus zum Paulus! Nur seine Frau seufzt: Trocken ist schön, aber jetzt übertreibt er schon wieder und schuftet so, wie er früher getrunken hat, nämlich maßlos. Sie sagt das zu einer Freundin. Der

Freundin geht es ebenso. Die beiden haben nach wie vor nichts von ihren Männern, aber sie wagen es nicht, sich zu wehren. Sie wissen, wie der Mann reagieren würde: Soll ich vielleicht wieder saufen?
Die Frauen hören von einer Selbsthilfegruppe für Frauen. Sie heißt „Trau dich!“ Da erinnert eine weitere Leidensgenossin, sie ist schon alt, an die Deutschen, wie sie nach den Krieg ihr Wirtschaftswunder hingelegt haben, erst haben sie zugeschlagen, und dann schworen sie ab und wurden zu Musterknaben, aber es war ganz ähnlich: die Marktwirtschaft war für die Deutschen die Fortsetzung des Krieges mit anderen Mitteln. Die Frau des einen und ihre Freundin finden den Vergleich hart, aber treffend. Sie wissen, wie reagiert wird, wenn jemand öffentlich diesen Vergleich zieht, nämlich so: Sollen wir vielleicht wieder in den Krieg ziehen, wieder Tod statt Leben, Zerstörung statt Wachstum?
Die beiden Frauen gehen weiter zu dieser Gruppe. Der eine merkt es nicht, er hat zu viel zu tun. Endlich erzählt sie ihm von dem, was in der Gruppe gesprochen wird. Er fragt, ob sie was gegen Wiedergutmachung und ein anständiges Leben habe? Ihr kommen die Tränen, aber sie traut sich weiter: Du bist weit weg von mir, wie früher, Du bist mit Deiner Arbeit verheiratet, über Deiner Suchtkrankenhilfe vergisst Du Deine Frau, und das Schlimmste: Du drohst mit dem Rückfall, immer, auch ohne es zu sagen. Er weiß nicht, was er sagen soll. „Warum sagst Du das erst jetzt?“, fragt er. „Jetzt ist es raus“, sagt sie.
Er erinnert sich an seinen Suchtkrankenhelferlehrgang. Da hieß es doch: Trockenheit ist noch nicht Nüchternheit! Und: Befasse Dich nicht mit noch Nassen, um im Geiste mittrinken zu können! Er macht einen Auffrischungslehrgang. Als es ums geistige Mittrinken geht, erzählt er von seiner Frau und von ihrem Kriegs-Vergleich. Er bekennt, dass er immer erschrickt, wenn davon die Rede ist, dass deutsche Soldaten in den Krieg sollen, und doch nichts spannender findet als Kriegsfilme oder Kriegsberichte. Andere bestätigen: Attentate tun´s auch oder Krimis, mit vielen Leichen, oder Fußballschlachten mit kämpfenden Hooligans. Die Lehrgangsteilnehmer sind sich einig: Nüchtern ist nur, wer auch im Geiste nicht mehr zuschlägt – sonst schlägt er bald wieder wirklich zu, genauer: er tut es jetzt schon – so wie die Frau des einen weint jede Frau, wenn sie sich traut, ihrem Mann zu sagen, dass er, solange er immer noch schuftet, zuschlägt, das Opfer ist sie.
Der eine nimmt sich vor, nicht mehr zuzuschlagen. Er trifft sich immer wieder mit den anderen Lehrgangsteilnehmern. Man nennt sich

Selbsthilfegruppe „Die Nüchternen“. Man sitzt im gleichen Boot. Gemeinsam geht’s besser.

26.) Gott

Einer hat seinen Job verloren, wegen Auftragsmangel. Er hat sein Auto verkauft. Sechzigmal hat er sich schon um neue Arbeit beworben, ohne Erfolg, trotz freier Stellen. Seine Partnerin hat ihn verlassen. Er ist in Harzt IV gelandet und kann seine Miete und seine Raten nicht mehr bezahlen.
Er ist eigentlich ein gläubiger Christ. Er glaubt an den Erlöser, an Schutzengel und einen göttlichen Heilsplan. Die 10 Gebote sind ihm heilig. Neuerdings ertappt er sich bei der Frage, wieso Gott so viel irdisches Elend zulässt. Will er ihn, den unschuldig Erwerbslosen, bestrafen? Wofür? Er ist kein Säufer, er ist kein Faulenzer, er hat ein Herz für Benachteiligte, er liest Kindern im Kindergarten lustige Bücher vor und hat nichts gegen Kopftücher bei Türkinnen. Warum erweist sich Gott nicht mal erkenntlich? Warum geht´s den größten Schweinehunden blendend, z. B. seinem früheren Chef, und nicht ihm? Er weiß nicht, wie´s weitergehen soll!
Sein Pfarrer sagt: Gib nicht auf, vertraue! O.k., aber wie lange noch? denkt der eine. Sicher, Gottes Wege sind unerforschlich, und es geht nicht nach Verdienst im Christentum. Aber worum geht es denn dann? Hat der Marx nicht doch recht mit seinem „Religion ist Opium für´s Volk?“ Sollen wir aufs Jenseits vertröstet werden? Oder ist Gott das, was Hape Kerkeling auf dem Jakobsweg erlebte: das befreiende Gefühl eigener Begrenztheit und Unwichtigkeit – fast bin ich schon tot, da bin ich mich los, aber nur fast? Der eine rennt 10 km durch den Wald, auf seinem eigenen Jakobsweg, schon nach 2 km ist er so was von kaputt, nach 5 km schmeißt er sich ins Gras, aber er quält sich weiter, er läuft auf dem Zahnfleisch, er will aufhören, 100 mal, aber er kommt an, liegt am Boden und denkt: Ich hab’s überlebt, mein Gott, was ist dagegen der ganze Scheiß, mit arbeitslos und allein und kein Geld, und war das eben nicht der größte Sieg: der über mich selbst?
Er wundert sich über sich selbst: Wie hat er das nur geschafft? Wollte er sich eine Ersatzbefriedigung holen und ist dabei über sich selbst hinausgewachsen? Oder hat ihm doch jemand zwischendurch mal getragen, und er hat’s nicht gemerkt? Er geht zu einem Treffen von Bezwingern des Jakobswegs, den Termin hat er aus der Zeitung. Alle sagen dasselbe: Da war was, und das war mehr als die Endorphine,

die bei körperlichen Strapazen freigesetzt werden: das „runner´s high." Einer von denen, ein trockener Alkoholiker, sagt: „Der Alkohol hat mich immer high gemacht, aber eine höhere Macht war´s, die mich über mich hat siegen lassen."
Mit diesem trockenen Alkoholiker geht der eine mal zu einem offenen Meeting der Anonymen Alkoholiker. Da hört er z.B.: Ohne mich geht nichts, aber auch mit mir alleine geht nichts!
Er geht jetzt zu den „Emotions Anonymous". Da treffen sich die, die irgendwann nicht mehr wussten, wie´s weitergeht, ohne – bisher! - in eine Sucht geflüchtet zu sein.
Er gibt nicht auf, er bleibt am Ball. Merkwürdig: Er kann wieder vertrauen. Er denkt: Ich habe ein Fenster aufgemacht, da strömt was rein. Er bleibt erst mal erwerbslos, aber er arbeitet nach wie vor in diesem Kindergarten mit und zwar für ein Honorar. Im nächsten Jahr winkt ihm dort, wenn alles gut geht, eine Halbtagsstelle. In dem Kindergarten lernt er auch eine nette Kollegin kennen. Sie und andere helfen ihm, in eine kleinere Wohnung umzuziehen. Er gibt seine Erfahrungen mit sich selbst überall weiter, nicht nur in der Gruppe.
Sein Pfarrer freut sich: Was der eine berichtet, stärkt auch ihn.

27.) Die eigene Nase

Einer liest folgenden Satz: „Wenn ein Politiker unten ist, frisst er uns aus der Hand – wenn er oben ist, werden wir beschissen."
Er fühlt sich selber „unten". Er hat keine Arbeit mehr und bemüht sich verzweifelt um eine neue. Einem ihm bekannten Bäckermeister tut er leid. Der backt noch selber und bietet ihm an, frühmorgens die frischen Brötchen auszufahren. Das passt ihm überhaupt nicht, zumal die Bezahlung mies ist, aber er streckt sich nach der Decke und macht´s. Der Bäckermeister erweckt den Eindruck, ein guter Kerl zu sein, der eine frisst ihm aus der Hand. Natürlich hat der Bäckermeister in ihm einen Billiglöhner, das ist sein Interesse, aber was soll's?
Der eine überlegt: Auch ein Politiker hat´s nötig. Er will gewählt werden und ist deshalb den Wählern zu Diensten. Er neigt dazu, den Wählern nach dem Munde zu reden. Seine Wähler freuen sich, dass einer, der verspricht, was sie sich wünschen, am Ende gewinnt. Der eine schimpft jedoch auf die Politiker, die nach der Wahl ihre Versprechungen brechen. Ja, sagen die Politiker, man könne sein Wort nicht halten, die Zeiten hätten sich geändert, die Steuerein-

nahmen seien zurückgegangen. Alles Ausreden, die bescheißen uns, denkt der eine.
Sein netter Bäckermeister ist plötzlich nicht mehr so nett. Er entlässt ihn zwar nicht, aber er bezahlt ihn noch schlechter. Begründung: Er müsse immer schärfer rechnen, die fabrikmäßigen Bäckereiketten produzierten immer billiger. Der eine fühlt sich trotzdem betrogen.
Er hat eine Tochter. Sie ist schon als Kind eine Süße, ein Schmusekätzchen, dass an ihm hängt wie eine Klette. Mit 14 ist sie, der Liebling, so obenauf, dass sie abhebt. Sie glaubt keine Nahrung mehr zu benötigen, als ob sie ein Übermensch sei. Sie wird immer dünner. Was sie mit ihrer ganzen liebenswürdigen Art bisher versprochen hatte, hält sie nun nicht mehr. Ihr Vater hat das Gefühl, von ihr betrogen worden zu sein.
Er ist empört über die Politiker, dem Bäckermeister und die Tochter. Er fragt sich aber auch, wieso er so blöd war, erst mal auf sie reinzufallen. Er kennt das Sprichwort, dass die Hand, die füttert, als Erstes von dem gebissen wird, der gefüttert wird – Undank ist der Welt Lohn. Das tröstet ihn. Er sagt sich auch, dass er Arbeit gebraucht hat und auch Politiker braucht, die ihn hoffen lassen, und ein Kind, das ihm Freude macht, und überhaupt Menschen, die um ihn werben.
Aber es nagt an ihm: Offenbar hat er die, über die er sich jetzt aufregt, durch sein Wohlwollen verführt: Sie sind übermütig geworden, denn Gelegenheit macht Diebe.
Nicht, dass er sich das klar und deutlich eingestanden hätte, aber es schwant ihm was in dieser Richtung. Seiner Frau erzählt er nichts davon. Er will sein Gesicht wahren. Aber er geht mal heimlich zu einer anonymen Gruppe „Selbsterfahrung“. Er setzt sich ganz hinten hin, ins Schummrige. Er hört nur zu. Plötzlich entdeckt er, dass er sich auch selber zuhört. Er redet selber, weil gerade andere so gesprochen haben, wie er gesprochen hätte, wenn er den Mut dazu gehabt hätte.
Da geht er jetzt wöchentlich hin, jeweils für zwei Stunden. Immer wieder stellt man gemeinsam fest, dass wahr ist, was man nicht wahrhaben wollte, z.B. dass man sich erst mal an die eigene Nase fassen sollte, bevor man über andere schimpft.

28.) Verlassen

Eine ist von Gott enttäuscht – wenn es ihn überhaupt gibt. Sie bietet sich der Welt ständig an, sie will sich einsetzen und helfen, aber, so ihr Eindruck, keiner braucht sie, keiner will sie. Sie war Sekretärin, sie malt und dekoriert gerne, sie spielt Klavier, sie hat ein Händchen für Blumen. Sie geht in eine Mobbing-Selbsthilfegruppe. Sie erzählt dort, Chef und Kollegen hätten sie aus ihrer letzten Stellung gemobbt. Die hätten ihr nichts mehr zu tun gegeben und behauptet, sie vergifte das Betriebsklima. Dabei könne ihr keiner von denen das Wasser reichen. Ein anderer aus der Gruppe erzählt, er habe das auch mal gedacht. Tatsächlich sei er selbst es gewesen, der ständig beleidigt war. Ständig habe er sich unterfordert gefühlt, ständig habe er „der große Unentbehrliche" sein wollen, den jeder bewundert, aber auch mit Missgunst verfolgt. Er sei anerkannt gewesen, aber er wollte in den Himmel gehoben werden, und das sei ihm nicht gelungen.

Sie findet, auch hier, in dieser Gruppe, sei man gegen sie. Sie geht beleidigt. Sie erzählt überall herum, sie sei schon wieder gemobbt worden: von einer Mobbing-Selbsthilfegruppe! Wer das bezweifelt, wird sofort von ihr zum Feind erklärt. Sie lernt einen Mann kennen, dem sie erst mal leid tut. Doch er hat Arbeit, keine Schulden und auch sonst keine Probleme. Sie behauptet, er habe mit Sicherheit eine Leiche im Keller, er müsse sich ihr unbedingt anvertrauen. Außerdem benötige er Unterhaltung. Sie werde ihm Klavier vorspielen und seine Wohnung ausmalen. Der Mann flüchtet. Sie fühlt sich bestätigt: Sie hat auf dieser Erde keine Chance!
Sie würde die Erde gern verlassen oder wenigstens die Gegenwart. Sie geht zu einer Selbsthilfegruppe „Nostradamus". Dort hört sie, der Glaube versetze Berge, und zwar der Glaube an den Gruppenleiter, der sei des Nostradamus Wiedergeburt. Sie versucht´s mit diesem Glauben. Der Raum ist verdunkelt. Man hört Musik von Richard Wagner. Räucherstäbchen brennen. Der Gruppenleiter wiederholt einen einzigen Satz: Du bist liebenswert, du wirst geliebt, glaube! Sie spürt die Wirkung. Die anderen spüren sie offenbar auch. In ihrer Freude umarmen sie ihre Nachbarn – tatsächlich: man wird geliebt. Sie geht weiter dorthin. Sie denkt: Endlich kriege ich, was ich will. In ihrer Freude wird sie freundlich zur Welt. Die Welt gibt´s ihr zurück.
Dann wird der Gruppenleiter krank. Keiner kann ihn ersetzen. Die eine fühlt sich plötzlich selber krank. Es ist wieder wie früher: sie ist die Verlassene. Sie merkt, dass sie abhängig geworden ist von ihrem Nostradamus. Sie fühlt sich als seine Sklavin, er ist ihr Tyrann, sie ist sein Opfer, sie ist die Verlassene.

Der Mann, der vor ihr geflüchtet ist, hatte ihr von einer Selbsthilfegruppe „Lebenskrisen" erzählt: Da versuche sich jeder an die eigene Nase zu fassen. Da wollte sie damals nicht hin. Jetzt ist sie reif dafür. Sie denkt: „So geht´s nicht weiter." Sie erscheint in der Gruppe und heult sich erst mal aus. Sie sagt dann aber selbst: „Heulen und jammern und schimpfen, das bringt´s nicht." Sie fragt: „Was soll ich tun?" Aus der Gruppe sagt jemand: „Jede Antwort wird Dir bestätigen, dass Dich keiner versteht, auch diese Antwort, aber Du kannst ja anders werden: freundlich, aus Dir heraus, nicht von Nostradamus´ Gnaden."
Sie geht jede Woche hin. Sie weiß, sie muss vom hohen Ross runter. Sie ist auf dem Wege.

29.) Schwul

Einer freut sich, dass er heutzutage schwul sein darf. Auch der Berliner Bürgermeister Klaus Wowereit ist es, und das sei auch gut so, sagte er und bekam Beifall von fast allen. Wer Homosexualität als Entwicklungsstörung bezeichnet, wird seinerseits beschimpft.
Der eine tut das nicht, obwohl er mit einem Mann zusammenlebt. Im Grunde hätte er gerne eine Frau und Kinder von ihr. Aber Frauen machen ihm Angst. Dabei hatte er eine sehr liebevolle Mutter. Er war ihr einziges Kind, sie war alleinerziehend, und sie tat alles für ihn. Morgens weckte sie ihn und räumte sein Zimmer auf. Manchmal wollte er das gar nicht, aber es war auch wieder bequem für ihn, und die Mutter war glücklich. Noch heute kommt sie ihm sehr stark vor, und er hängt an ihr. Auch sie wünscht sich einen „normalen" Sohn, gerne hätte sie Enkel.
Längst hatte der eine gelesen, manche Mütter wollten ihre Söhne nicht „freigeben", zumindest unbewusst. Er war in eine andere Stadt gezogen. Die Mutter war, als Krankenschwester, voll berufstätig. Eigentlich hatte er seine Ruhe vor ihr. Jetzt lernt er eine Frau kennen, die ihm eher leid tut. Ihr Mann hatte sie geschlagen, und sie war ins Frauenhaus geflüchtet. Jetzt ist sie bei dem einen. Als er nach Hause kommt, hat sie seine Wohnung „aufgeräumt". Das langt ihm. Allerdings muss er zugeben, dass seine Wohnung wirklich ziemlich zugemüllt ist. Aber er findet, dass sei seine Sache – anders als damals bei der Mutter. Sein Freund würde so was nie tun. Er hat Aids, und der eine kümmert sich um ihn. Er ist es, der aufräumt, aber der Freund kann es halt nicht mehr. Er merkt: der Freund ist wie sein

Kind, er ist zu dem wie seine Mutter zu ihm. Er sagt sich: Wenn der Müll über mir zusammenschlägt, bin ich so hilflos wie mein Freund. Er erinnert sich: Sein Vater war Trinker, seine Mutter hatte sich von ihm getrennt, nachdem er ständig geschimpft hatte, sie bevormunde ihn, aber er hatte ja alles hängen lassen.
Er weiß jetzt, wovor er Angst hat: vor sich selbst, vor seiner Neigung, nach wie vor das betreuungsbedürftige Kind zu sein und gleichzeitig, gewissermaßen zum Ausgleich, ein solches zu haben.
Er führt Tagebuch. Da sammelt er auch seine Erkenntnisse. Er denkt: das ist der erste Schritt zur Besserung. Aber nichts ändert sich. Er hat einen Spitznamen: der Philosoph. Tatsächlich erscheint er bei einem philosophischen VHS-Seminar. Alle sagen Du zueinander, und eine Frau sagt zu ihm: Du bist wie ich, wir beide besaufen uns gern an unserer eigenen Weisheit! Das Philosophie-Seminar hat sich zu einer Selbsthilfegruppe entwickelt, Motto: „Es gibt nichts Gutes, außer man tut es." Das hat Erich Kästner gesagt, und der eine will eines nicht mehr: sich auch auf dieser Erkenntnis auszuruhen...
Das VHS-Seminar ist herum, die Gruppe macht weiter. Der eine kommt voran. Eine Frau wie die, die ihn angesprochen hatte, ist ihm noch nie begegnet. Sie ist auf Augenhöhe mit ihm – und er mit ihr. Er entdeckt, dass er nicht auf Schwulsein festgelegt ist. Er erträgt es, dass er jetzt manchen als Verräter vorkommt. Er weiß, dass er kein Feigling ist, im Gegenteil. Er steht zu seiner persönlichen Erfahrung. Der „Philosoph" kennt ja das lateinische Sprichwort: Suum cuique – jedem das Seine!

30.) Messie

Eine hat einen Schwiegersohn, der Messie ist. Er, selbstständiger Designer, und seine Frau leben in einem Haus, das inzwischen mit Arbeitsmaterialien und sonstigen Papieren fast bis zur Decke zugemüllt ist. Der Müll ist schon teilweise feucht, andererseits besteht Brandgefahr. Das Ehepaar hat zwei Kinder, sie sind drei und sechs Jahre alt.
Die eine hat ihre Tochter zur Ordnung erzogen. Die Tochter hält es fast nicht mehr aus mit diesem Mann. Aber er verdient noch immer gut, er trinkt und raucht nicht und ist nett zu den Kindern, die er in seinem Chaos spielen lässt. Es wird aber niemand mehr eingeladen. Freunde bleiben weg, es ist ihnen peinlich.

Die eine kann es immer noch nicht glauben. Sie will es nicht glauben. Wahrscheinlich, so denkt sie, ist es die midlife crisis, der Schwiegersohn ist 45, und seine depressive Neigung ist ihm ja auch schon ärztlich attestiert worden. Er hat ja auch enorm viel zu tun, sein Geschäft blüht, er kommt halt kaum noch zur Ruhe und damit zum Aufräumen, aber er will ja jetzt in ein größeres Haus umziehen, da kommt der Müll sowieso weg – so die eine. Ihre Tochter hat Angst: neues Haus, neuer Müll, größeres Haus, noch mehr Müll. Die Tochter wollte sich schon ein paar Mal von ihrem Mann trennen. Er sagte jedes Mal: Na bitte, da geh´ doch! Sie ging nicht. Die eine findet, immerhin habe er ihrer Tochter nicht gedroht.
Die eine hat einen Mann. Er, der Vater, hält ihr vor, sie wolle nicht wahrhaben, was wahr sei. Sie denke: Was ich nicht weiß, macht mich nicht heiß. Er sagt zu ihr: Die Welt will betrogen werden, und Du auch! Er rät seiner Tochter zum sofortigen Auszug, der Schwiegersohn brauche Leidensdruck, der fehle noch. Wenn aber seine Frau zu ihm sagt: „So kannst Du doch nicht reden, aber das geht doch nicht!", sagt er lieber nichts mehr.
Die eine ist sehr belesen. Untersuchungen zur Messie-Problematik sind ihr gut bekannt. Da ist viel die Rede von mangelnder Liebe in der Kindheit. Sie hat Kontakt zur Mutter des Schwiegersohns. Tatsächlich hat die ein schlechtes Gewissen. Die eine hat sich mit ihr verbündet: wir haben noch nicht genug geliebt. Denn: Geben ist seliger denn Nehmen. Die eine ist in der evangelischen Kirchengemeinde ebenso engagiert wie für die Aidshilfe und die Tschernobyl-Kinder.
Bekannte laden sie und ihren Mann zu einer Selbsthilfegruppe „Lebenskrisen" ein. Die Bekannten sind ein Elternpaar mit einem 36-jährigen Sohn, der nur noch vor seinem Computer hängt und alles darüber vernachlässigt. Bisher haben die Eltern diesen Lebensstil finanziert. Sie tun es nicht mehr. In der Gruppe weiß jeder, was ein Helfersyndrom ist. Jeder weiß auch, was eine Lebenskrise ist, sonst wäre er nicht gekommen. Die Krise tut weh, das Helfer-Syndrom tut gut – man ist sogar stolz darauf, ein „Menschenfreund" zu sein, wie einer der Teilnehmer formuliert. Ein anderer Teilnehmer nennt sich einen Gutmenschen: einen, der die Peitsche hängen lässt und dafür Zuckerbrot verteilt – er verwöhne gerne, und wer verwöhne, verderbe. Der Engländer habe dafür dasselbe Wort, nämlich „spoil". Diesem anderen Teilnehmer kommen dabei die Tränen, denn seine Lieblingstochter hatte sich, abgesichert vom „liebenden Vater", ein Leben im Drogenmilieu genehmigt. Er, unterstützt von seiner Ex und seinen eigenen Eltern, hat jegliche Subventionierung eingestellt. Die Tochter

drohte ihm: Wenn ich mir jetzt den goldenen Schuss setze, bist Du schuld! Der Vater hielt stand. Die Tochter macht jetzt, drogenfrei, ihr Abitur.

Die eine, nunmehr einig mit ihrem Mann, versucht jetzt ebenfalls, das Ruder herumzulegen. Beide gehen regelmäßig zu „ihrer“ Selbsthilfegruppe. Einmal ist die Tochter dabei. Sie will dem „Schrecken ohne Ende“ jetzt ein Ende setzen: ein Ende mit Schrecken, aber dieser Schrecken ist das Einzige, was ihrem Mann helfen kann, sie weiß es schon lange.

Sie wird ihn allein lassen.

31.) Bub

Einer ist ein Bub, 7 Jahre alt. Über Pippi Langstrumpf kann er sich totlachen: So müsste man leben können! Auch die Struwwelpeter - Geschichten hat er cool gefunden. Dass die Sache dann immer böse ausgegangen ist, stört ihn nicht, würde ihm nicht passieren. Ebenso wie bei Max und Moritz! Er hat auch schon etwas von einem Weltkrieg gehört, wo alles gebrannt hat und viele dann tot waren, spannend war das, meint er: Feuerwehr und Ärzte und Polizisten kamen gar nicht mehr mit – tolle Zeiten damals! Auch Grimmsche Märchen mag er, z.B. wie Hänsel und Gretel die Hexe verbrannt haben: lustig! Lustig wie die Warnungen des Bundesgesundheits-ministers auf den Zigarettenpackungen! Gerne tauscht er mit seinen Freunden „Krebstod" gegen eine „Raucherlunge" und ein „Raucher-bein".

Der Bub hat einen Vater. Wenn er mal wieder genießt, wo er erschrecken sollte, ermahnt ihn der Vater, aber oft muss er sich oft das Lachen verbeißen. Die Mutter des einen nennt dies „das Kind im Manne", will dem Bub aber auch nicht den Spaß verderben und sagt lieber gar nichts. Vater und Mutter haben auf Elternseminaren gehört, vor allem brauchten die Kinder das Gefühl von Wärme und Annahme. Gewisse Auswüchse würden sich, wie schon der Name sage, aus-wachsen. Das geliebte Kind fühle sich stark, und dann brauche es keine Hexe mehr zu verbrennen oder das Mittagessen vom Tisch zu fegen wie der Zappelphilipp oder, groß geworden, Kriege zu führen.

Der Bub benimmt sich zunehmend daneben. Die Schule bittet die Eltern zu einem Gespräch. Der Klassenlehrer empfiehlt den Eltern ein Internat für den Sohn. Das kostet Geld, aber der eine ist nach einer Woche wieder zu Hause. Er hatte dort Anstalten gemacht, aus dem Fenster zu springen. Ein Arzt vermutet ADHS und verschreibt das Medikament Ritalin. Ritalin regt an, es wird noch schlimmer mit dem einen, der, großgewachsen, macht eine Spritztour mit seines Vaters Auto. Er kracht gegen einen Laternenpfahl, eine alte Dame hat Glück, sonst wäre sie überfahren worden.

Der eine ist jetzt ein Fall geworden. Das Jugendamt schaltet sich ein, die Eltern bekommen einen Erziehungsbeistand: eine Frau mit viel Lebenserfahrung. Die schickt den einen, mit Einwilligung der ratlosen Eltern, in ein Überlebens-Camp für schwer erziehbare Kinder. Die Eltern sagen ihrem Bub, wenn er abhaue, würden sie ihn sofort zurückbringen. In dem Camp sind alle aufeinander angewiesen. Das meiste machen sie selber, in der Natur, vom Zeltbau bis zum Kochen,

erst mit Anleitung, dann ohne. Niemand kann sich nach Lust und Laune „verwirklichen". Jeder hat seine Aufgabe. Der Leiter ist ein Alt-68er, der dazugelernt hat.
Dem Bub macht die Sache allmählich Spaß. Endlich findet er Halt, im Doppelsinne. Das wollte er eigentlich immer, ohne es zu merken. Auch die Eltern hatten es nicht gemerkt.
Nach sechs Wochen will er gar nicht mehr weg. Er hat dort Freunde gefunden. Er geht jetzt dort zur Schule und wohnt bei der Familie eines Freundes. Einmal in der Woche treffen sich die Kinder, die sich vom Camp her kennen, soweit sie auch jetzt noch in der Gegend wohnen, zu einer „Babbelei". Das hatten sie schon während des Camps gemacht. Der Alt-68er ist manchmal dabei, die Kinder wollen es so. Oft reden sie über die „Freuden der Pflicht", von ihnen neu entdeckt. Es ist eine Kinder-Selbsthilfegruppe. Der Alt-68er erzählt ihnen, dass ein berühmter deutscher Schriftsteller, nämlich Siegfried Lenz, ein berühmtes Buch mit dem Titel „Freuden der Pflicht" geschrieben hat und dass das mit den Freuden gar nicht so gemeint war, im Gegenteil. Der Bub sagt: Vor kurzem habe ich das auch noch gedacht, jetzt bin ich klüger als der! Alle lachen.

32.) Extrovertiert

Die eine trägt ihr Herz auf der Zunge. „Extrovertiert" nennt man das. „Alles muss raus!", sagt sie immer und: „Besser als runterschlucken!" Die anderen haben gemischte Gefühle. Ihr Freund findet zwar schön, dass sie ihm so viel anvertraut, aber er will auch nicht immer ihr Mülleimer sein oder ihre Klagemauer.
Die eine ist mit dem linken Bein aufgestanden. Der Pulli ist weg. Es gießt. Die Kaffeemaschine streikt. Autsch, diese verdammte Tischecke! Nicht ihr Tag. Eine Nachbarin, in Gedanken, grüßt nicht. Die eine schimpft lauthals: „So was von eingebildet wie Sie ist ja wohl nicht zu fassen!" Die Entschuldigung der Nachbarin hört sie gar nicht. So zieht sie ihre Wut-Bahn, die Beleidigten bleiben zurück. Am Abend fühlt sie sich leer. Sie hat sich Feinde gemacht, sie weiß es, und sie hat Energie verpufft, wie ihr Freund das nennt. Schade um die schöne Energie, sie weiß auch das.
Sie trifft noch mal auf ihre Nachbarin. „Warum sind Sie so?", fragt die. Sie schweigt. Sie kann und will nicht mehr um sich schlagen, jetzt, abends, „ausgeleert." Sie sagt: „Ich bin so, weil ich sonst verrückt

werde – wieder verrückt werde..." Die Nachbarin sagt: „Aber so wie Sie heute morgen wirken: nicht gerade kerngesund, oder?"
Eine Stunde später klingelt die Nachbarin ihr und entschuldigt sich ihrerseits: sie habe natürlich nicht sagen wollen, die eine sei irgendwie immer irre. Die eine ist jetzt ganz ruhig: „Sie haben Angst, dass ich mich vielleicht umbringe, damit kann ich Sie erpressen, klar, mein Freund wollte deshalb schon gehen..." Ihr Freund kommt zufällig dazu: „Und dann bist Du so ehrlich, dass Du auch Deine Freude raussprudelst, um nicht, nach dem Ärger, auch noch daran zu ersticken!" Sie nickt: „Und weg ist die Freude, wenn die Leute einfach nur neidisch sind auf mich (Die hat's gut!),und so ist es meistens."
Der Zufall will es, dass die Nachbarin in eine Selbsthilfegruppe „Depressionen" geht. Die eine geht mal mit ihr. In der Gruppe trifft sie auf weitere andere, die „sich umbringen, um nicht sterben zu müssen" - wie jemand dort sagt: Depressionen sind der Preis für das unbedingte Rauslassen von Gefühlen, womit man ja eigentlich Depressionen vermeiden wollte – ein Teufelskreis.
Jemand bringt noch was anderes ein: Wenn er aus seinem Herzen keine Mördergrube machte, wussten immer alle alles von ihm – und Wissen ist Macht! Die eine überlegt: Was war ich doch so blöd, der Teufelskreis ist eine Suppe, die ich mir selber einbrocke.
Sie weiß, dass ihr Freund das Teufelsspiel nicht mehr als ewiger Prellbock und, am Ende, beim Absturz als ewiges Auffangnetz mitspielen will. Sie geht weiter zu ihrer Gruppe. Sie kommt voran. Auch ihr Freund geht in eine Selbsthilfegruppe: „Angehörige von Depressiven." Er hat längst gemerkt, dass er selbst auf dem Weg in die Depression ist, die anderen Angehörigen sind teilweise schon dort angekommen. Er geht weiter hin, es hilft ihm.

33.) Freunde

Einer, ein Diplomingenieur, hat vor Jahren seine Stelle verloren. Grund: Auftragsmangel. Heute werden Ingenieure dringend gesucht, auch ältere. Der eine ist 51. Er ist fit. „Warum greifst Du nicht zu?", fragt man ihn. Der eine hat einen alten Freund. Der lebte 1989 in der DDR und wollte, ebenfalls Ingenieur, immer „raus in die Welt." Dann fiel die Berliner Mauer, und er blieb. Der eine hat noch einen Schulfreund, ein altes Sorgenkind. Der stammt aus ärmlichen Verhältnissen. Er trinkt. Aber er hat Glück gehabt. Ein wohlhabender Rotarier hat einen Narren an ihm gefressen, wie er selber sagt, und ihm einen

gutbezahlten Job beschafft. Alle denken: Es geht ihm jetzt gut, er braucht jetzt nicht mehr zu trinken. Aber er trinkt weiter und verliert den Job.
Der eine denkt nach, er hat ja Zeit: drei Männer, keiner nutzt seine Chance. Er selbst: will er eigentlich noch arbeiten? Braucht er die Entschuldigung, es gäbe keine richtige Arbeit für ihn? Brauchte sein einer Freund die Berliner Mauer, um zu begründen, warum er so unbeweglich ist? Braucht sein anderer Freund seine Armut, um sein Trinken zu rechtfertigen? Der eine – fit und weder Trinker noch unbeweglich – lädt seine beiden Freunde zu sich ein, es ist sein 52. Geburtstag. Bei dieser Gelegenheit räumt er mal wieder seine Wohnung auf.
Es zeigt sich, dass der Trinker nach seinem Stellenverlust in schweres Wasser geraten ist. Alle machen ihm Vorwürfe. Er geht jetzt zu den Anonymen Alkoholikern. Er fragt sofort, wo und wann hier, am Wohnort des einen, Meeting sei. Der Zufall will es: Noch am gleichen Abend kann man zum offenen Meeting gehen: offen für jedermann. Die drei gehen zusammen hin. „Ausrede“ ist eines der an diesem Abend meist gebrauchten Worte. Die drei sind in guter Gesellschaft.
Ein Teilnehmer erzählt, er habe früher, ohne verrückt zu sein, einen Arbeitgeber für sich benötigt, von dem er regelrecht ausgebeutet wurde – er als Selbstausbeuter und workoholic. Der eine meldet sich: „Wie ich! Deshalb will ich nie mehr zurück in so´ne Tretmühle!“ Darauf der Teilnehmer: „Arbeiten will ich schon! Aber das darf nicht mehr zur Schufterei ausarten oder, ersatzweise, zur Sauferei!“ Er habe jetzt einen Normaljob, nicht „ruhige Kugel“, aber auch keine Ausbeuterei mehr. Dreimal in der Woche müsse er nach England, ohne Hektik, das gehe. Trotzdem sei seine Wohnung jetzt immer aufgeräumt.
Der Freund des einen, der in der alten DDR geblieben ist, erzählt, dass er irgendwie immer „festklebt“. In der Runde fällt das Wort Depression oder depriholic. Die Amerikaner, wird berichtet, sprächen von „I took my depression“ – ich nahm mir meine Depression. Als ob´s ein Glas Whisky wäre, sagt jemand.
Der eine und seine zwei Freunde wissen jetzt, was sie tun müssen: weiter zu derartigen Gruppen gehen. Die gibt's überall. Wer sich eine Depression oder einen Whisky oder eine „Wahnsinnsarbeit“ nimmt, wird nicht hingehen, aber es wird schwer werden, eine Ausrede zu finden. Das wissen alle.
Alle drei gehen ihren Weg: allmählich aufwärts.

34.) Schulden

Eine kauft, was sie sieht. Sie steckt schnell in Schulden. Sie hat einen guten Job. Auch ihr Mann verdient nicht schlecht. Lange Zeit kann sie Lohnpfändungen vermeiden. Aber sie muss neue Kredite aufnehmen, um alte zurückzahlen zu können. Dann kommt die erste Lohnpfändung. Die eine wird gekündigt. Noch hilft ihr Mann ihr. Darauf kauft sie ein neues Schlafzimmer. Ihr Mann geht. Sie ist verzweifelt. Sie sieht in einem Geschäft einen Wandspiegel, edel und teuer. Sie kauft ihn und ist glücklich. Das dicke Ende kommt nach, wie immer. Sie fleht ihre Eltern an, zum letzten Mal brauche sie Geld, zum allerletzten Mal. Sie bekommt es und hat sogar Glück: sie erbt von einem Onkel, u.a. ein noch neuwertiges Auto. Jemand sagt zu ihr: Dein Glück wird Dein Unglück sein, wenn Du so weitermachst!
Sie macht so weiter. Sie verkauft das geerbte Auto und kauft sich dafür einen funkelnagelneuen Sportwagen per Anzahlung. Die Raten kann sie nicht bezahlen. Der Sportwagen geht an den Verkäufer zurück. Die Eltern der einen können nichts mehr erübrigen. Die eine verliert den Überblick. Sie kauft alles Mögliche zusammen. Da ist sie wieder für eine Stunde glücklich.
Dann verliert sie ihr Wohnung. Das heißt: sie wird in ihre alte Wohnung vom Sozialamt noteingewiesen. Dann muss sie in eine kleinere, billigere Wohnung umziehen. Sie muss vom Arbeitslosengeld II leben: 347€ monatlicher Regelsatz, und jede „angemessene" Arbeit annehmen, „angemessen" ist fast alles. Sie steht bei der Schufa auf der schwarzen Liste. Niemand leiht ihr noch was. Das Sozialamt schickt sie zur Schuldnerberatung. Die rät zur Privatinsolvenz: Nach sieben Jahren Wohlverhalten werden ihr die Altschulden weitgehend erlassen. Die eine will das nicht. Wohlverhalten heißt: Nichts mehr einfach so kaufen, nie mehr glücklich sein! Der Schuldnerberater sagt zu ihr: Sie kaufen wie andere saufen, sie kriegen ihren Rausch und am Ende die Rechnung!
Sie findet den Vergleich gemein: Schließlich kaufen ja alle! Ist das nicht der Sinn unseres Wirtschaftssystems? Und ist nicht die Werbung einfach unwiderstehlich? Und ist nicht das Kleingedruckte kaum zu verstehen? Und ist sie nicht in bester Gesellschaft? Brechen nicht die größten Unternehmen zusammen, gerade jetzt? Und hat sie nicht als Kind immer geträumt, sie wäre mal eine Prinzessin? Ihre Eltern waren damals arm, und sie war das Aschenputtel. Die eine findet einen Kreis von Gleichgesinnten. Die sind alle gegen den Kapitalismus. Sie glauben, die Kapitalisten hätten sie bewusst verführt und

arm gemacht, die Folge: sie müssen sich nach der Decke strecken – Wohlverhalten, kleinere Wohnung, kaum Geld, und die Auflage, dafür so ziemlich jeden Scheißjob anzunehmen... Der Kreis, eine Erwerbsloseninitiative, strebt die Revolution an: Wir machen kaputt, was uns kaputt macht.
Die eine ist dabei, als bei einer Demo ein Behördenauto demoliert wird, dabei wird eine Mitarbeiterin der Behörde niedergeschlagen. Die eine kennt die und mag sie. Plötzlich wird ihr übel. Sie kotzt. Sie hat nichts Falsches gegessen. Aber etwas bricht aus ihr heraus. Sie schreit: Das geht zu weit, Ihr Tiere! Ein Mitdemonstrant schreit zurück: „Bist Du verrückt geworden? Weißt Du, dass Du mich ankotzt?" Sie weiß es. Sie steht dazu.
Das ist der Anfang. Sie geht jetzt regelmäßig zu einer Selbsthilfegruppe „Lebenskrisen". Sie gesteht sich zu, dass sie auf dem Holzweg war, seit langem, und dass ihr Selbstmitleid nichts nutzt. Ihre Privatinsolvenz läuft. In ein paar Jahren hat sie´s geschafft, sie will durchhalten. Sie hat einen Job bei einer Zeitarbeitsfirma, in einer Alteneinrichtung, es macht ihr Spaß, und sie macht ihre Sache gut, sie darf auf eine Halbtagsstelle hoffen, die nächstens frei wird. Das macht sie glücklich. Und wenn´s nicht klappt? Sie findet den Satz gut, den Sie in ihrer Gruppe gehört hat: „Auch wenn Du keine Chance hast, nutze sie!" Sie braucht sich nicht mehr zuzukaufen.

35.) Arzt

Einer ist Arzt. Alle hören auf ihn. Aber er weiß oft keine Antwort. Er gleicht das aus mit „Wir wissen, dass..." und seinem ehrfurchtgebietenden Medizinerdeutsch. Er will seine Patienten nicht enttäuschen. Er will, dass alle ihn schätzen. Als Assistenzarzt muss er 36 Stunden hintereinander Bereitschaftsdienst machen. Danach ist er immer wie gerädert und kann sich nur schlecht entspannen. Er nimmt Schlafmittel, Barbiturate und Rotwein. Er beginnt zu walken. Dann joggt er, 5 km, 10 km. Er träumt von einem Marathon: 42,195 km. Zu Geld hat er keine Beziehung. Er gibt nichts aus. Sein Gehalt als Assistenzarzt ist schmal. Das ist ihm egal.
Er liest gern Astrid Lindgren. So eine wie Pippi Langstrumpf wäre er auch mal gerne. Er war immer brav gewesen, anspruchslos, ohne Neid und hilfsbereit ohne Ende.
Einmal begegnet ihm eine Patientin, die eine „Selbsthilfegruppe gegen Ärzte" gründen will. Sie behauptet, Ärzte hätten ihr Leben

verpfuscht. Karl Kraus habe gesagt: „Eine der verbreiteten Krankheiten ist die Diagnose." Ein Witz laute: Gesund ist, wer noch nicht genug untersucht wurde. Der eine versteht das nicht. Da schreit die Patientin: „Sehen Sie, Sie sind auch nicht besser, keiner versteht mich!" Der eine will die Ehre des Ärztestandes retten, auch ein Arzt sei ja doch ein Mensch. „Alles Ausreden!", schreit die Patientin, die angeblich Mann und Kind aufgrund von ärztlichen Kunstfehlern verloren hat und jetzt von Ärzten in eine Sonnenallergie und eine schwere Sehbehinderung getrieben wurde. Die Patientin bricht in einen Tränenstrom aus. Es entsteht ein Auflauf. Der eine will ihr ein Beruhigungsmittel verabreichen. Sie schreit: „Jetzt kommt Ihr wieder mit der Medikamentenkeule, wie immer!" Einige Leute ergreifen ihre Partei. Sie fordern den einen auf, endlich etwas zu tun. Der holt den Stationsarzt. Der kennt die Patientin und bittet sie, Ruhe zu geben, andernfalls werde man sie einweisen. Jetzt ist es mit der Patientin ganz aus. Sie stürzt sich auf den einen, spuckt ihn an und schreit: „Dann sind Sie schuld, Ihr wollt mich einsperren, Ihr Tiere, umbringen wollt Ihr mich!"

Der eine wird plötzlich von einer kalten Wut gepackt. Sie bricht aus ihm heraus wie die Lava aus einem Krater. Er hört sich auf einmal selber schreien: „Ich bin kein Tier, merken Sie sich das, benehmen Sie sich, Sie sind unmöglich!" Der eine erschrickt vor sich selbst. Sogar die Patientin hält einen Moment inne, dann macht sie weiter. Zwei Pfleger bringen sie weg, gewaltsam. Ihr Stationsarzt holt den Chefarzt. Der attestiert eine gefährliche Überregbarkeit, sie wird in eine geschlossene Abteilung gebracht.

Der eine hat ein schlechtes Gewissen. Seine Kollegen trösten ihn. Aber er merkt, dass sich plötzlich in ihm etwas gelöst hat. Bisher hatte er immer alles runtergeschluckt. Jetzt war's explodiert. Das erzählt er in seiner eigenen ärztlichen „Balint-Gruppe". Bisher hatte er dort andere bedauert, die „ihre Nerven nicht im Griff hatten" Jetzt fällt ihm ein, dass die Magenschleimhautentzündung, mit der er seit einiger Zeit zu kämpfen hat, doch wohl mit diesem Runterschlucken zu tun hat.

Als jetzt die Assistenzärzte gegen ihre geringe Bezahlung demonstrieren, geht er mit. Es fällt ihm schwer, aber er beginnt sich zu wehren. Als gegen die langen Bereitschaftszeiten gestreikt wird, streikt er mit. Früher war er ein Streikbrecher. Er wechselt von seiner ärztlichen in eine „normale" Selbsthilfegruppe, sie heißt „Selbstausbeutung". Er fürchtet jetzt zweierlei: das Runterschlucken, den Stau, und die Explosion, den Vulkanausbruch. Er weiß, er muss eine Mitte

finden. Er kommt voran. Er ist nicht mehr so pflegeleicht. Er gewinnt an Autorität.
Bald wird er Stationsarzt.

36.) Ein Paar

Einer gilt als Angeber. Er bläst sich gerne auf. Aber er gilt auch als Streber. Er ist ehrgeizig und sucht seinen Vorteil. Seine Konkurrenten halten seinen Ergeiz für krankhaft, außerdem spiele er gern foul. Sein Fleiß ist jedoch nicht zu bestreiten. Er hat eine Menge Feinde.
Er hat eine Freundin. Sie ist das Gegenteil von ihm. Sie ist still. Sie macht sich gerne klein. Was sie tut, fällt niemandem auf. Sie tröstet den einen, wenn er wieder mal aufs Dach bekommt. Insgeheim bewundert sie ihn. Wenn jemand den Verdacht hat, dass sie seine Freundin ist, stellt sie sich dumm: Er sei doch ein netter Kerl und vor allem fleißig.
Er mobbt einen Kollegen. Der Kollege wehrt sich mit Erfolg, dem einen wird gekündigt. Die Freundin hält ihm die Stange. Er ist zu stolz, um Arbeitslosengeld zu beantragen. Die Freundin unterstützt ihn, dafür macht sie Überstunden. Er lässt es sich gefallen, es weiß ja keiner. Damit er seinen Sportwagen behalten kann, nimmt sie sogar einen Zweitjob an, nachts.
Die zwei ergänzen sich. Was er zu viel hat, hat die Freundin zu wenig. Aber sie sind eigene Menschen, die Ergänzung klappt nicht. Er macht sich weiterhin Feinde – warum auch nicht? Er hat ja seine Freundin! Die Freundin bleibt die selbstlose Dienerin – warum auch nicht? Er lebt aus, was sie sich nicht zutraut, stellvertretend für sie und dafür von ihr gestützt. Andererseits freut die Freundin sich darüber, dass sie nicht so ein Kindskopf ist wie er. Umgekehrt freut auch er sich, dass er nicht so ein Mauerblümchen ist wie sie. Aber er bewundert sie auch manchmal, in einer seiner wenigen ruhigen Minuten und natürlich nur insgeheim, für ihre Gelassenheit und Ruhe – das lebt sie stellvertretend für ihn.
Im Ergebnis bestätigt jeder den anderen in einem Lebensstil, der auf Dauer zum Untergang führt. Er bleibt hoch- und übermütig. Die Freundin bleibt klein- und demütig. Er macht krumme Geschäfte und landet vor Gericht. Er ist völlig überschuldet. Die Freundin hat gebürgt. Sie arbeitet sich halbtot. Sie hat schwere Rückenschmerzen. Er hat inzwischen Trost im Alkohol gefunden. Die Freundin trägt auch dieses Kreuz – noch.

Sie geht zu einer Selbsthilfegruppe von Angehörigen von Alkoholgefährdeten. Sie lernt, dass sie Nein sagen muss. Dieses Wort war ihr bisher unbekannt. Sie trennt sich von ihm. Er geht jetzt seinerseits zu einer Selbsthilfegruppe für Alkoholgefährdete. Er hofft, dass die Freundin sofort zurück kommt. Sie tut es nicht. Er ist ebenso am Ende wie sie.
Beide schaffen es, Schritt für Schritt von den eisigen Höhen des Hochmuts herunter- und aus dem sumpfigen Tal des Kleinmuts heraufzukommen. Regelmäßig tanken sie in ihren Gruppen, nach dem Motto: Du allein schaffst es – aber du schaffst es nicht allein!

37.) Krisenintervention

Eine ruft in der Telefonseelsorge an, nachts. Sie sei völlig vereinsamt und wolle ihrem Leben ein Ende setzen. Die Telefonseelsorgerin hört ihr eine Stunde lang zu. Sie schildert ihr Leben: eine einzige Tragödie, Vater Alkoholiker, Mutter überfordert, sie selber nie geliebt, kaum eine Anerkennung für ihre Leistung, beruflich Erzieherin, burning-out-Syndrom, Kündigung, Partner trinkt, sie verlässt ihn, hat alles keinen Sinn mehr. Die eine hat sich alles von der Seele geredet, sie fühlt sich besser.
Am nächsten Tag geht sie zu einer Kriseninterventionsstelle der Caritas. Das hatte ihr die Telefonseelsorgerin empfohlen. Dort sagt sie dasselbe wie in der Nacht. Ihr Gegenüber, ein Sozialpädagoge, hört ihr zu, wieder eine Stunde lang. Von ihrem Nachttelefonat sagt sie ihm nichts. Er informiert sie über Möglichkeiten, neue Kontakte zu knüpfen. Sie fühlt sich mal wieder besser.
Sie mailt zu Hause an eine alte Bekannte: „Du bist meine letzte Hoffnung, wenn´s überhaupt noch eine gibt." Dann mailt sie ihre „Lebenstragödie" in der bekannten Breite. Sie dankt der Bekannten dafür, dass sie dies lese. Das tue ihr gut. Eine Antwort sei nicht nötig. Alles liege in Gottes Hand. Die alte Bekannte mailt zurück. „Es liegt in Deiner eigenen Hand, Dich nicht so schrecklich zu bemitleiden!"
Sie beantragt ihre 4. psychosomatische Kur, Diagnose: schwere Depressionen. Die Kur wird sofort genehmigt. Der Psychiater der einen hat Druck gemacht. Er hat von ihr genug. Monatelang war sie zweimal in der Woche bei ihm.
Sie hat bei der Telefonseelsorge Glück gehabt. Ihre Gesprächspartnerin kannte sie noch nicht. Ihre Kollegen bei der Telefonseelsorge haben, Seelsorge hin, Seelsorge her, längst die Nase voll von

ihr. Der Sozialpädagoge der Caritas hatte die eine inzwischen zwei weitere Male bei sich. Er will, bisher, nicht zu denen gehören, die die „Lebenstragödie“ der einen zu verantworten haben. Darum sagt er ihr, bisher, nicht, dass er glaube, sie wolle ihn moralisch so unter Druck setzen, dass er ihr die von ihr vermisste Liebe zuteil werden lässt.
In der nächsten Nacht ruft sie erneut bei der Telefonseelsorge an. Ihre jetzige Gesprächspartnerin kennt sie und gibt ihr 5 Minuten mit dem Hinweis, die nötigen Informationen zu weiteren Hilfen habe sie selbst, im übrigen blockiere sie die Leitung, wenn, wie üblich, Neue anrufen. Diese Reaktion ist in der Supervision der Telefonseelsorge ebenso erarbeitet worden wie eine offene Rückmeldung an sie durch den Sozialpädagogen der Caritas in deren Supervision. Als sie am folgenden Tag erneut den Sozialpädagogen aufsucht, fasst er sich ein Herz und sagt ihr, was er denkt.
Sie hat offenbar nur darauf gewartet. Der Psychiater sei eiskalt, die alte Bekannte herzlos, die Telefonseelsorge ein verkommener Laden, und er, der Sozialpädagoge, haue sie, ein Leben lang Opfer und noch mal Opfer, voll in die Pfanne, er drehe den Spieß um und mache sie zur Verbrecherin, sie, gerade sie, sie werde das alles im RTL-Fernsehen erzählen, vielleicht gebe es doch noch irgendwo Menschlichkeit! Sie glüht vor Empörung. Sie lebt und zwar, in ihrer Weise, genüsslich.
Einmal war sie in eine Depressions-Selbsthilfegruppe. Sie hat sich geschworen: Nie wieder! Da hatte doch einer gesagt: Die Depression ist unsere Waffe, die Leute kriegen Angst um uns, und da haben wir sie!
RTL lehnt ihre Geschichte ab. Die Redaktion ist offenbar aus Schaden klug geworden. Die eine wird es allmählich auch. Jeder, der mit ihr zu tun bekommt, merkt nach einiger Zeit, dass er nur einer von vielen ist, die alle zu büßen haben für die Verbrechen, die, angeblich, von Kindheit an an der einen verübt wurden. Jeder ahnt, dass sie sich die Suppe selber eingebrockt hat: sie macht sich die Leute kaputt, und am Ende ist sie allein! Die eine leidet endlich wirklich: kein Mensch nimmt noch ein Stück Brot von ihr.
Sie erscheint zum zweiten Mal in der Depression-Selbsthilfegruppe. Sie heult, aber es sind nicht mehr die Krokodilstränen des Selbstmitleids, sondern es sind die Tränen der wirklichen Verzweiflung. Sie begreift, dass diese Verzweiflung die wahre Depression ist, und die ist gut – ohne sie, die eine Kapitulation ist, legt niemand seine Waffen aus der Hand: jene angeblich feindlichen Depressionen, die nicht

über einen kommen, sondern die erlernt werden. Gefühlt wird natürlich das Gegenteil, sonst wirkt die Sache nicht! Die eine erkennt das. Sie geht weiter zu ihrer Gruppe. Sie kommt Schritt für Schritt voran.

38.) Augenhöhe

Einer hat eine Frau, die ihm den Rücken freihält. Er ist ein Gutmensch: sozial aktiv, mit vielen Ehrenämtern, auch in der Kommunalpolitik. Was der eine für die Menschheit tut, tut seine Frau für ihn. Beide sind, in ihrer Weise, „socioholics“. Der eine aber hat seine Frau, die Frau muss sich zumeist selber helfen, der eine hat nicht die Zeit für sie.
Sie erkrankt an Krebs. Die Zellen wuchern wie der Tatendrang ihrer Herrin, wenn sie ihren Mann versorgt. Auch sie will mal umsorgt werden. Ihr Mann erleidet im gerade laufenden Wahlkampf einen Kreislaufkollaps. Seine Frau wird operiert, zunächst erfolgreich. Der eine erholt sich. Beide sind wieder fit.
Dann zeigen sich bei der Frau Metastasen. Ihr Mann sitzt tagelang an ihrem Krankenbett. Sie wird wieder operiert, wieder zunächst erfolgreich. Ihr Mann kehrt erneut in sein altes Leben zurück. Er macht Karriere in seiner Partei, er wird Kreisvorsitzender. Dann kommt der Krebs wieder: dritte Operation, vierte Operation, fünfte Operation. Der eine tritt von allen Ämtern zurück. Er will nur noch für seine Frau da sein, so wie sie bisher für ihn. Dazu muss er gesund bleiben. Er ist es.
Die Frau lässt sich von ihm umsorgen, und sie läuft ihm nicht weg, anders als bisher er, der ihr weglief, als sie ihn umsorgte. Im Gegenteil, sie ist ein guter Patient, dankbar und freundlich. Sie beschämt ihn, wie schon immer. Und auf Dauer fehlt ihm ja doch die Menschheit, die jetzt ohne ihn auskommen muss. Er leidet neuerdings unter Migräneanfällen. Die sind so heftig, dass er jeweils ein bis zwei Tage still im Dunkeln liegen muss. Seine Frau erholt sich nach ihrer fünften Operation erstaunlich schnell. Das Blatt wendet sich: Jetzt sitzt sie an seinem Bett, bis es ihm wieder besser geht.
Beide haben Angst vor einer Zukunft, in der jeder den anderen über die eigene Krankheit „zu sich holt“. Sie gehen zu einer Selbsthilfegruppe „Lebenskrisen“. Nach einiger Zeit übernimmt die Frau zum ersten Mal ein eigenes Ehrenamt: als Kassenwartin der örtlichen „Frauenselbsthilfe nach Krebs“. Ihr Mann übernimmt seinerseits wieder ein Ehrenamt: als gesetzlicher Betreuer von zwei geistig Behin-

derten. Erstmals sind der eine und seine Frau auf Augenhöhe zueinander. Jeder teilt den anderen mit Dritten, statt von ihm fast nichts oder fast alles zu haben. Der Krebs kommt nicht wieder. Kollaps und Migräne bleiben aus.

39.) Wiedervereinigung

Einer beachtet die geltenden Regeln und verlangt dasselbe von anderen. Dass viele sich regelwidrig verhalten, ohne dass dies geahndet wird, stört ihn nicht. Er macht sich unbeliebt. Man schilt ihn Erbsenzähler, Haarspalter und Zwangstyp. Statt fünfe gerade sein zu lassen, spiele er den Scharfrichter.
Tatsächlich führt er als Vorsitzender eines Sportverbandes einige satzungsgemäß vorgesehene Disqualifikationen wegen Unsportlichkeit tatsächlich durch. Eine Gruppe von „Rebellen" bildet sich und erreicht die Abwahl des einen. Er, zusammen mit „seinem" bisherigen Vorstand, gründet einen neuen Verband. Der alte Verband, jetzt von den „Rebellen" geführt, beschimpft den einen und seine Leute aufs heftigste. Der eine und seine Leute schießen zurück. Die Sache eskaliert. Die meisten einfachen Mitglieder verstehen gar nicht, was da läuft. Der Streit wird zum Selbstläufer. Die ersten Mitglieder treten aus. In beiden Vorständen gibt es Personalwechsel. Der Krieg zehrt und verlangt frische Kräfte.
Der eine ist beruflich Lehrer an einer Polizeischule. Er weiß, was Deeskalation ist: Die Polizei lässt sich nicht provozieren, sie gleicht dem Igel, von dem es bei Wilhelm Busch heißt: „Der Igel aber macht sich rund, schließt seinen festen Stachelbund und trotzt also der ganzen Welt, bewaffnet, doch als Friedensheld." Der eine, unter dem Druck seiner Leute, schafft das nicht. „Die Rebellen" suchen nach wie vor Streit. Im Internet wird dem einen Scheinheiligkeit unterstellt. Er, der Ordnungsfanatiker, habe selber Dreck am Stecken. Er sieht rot und zahlt heim: Die Rebellen seien faschistoide Chaoten und müssten vom Verfassungsschutz observiert werden. Es kommt zu Strafanzeigen und einstweiligen Verfügungen. Die Presse berichtet.
Seit der Abwahl sind 2 Jahre vergangen. Der eine erleidet einen Kreislaufkollaps. Im Krankenhaus denkt er nach. Seine Frau besucht ihn im Krankenhaus. Sie hat nur einen Kommentar übrig: „Das musste ja so kommen, wie oft habe ich's Dir gesagt..." Er weiß es selbst: so geht's nicht weiter. Zufällig fällt ihm ein Flyer mit genau diesem Text in die Hände. Eine Selbsthilfegruppe „Lebenskrisen"

schreibt: „So geht's nicht weiter – wer so denkt, kann zu uns kommen, wir haben auch mal so gedacht..." Der Chefarzt kennt den einen beruflich, weil auch er an der Polizeischule unterrichtet hatte. Bei der Visite sagt er zu ihm: „Sie stehen vor dem Herzinfarkt, aber Sie brauchen keine Medikamente und keine Operation, Sie brauchen nur sich selbst! Deeskalieren Sie! Ich hab´s auch getan!" Der eine erinnert sich: Der Chefarzt hatte vor zwei Jahren unter burning-out-Symptomen gelitten, vor allen unter Herzrhythmus-Störungen, und daraufhin unter anderem sein Engagement an der Polizeischule eingestellt.
Der eine gibt sich einen Ruck. Er geht zu der Gruppe. Da sitzen lauter Leute, die sich ungefähr so vorstellen: Ich habe mich jahrelang verrückt machen lassen, so verrückt war ich. Der eine erkennt, dass er hier richtig ist.
Das Bild vom Igel überzeugt auch seine Freunde des einen. Die „Rebellen" können´s erst gar nicht glauben. Sie toben: Ihr Feiglinge, wehrt Euch doch! Der eine und seine Freunde lassen sich aber nicht mehr provozieren. Auf ihrer Website steht jetzt: Wer sich verteidigt, klagt sich an, wir haben ein gutes Gewissen. Die „Rebellen" verlieren ihr Feindbild. Sie drehen durch. Sie bezeichnen den einen als Sadomasochisten, dem´s jetzt die Sprache verschlage. Die Presse fordert einhellig den Rücktritt der Rebellen. Sie werden von einer außerordentlichen Mitgliederversammlung fast einstimmig abberufen. Auch einer der „Rebellen" geht jetzt in die Selbsthilfegruppe „Lebenskrisen". Die Wiedervereinigung der beiden Verbände steht bevor.

40.) Neid

Einer arbeitet als Ingenieur im Ausland, zuletzt in Afrika. Da sind die Leute arm, wirklich arm, alle, fast alle. Die paar Ausnahmen sieht man gar nicht. Und diese Leute sind fröhlich. Sie sind zufriedener als wir. Sie sind dankbar, auch für Kleinigkeiten. Noch ihr letztes Stück Brot teilen sie mit ihrem Gast. Der eine beneidet sie. Der eine ärgert sich aber auch über andere, die im Leben weiter gekommen sind als er. Auch die beneidet er. Er spricht von Ungerechtigkeit. Die sind, sagt er, nicht besser als er, aber sie hatten Glück, unverdientes Glück, und sie waren, wahrscheinlich, cleverer als er. „Clever" heißt für ihn: intrigant, gemein, unfair, unkollegial.
Der eine stammt aus der früheren DDR. Er erinnert sich: Jeder fuhr einen Trabi, jeder hatte 10 Jahre auf ihn gewartet, jeder hatte Arbeit,

die Löhne unterschieden sich kaum, in den Geschäften lagen die gleichen Waren, billig und robust, oder es gab bestimmte Waren überhaupt nicht. Das Volk sah im Fernsehen das bunte Leben im Westen, und es hörte vom bunten Leben der eigenen Nomenklatur, aber die war weit weg. Im Ganzen war man zufrieden.

Sicher, wenn die Trauben zu hoch hängen, findet der Fuchs sie sauer. Aber es gilt auch: Was ich nicht weiß, macht mich nicht heiß. Man leidet nicht unter der Endlosigkeit der Ebene, wenn man keine Berge kennt. Man leidet nicht unter den Strapazen der Berge, wenn man keine Ebene kennt. Niemand will auch haben, was der Nachbar ihm voraus hat, wenn er der Meinung ist: er hat ihm nichts voraus. Wer unbedingt andere besiegen will, kann Sport treiben, er kann Schach spielen oder „Mensch ärgere Dich nicht". Aber er wird nie einen Kollegen mobben. Denn dadurch wird er sich nicht verbessern können – denkt er. Und wenn wirklich mal was weh tut, dann geht´s den anderen ebenso, und gemeinsames Leid ist halbes Leid.

Der eine ist hin- und hergerissen. Afrika und DDR: Traumländer? Sie sind grau, sie sind langweilig, alles dümpelt dahin, von Spannung keine Spur, „no risk no fun". Der eine weiß nicht, was er will, oder besser: er will beides gleichzeitig, Feuer und Wasser. Sein Motto ist: Wasch´ mir den Pelz, mach mich nicht nass!

Er will das Unmögliche möglich machen. In der Bibel steht: „Alle Dinge sind möglich dem, der da glaubt." Er glaubt nicht. Die Firma Toyota wirbt so für ihre Autos. Auch das glaubt der eine nicht. Nur wenn er unter Alkohol steht, ist die Welt für ihn plötzlich heil. Aber er wird wieder nüchtern.

Es zerreißt ihm schließlich das Herz: Noteinweisung, sofortige Operation. Aber: „Wo die Gefahr am größten ist, ist auch das Rettende nah." Der eine trifft auf einen Arzt, der das zu ihm sagt. Es ist von Hölderlin, und beide wissen es. Mehr: der Arzt erzählt ihm, dass ihm, dem Arzt, vor ein paar Jahren das gleiche Herzzerreißende geschehen ist wie dem einen gerade jetzt. Der Arzt hat sich damals für das Mögliche entschieden: nicht dümpeln, sondern vorankommen, wo´s geht, aber fair. Der eine ist nicht mehr hin- und hergerissen. Er ist hingerissen.

Der Arzt empfiehlt ihm eine Selbsthilfegruppe „Lebenskrisen". Da gehe er immer wieder hin. Er sehe sich selbst da immer wieder, in Leidensgenossen, diese Erinnerung sei sein Kapital, davon lebe er. Der eine geht mit. Er denkt: Wenn der sich nicht schämt, dann brauche ich das auch nicht. In der Gruppe erlebt er dasselbe wie der Arzt: den Blick in den Spiegel. Es hilft ihm. Sein Neid auf die Habenichtse einerseits und die Sieger andererseits nimmt ab. Er ruht immer mehr in sich selbst.

41.) Sprüche

Eine hat einen Kalender. Darauf stehen Sprüche wie „Angst ist ein schlechter Ratgeber!“ oder „Lebe im Jetzt und Hier!“ oder „Wirf Ballast ab, lass los, entschleunige Dein Leben!“ oder „Lerne genießen, sei, wie Du bist!“ oder „Mache, was Dir wichtig ist, das Leben muss Spaß machen!“ Die eine hält sich daran. An andere Sprüche hält sie sich weniger. Die stehen auch im Kalender, wenn auch nicht so zahlreich, z.B. „Vorbeugen ist besser als heilen!“ oder „Der größte Sieg ist der über sich selbst!“ oder „Das Leben ist Versuch und Irrtum, so lernt man!“ Oder „Geben ist seliger denn nehmen!“ oder „Was du nicht willst, dass man Dir tu, das füg´ auch keinem anderen zu!“
Natürlich findet die eine auch diese anderen Sprüche ganz richtig. Aber wer lebt schon so? Und wenn – wo kommt man da hin? Wird man da zum Gutmenschen? Nein danke. Der Gutmensch ist überholt. Das ist der mit dem Helfersyndrom. Stirbt, überfordert und erschöpft, schon früh, und die Katze, die er füttert, verlernt es, selber Mäuse zu fangen.

Die eine liest aber auch folgende Sprüche: „Handle so, dass das, was Dich dabei leitet, zum allgemeinen Gesetz werden könnte!“ und „Schütte nicht das Kind mit dem Bade aus!“ Also doch den Gutmenschen hochhalten? Nein, nur nicht!
Die eine fährt im Nebel zu schnell. Sie hätte mehr Angst haben müssen. Sie hätte sich an frühere Leichtsinnsfehler erinnern müssen. Sie hätte besser vorausschauen müssen: im Nebel kann man buchstäblich nur wenig voraus sehen, wieso fährt man überhaupt und wenn, wieso auch noch zu schnell? An so was zu denken ist unbequem: Ballast, aber ein notwendiger, gerade wenn man dazu neigt, die Dinge auf die leichte Schulter zu nehmen. Dieser Ballast macht keinen Spaß, aber ihn abzulehnen, rächt sich.
Die eine prallt im Nebel auf ein geparktes Auto, das sie zu spät gesehen hat. Trotz Airbag erleidet sie schwere Verletzungen. Im Krankenhaus fällt ihr ein, dass sie sich schon zuvor unwohl gefühlt hatte. Eine Krankenschwester gibt ihr den Flyer einer Selbsthilfegruppe „Unfallopfer“. Als es ihr wieder möglich ist, geht sie hin. Da sitzen zwar auch Menschen, die sich als Pechvögel sehen und ihr

Schicksal und die verfluchen, die an dem Unfall schuld sind und vielleicht auch noch den Schadensersatz vorenthalten, auf den man Anspruch zu haben glaubt. Die eine trifft aber auch auf Leidensgenossen in ihrem Sinne: Ich habe mir meine Suppe selber eingebrockt, wenigstens zum Teil. Auch dazu gibt´s einen Spruch, den jeder in der Gruppe kennt: „Wer auf andere zeigt, zeigt mit drei Fingern auf sich selbst zurück!“ Die eine und ein paar andere Gruppenteilnehmer wollen sich nicht noch unwohler fühlen, daran wollen sie sich halten.
Die Gruppe teilt sich. Die einen jammern und kämpfen um ihr vermeintliches Recht. Die anderen sehen den Gegner in sich selbst: es ist jener innere Schweinehund, der zu einem selbst gehört wie Schatten zum Licht. Es geht nicht darum, ihn umzubringen: man schafft es nicht, oder man stirbt mit ihm, über Depressionen oder psychosomatische Krankheiten, das ist der Weg dahin. Es geht darum, den Schweinehund zu zähmen.
Die eine merkt: allmählich gelingt es ihr. Ihre neue Gruppe nennt sich „Selbsthilfegruppe Lebenskrisen“. Sie geht regelmäßig hin.

42.) Demut

Einer sieht meist schwarz. Wenn die Wetterfrösche Kälte vorhersagen, friert er schon im vorhinein. Er friert wirklich, und wenn er aufs Thermometer geschaut hat, schwört er, da sei´s minus 5 Grad gewesen, es waren aber nur minus 2 Grad. Er hat wirklich minus 5 Grad gelesen.
Daher haben auch die Aussagen von Augenzeugen vor Gericht das relativ geringste Gewicht, der eine weiß das. Das hindert ihn nicht daran, im Einzelfall seiner eigener Wahrnehmung mehr zu trauen als den Tatsachen. Allerdings schimpft er gerne über die Tatsachen, besser: über die, aus seiner Sicht, „Tatsachenverdreher“, z.B. die mit dem sonnigen Gemüt und der rosaroten Brille, für die eine Schwalbe gleich den Sommer macht. Bei anderen sieht der eine das Problem: Menschen sind subjektiv.
Der eine, als Schwarzseher in Depressionen geraten, lernt in einer entsprechenden Selbsthilfegruppe hinzu. Er bekämpft seine Depressionen nicht mehr mit dem Hochgefühl, die anderen zu durchschauen – die von der rosaroten Fraktion. Er durchschaut jetzt alle, auch sich selbst. Eigentlich ist sein Hochgefühl noch gewachsen: ihm kann

keiner mehr was vormachen, auch er kann das nicht. Irgendwie fühlt er sich allwissend, und Wissen ist ja, wie man sagt, Macht. In der Gruppe nennt ihn mal jemand im Spaß „unseren Allmächtigen“. Ein anderer nennt ihn „manisch“.
Der eine fühlt sich nicht richtig verstanden: So viel zu wissen, sei doch eine Last. Überall sehe er das Schlechte – natürlich auch das Gute, aber das Gute werde das Schlechte nicht los, so wie das Licht nicht den Schatten und der Sommer mit seiner Wärme nicht den Winter mit seiner Kälte.
Der eine seufzt: Was ich nicht weiß, macht mich nicht heiß – mir ist aber heiß, und das ist nicht warm, sondern wie „kalt andersrum“. Jemand aus der Gruppe findet, jetzt klinge er, der Manische, wieder depressiv. Der eine bestätigt das: Er sei gleichzeitig himmelhoch jauchzend und zu Tode betrübt. Der eine kommt selbst darauf, dass er schon wieder der große Durchblicker ist. „Unser Sigmund Freud“ sagt jemand aus der Gruppe.
Der eine erschrickt vor sich selbst. Er kommt aus dem Hochgefühl nicht heraus. Hochmut kommt vor dem Fall, er weiß es. Der Fall führt zurück in die Depression, schon die Angst vor dem Fall ist gefährlich, ebenso das Hitzegefühl des Wissenden, auch das weiß er. Was tun?
Der eine und auch die anderen in der Gruppe haben keine Antwort. Und alle sagen: Niemand hat eine Antwort, höchstens Gott, wenn es ihn gibt.
Ein Jahr vergeht. Der eine versucht, sich für Gott zu öffnen, für Gott, wenn es ihn gibt. Als Kind hat er gebetet. Er kennt keine andere Tür zu Gott, wenn es ihn gibt. Er betet. Er ist nicht der einzige in der Gruppe. Die es tun, spüren Kraft, subjektiv, aber wirksam, keine Kälte, keine Hitze, aber Wärme, mehr Selbstvertrauen, mehr Selbstzumutung, mehr Mut, genauer: kein Hochmut, kein Kleinmut, aber Demut: Ich für mich komme nicht weiter, aber ich spüre in mir etwas wirken, was mir hilft. Ich nenne es Gott, sagt der eine.

43.) Sorgenkind

Einer wird schon im Mutterleib angstvoll erwartet. Seine Eltern beschallen ihn mit Mozart. Sie fürchten, er könne behindert zur Welt kommen oder „pränatal“ zu wenig gefördert. Bei der Geburt hat er die Nabelschnur um den Hals. Er ist untergewichtig. Er kränkelt von Anfang an. Die Eltern, zusammen mit den vier Großeltern und

etlichen anderen Verwanden und Freunden, versuchen, dem einen alles so leicht wie möglich zu machen.
Der eine bleibt trotzdem zurück. Er ist nicht behindert, aber schwer von Begriff. Er ist Neurodermetiker und darf vieles nicht essen und nicht berühren. Er geht in einen privaten Kindergarten mir heilpädagogischer Betreuung. In der Privatschule, die ihn erst mit 7 Jahren übernimmt, kommt er in eine Förderklasse. Vom Sportunterricht ist er befreit. Seine Bezugspersonen lassen sich von dem Gedanken leiten: Ja nicht fordern, vielmehr schonen!
Mit 40 erscheint der eine in einer Erwerbsloseninitiative. Er ist seit 15 Jahren erwerbslos.
Davor hatte er in einem Privatzoo gearbeitet, als Tierpfleger. Er war zu den Tieren so, wie seine Umwelt immer zu ihm gewesen war: er behütete und beschützte sie, für ihn waren sie schwach, und er fühlte sich stark. Aber er fühlte sich nur so, er war es nicht. Er war vergesslich, und, wenn er keine Lust hatte, blieb er zu Hause. Zu Haus hieß: bei seinen Eltern, nach wie vor wohnte er bei ihnen. Er verlor seine Arbeit und fand keine neue mehr.
In der Erwerbsloseninitiative erzählt er von 12-Stunden-Tagen im Zoo: Kollegen seien krank gewesen, und die Tiere forderten ihr Recht. Er sei gehänselt worden, weil er immer besonders gründlich gewesen sei, trotz seiner Neurodermitis. Ja, er habe es mit sich machen lassen, ihm sei buchstäblich immer alles unter die Haut gegangen. Er habe immer anerkannt sein wollen – man sollte ihn nicht für den halten, der er immer war: der Depp. Der eine schreit plötzlich: Immer war ich Scheiße: schon als Kind, aber ich bin nicht der Depp, ich sag´s Euch, ich streike, deshalb bin ich jetzt hier!
Die Leute von der Erwerbslosengruppe jubeln. Auch sie wollen nicht mehr mitspielen, für sie ist unser Staat ein Schweinestaat. Für sie geht es um die Mobilisierung der Massen, besonders der Erwerbslosen, um das herrschende System zu kippen. Der eine bekommt eine Aufgabe zugewiesen. Er soll Flyer fotokopieren und falten, für die nächste Demo. Er sagt zu und verschläft. Er entschuldigt sich und verschläft wieder. Man gibt ihm noch eine Chance. Er ruft an: seine Mutter sei krank. Er wird aber in einer Kneipe gesichtet. Man sagt ihm die Meinung. Er schreit: „Ihr seid auch nicht besser, da kann ich auch wieder in Arbeit gehen!“ Es wird gelacht: „In welche Arbeit denn? Dich nimmt ja keiner, Du Niete!“
Seine Neurodermitis verstärkt sich. Einigen aus der Erwerbsloseninitiative tut er leid, besonders als seine Mutter weinend erscheint und erklärt, jetzt habe der Junge seine letzte Hoffnung verloren. Trotzdem:

Die Erwerbsloseninitiative kann ihn nicht gebrauchen. Doch spricht ihn jemand aus der Initiative an, den er noch gar nicht wahrgenommen hatte, der hatte bei seinem Erscheinen nicht mitgejubelt.
Der sagt ihm ganz ruhig: Dir haben sie immer alles abgenommen, Du warst der King, aber Du hast nie Muskeln bekommen, Du bist eingebildet, aber schwach, das merkst Du jetzt, und ich merke es, weil ich auch so ein Typ war: Typ Sorgenkind seit der Geburt. Der eine ist über sich selbst erstaunt. Er schreit nicht. Er schaut den anderen nur an. Der sagt nur noch: Ich gehe in eine Selbsthilfegruppe „Lebenskrisen", regelmäßig, kannst mitgehen, morgen abend!
Er geht mit, er schüttelt immer noch den Kopf über sich selbst. Es hilft ihm. Er denkt: Ich bin 40, es kann noch was aus mir werden. Er macht jetzt eine Fortbildung zum Tierpfleger modernen Standards. Die Arbeitslosengeld II–Behörde bezahlt. Der eine verschläft nicht. Er lernt. Er besteht die Prüfung. Die Neurodermitis geht zurück. Er wohnt in einer eigenen kleinen Wohnung. Er hat eine Freundin. Es geht aufwärts mit dem einen.

44.) Emotions Anonymus

Einer ist trockener Alkoholiker. Durch die Trockenheit habe er sich, sagt er, eine Depression eingehandelt. Er sei überempfindlich, sicher, aber so sei ein Trockener und Depressiver eben, die eine Krankheit habe er zum Stillstand gebracht, die andere überwältige ihn immer wieder und bedrohe seine Trockenheit. Keiner, der das nicht selbst erlebt habe, könne da mitreden. Eine Frau, für die der eine sich interessiert und die ihn kennt, sagt ihm Folgendes: „Du bist noch wie früher, nur schlimmer – keiner versteht Dich, zu Dir kannst Du nichts, und wer an Deinem Selbstmitleid kratzt, vergeht sich an Dir, er ist schuld an Deiner nächsten Depression oder, wenn die unerträglich wird, an einem Alkoholrückfall Deinerseits, Du versuchst, Deine Umwelt zu erpressen!"
Der eine hat auf so was nur gewartet: „Was ich immer sage – Du weißt nicht, wovon Du redest, und Du merkst nicht, wie Du mich fertig machst!" Alles, was seine Umwelt äußert, bestärkt den einen in seiner Meinung, er sei immer und überall das unschuldige Opfer. Infolgedessen wird er allgemein wie ein rohes Ei behandelt, das genießt er. So gut ging es ihm noch nie.
Andererseits spürt er, dass ihn wirklich keiner mag. Denn er ist tatsächlich ein Erpresser. Deshalb ist die Schonung, die man ihm

angedeihen lässt, auch ein Racheakt: Du wirst geschont, weil man Dir nichts zutraut! Zwar fühlt er sich schon wieder als Märtyrer, aber nur halb. Er merkt doch, dass er sich diese Suppe, das rohe Ei und seine Folgen, selbst eingebrockt hat.
Er geht regelmäßig zu den Anonymen Alkoholikern. Da sitzen noch andere seines Kalibers. Als er einen Alkoholrückfall, wie er sagt, auf sich zukommen sieht, bekommt er noch während des Meetings Tipps und Ermutigung von allen Seiten. Nur ein Stiller aus der letzten Reihe sagt nach dem Meeting zum einen: „Die hier machen Dich und mich trocken besoffen, ich gehe ab jetzt zu den Emotions Anonymus, da gibt's auch Sündenböcke, aber der Alkohol ist keiner, und auch Depressionen werden da nicht nur erlitten, sondern auch genommen."
Der eine geht mit ihm zu den Emotions Anonymous. Wie immer bei den Anonymous-Gruppen redet beim Meeting jeder ausschließlich von sich selbst, z.B. sagt jemand von sich, oft sei er „echt ein weinerlicher Sack." Der eine zuckt innerlich zusammen, sagt aber nichts. Beim nächsten Mal meldet er sich. Er weiß, niemand wird ihn unterbrechen, niemand wird ihm widersprechen. Er hört sich sagen: „Manchmal denke ich von mir, ich bin echt ein weinerlicher Sack. Keiner sagt mir das ins Gesicht. Aber es stimmt." Am Ende des Meetings sagt jemand: „Ich freue mich, dass es heute hier so offen zugegangen ist, ich fühle mich gut." Ähnlich äußern sich die meisten. Der eine sagt: „Ich hab´s rausgebracht, ein Glück..."
Er ist auf dem Weg nach vorne.

45.) Knast

Einem geht's zu gut. Er wird übermütig. Wenn´s dem Esel zu wohl wird, geht er aufs Eis. Ein paar andere machen mit. Er kündigt einen Amoklauf an, im Internet. Er stellt, im Netz, die Waffen vor. Er und seine Freunde gehen noch in die Schule, alle in dieselbe. Die Schule wird geschlossen. Die Fahndung beginnt. Sie hat Erfolg. Der eine, als Rädelsführer, wird von der Schule relegiert. In der Dunkelheit wird er von einem Unbekannten zusammengeschlagen. Er wird in ein Internat gesteckt, 300 Kilometer entfernt. Er glaubt zu wissen, wer ihn zusammengeschlagen hat: der Vater eines Mitschülers. Der eine entweicht aus dem Internat. Er lauert diesem Vater auf, seine Freunde sind dabei. Sie schlagen den Vater krankenhausreif. Der gründet, noch vom Krankenhaus aus, eine Initiative. Sie nennt sich „Eltern-Notwehr". Sie fordert scharfe Beobachtung der Schüler und hartes

Durchgreifen, schon präventiv. Sofort entsteht eine Gegeninitiative mehrerer Sozialarbeiter. Sie heißt „Gerechtigkeit für Kinder".
Der eine ist noch nicht strafmündig. Er kommt mit Jugendarrest davon. Ein Sozialarbeiter der Arrestvollzugsanstalt, ein Mitgründer der „Gerechtigkeitsinitiative", befasst sich mit dem einen. Der erzählt ihm, schon als kleines Kind sei er ständig gegängelt worden, von seiner Mutter, die ihn immer mit ihrer sogenannten Liebe verfolgt habe, sie habe immer Angst um ihn gehabt. Das habe ihn immer richtig wütend gemacht. Er sei dann so frei gewesen, sich selbst zu verwirklichen. Der Sozialarbeiter findet das gut: Der eine ist eben ein bisschen ins andere Extrem gefallen... Eine Witzpostkarte, die von der „Eltern-Notwehr" verteilt wird, findet er zynisch. Ihr Text: „Ich war als Kind schon Scheiße!" Der eine fühlt sich als Opfer: Wenn hier einer in Notwehr handele, dann er, nicht die Eltern.
Zwei Jahre später ist er zwar immer noch nicht Amok gelaufen, aber er hat sich politischen Extremisten angeschlossen, erst der NPD, dann den Trotzkisten, die heute zur Linkspartei gehören. Seine NPD - Zeit sei, mal wieder, ein Ausrutscher gewesen. Auch er mache halt Fehler. Seine Trotzkistengruppe demoliert nachts geparkte Dienstwagen der Agentur für Arbeit. Die „Eltern-Notwehr" gibt der Polizei die nötigen Hinweise. Der eine wird zu einer Jugendstrafe auf Bewährung verurteilt. Sein Gefühl, Opfer zu sein, wird immer stärker. Der Bundesverfassungsschutz observiert ihn. Er wird zum Wiederholungstäter. Er wirft einen Brandsatz auf die Villa eines CDU-Politikers. Er bekommt 1 ½ Jahre ohne Bewährung, er ist jetzt volljährig.
Im Knast gibt es eine Selbsthilfegruppe, sie heißt: „So geht's nicht mehr weiter!" Der eine denkt das immer häufiger selbst. Er geht mal hin.
Er merkt immer mehr: Er hat sich verrannt. Die Sache eskaliert. Er und seine Feinde: sie schaukeln sich gegenseitig hoch. Wer hat angefangen? Er mit seinem Übermut? Oder seine Mutter mit ihrer Überfürsorglichkeit? Oder die, die seine Mutter erzogen haben? Aber ist das nicht egal? Er kann nur eines: bei sich selbst was ändern. Wenn es die Feinde nicht tun, muss er's tun. Damit nimmt er den Feinden den Wind aus den Segeln. Außerdem: War nicht er es, der, zusammen mit anderen, die Eltern damals in Angst und Schrecken versetzt hat? War nicht er es, der die Feinde erst zu Feinden gemacht hat? In der Gruppe redet man darüber.
Nach der Entlassung versucht er´s mit einem Neuanfang. Das „Sprungbrett", eine Bürgerinitiative für Strafentlassene, unterstützt ihn.

Er schließt sich der Selbsthilfegruppe „Lebenskrisen“ an. Da geht’s so zu wie in der Knastgruppe, Motto: „So geht’s nicht mehr weiter!“
Der eine kommt voran.

46.) Stalkingopfer

Eine zeigt einen Nachbarn wegen Stalking an. Sie ist alleinerziehend und depressiv. Ihr Mann, ein Trinker, hatte sie immer wieder geprügelt. Ihre Wohnung ist zugemüllt. Ihre siebenjährige Tochter kann machen, was sie will. Der Nachbar kann das nicht mehr mit ansehen. Er will ihr helfen. Er will mit ihr reden. Sie weigert sich. Er schreibt ihr, er ruft sie an. Er könnte das Jugendamt informieren. Er will ihr das ersparen. Dafür geht er ihr auf den Geist. Er wird zornig. Er beleidigt sie. Am liebsten würde er sie rütteln und schütteln. Sie macht ihm nicht auf, aber er lauert ihr auf. Er packt sie am Arm, er lässt sie wieder los, aber sie schreit. Andere Nachbarn ergreifen ihre Partei. So geht das monatelang. Erst dann zeigt sie ihn an.
Der Fall kommt in die Presse. Er polarisiert. Die einen verteidigen die eine, die anderen unterstützen den Nachbarn. Die Staatsanwaltschaft stellt die Ermittlungen bald wieder ein: kein Tatverdacht.
Aber der Nachbar bekommt einiges zu hören: Was mischst Du Dich da ein? Wozu gibt’s denn ein Jugendamt? Hast wohl ein Helfersyndrom? Oder willst Du was von der? Tatsächlich ist der Nachbar dünnhäutig. Fremdes Leid geht ihm enorm unter die Haut, man sieht´s der Haut an, er leidet unter Schuppenflechte. Und er hätte schon gern eine Frau, die ihn braucht, und der er, anders als der Ex der einen, Sicherheit und Halt geben kann. Genauer: Er denkt Tag und Nacht an eine solche Frau. Eine Bekannte, die mit ihm Schluss gemacht hat, hat ihm mal ins Gesicht gesagt, er sei helfersüchtig und ein brutaler Egoist, nach dem Motto: „Und willst du nicht mein Bruder sein (oder meine Schwester), so schlag´ ich dir den Schädel ein!“
Der Nachbar weiß das längst: er erschöpft sich, und er stößt ab. Er weiß auch, dass die Schuppenflechte zu ihm redet: Wahre Abstand, sonst verlierst du Dich und erschreckt die Leute! Der Nachbar entschuldigt sich bei der einen. Er habe ihr nicht zu nahe treten wollen. Er arbeite an sich, in der Selbsthilfegruppe „Lebenskrisen“. Die empfehle er auch ihr.
Die eine hat jetzt Besuch vom Jugendamt bekommen. Ihr droht der Entzug des Sorgerechts für ihre Tochter. Sie wird aufgefordert, wegen ihrer Depressionen eine Therapie zu machen. Mit Hilfe des

Jugendamtes stellt sie die entsprechenden Anträge. Bis zu Beginn der Therapie, so rät ihr das Jugendamt, solle sie sich einer Selbsthilfegruppe anschließen. Sie will nicht. Sie sei zu depressiv für so was. Der Nachbar, der sie mitnehmen wollte, hält sich zurück. Das Jugendamt, zur Stellungnahme aufgefordert, teilt der Krankenkasse mit, sie sei nicht bereit, an sich zu arbeiten. Die Krankenkasse lehnt die Kostenübernahme ab. Das Jugendamt beantragt beim Vormundschaftsgericht den Sorgerechtsentzug.
Die eine betrinkt sich hemmungslos. Sie wird nachts unterkühlt und desorientiert auf der Straße gefunden, die Tochter irrt umher und sucht sie. Die Tochter wird sofort vom Jugendamt in einer Pflegefamilie untergebracht. Das Gesundheitsamt desinfiziert die zugemüllte Wohnung. Die eine liegt im Krankenhaus. Ihre Wohnung bleibt zunächst versiegelt. Ihr droht die zwangsweise Unterbringung in einer geschlossenen Anstalt. Der Nachbar weigert sich, sie auch nur für den Übergang bei sich aufzunehmen. Er weiß, dass er ihr damit etwas wegnimmt: die Verantwortung für sich selbst – das würde sie ihn dann spüren lassen. Seine Schuppenflechte hat sich übrigens in der letzten Zeit zurückentwickelt.
Sie ist am Ende. Sie geht in eine 8-wöchige stationäre Therapie, und zwar nicht nur, weil sie nicht weiß, wohin mit ihr. Sie ist wieder nüchtern. Sie begreift: Ich muss mich ändern, <u>obwohl</u> ich depressiv bin und <u>weil</u> ich depressiv bin, sonst habe ich mein Leben verpfuscht.
Nach den 8 Wochen geht sie aus sich in die Selbsthilfegruppe „Lebenskrisen". Der Nachbar freut sich. Aber weder redet er noch handelt er für sie. Er sagt: „Du kannst das selber, ich vertraue Dir. Wenn´s weh tut, geht so vieles. Ist bei mir so. Ist bei Dir so." Er sagt das nicht allein. Die Gruppe hilft ihr, indem sie nicht hilft.
Sie geht daran, ihr Leben zu reparieren.

47.) Der Gute

Einer ist wirklich gut. Er ist gut geworden. Er hat´s versucht. Er hat geirrt. Er hat gelitten. Er hat das ausgehalten. Er hat gelernt. Er versucht, das zu tun, was die Not wendet: was notwendig ist. Er wird das Ziel nicht erreichen, er weiß es. Die Schatten werden bleiben – ohne sie kein Licht. Er bleibt ein Sisyphos. Aber: „Wer immer strebend sich bemüht, den werden wir erlösen." (Goethe)
Zu den Schatten gehört der Neid der anderen. Er, der eine, ist der Stachel in ihrem Fleisch. Sie halten ihn für einen Scharlatan und

Angeber. Er ist der Favorit. Auf seinen Absturz warten sie. Auf seinen Absturz arbeiten sie hin. Seine Erfolge, die das Ganze am Leben erhalten, bezweifeln sie, notfalls tun sie sie als naturgegeben ab. Er ist der Reiche, von dem es heißt, dass eher ein Kamel durch ein Nadelör geht, denn er in den Himmel.
Dafür glauben fast alle, dass die, die wirklich nicht gut sind, doch gut sind. Die, die das glauben, meinen sich damit selbst. Motto: Was alle denken, kann nicht falsch sein. Fast alle sind entweder faul oder krankhaft ehrgeizig, sie lassen sich hängen oder machen sich verrückt. Also gelten die Deutschen den meisten Deutschen als gesittet und arbeitsam. Lediglich die wirklich guten gelten als gewissenlos, ob nun als Genießer oder als Streber.
Das Volk wahrt sein Gesicht. Die Kühe, von deren Milch es lebt, möchte es gerne umbringen. Deren Rufmord gelingt, mehr – den wirklichen Mord – gibt es kaum. Denn man braucht ja weiterhin die Milch, und mehr gelingt auch deshalb nicht, weil die Guten eben gut sind. Sie bleiben gut, ihr Dauerclinch mit dem Volk hält sie in Form. So geht es auch dem einen. Denn er ist wirklich gut. So gut, dass er all das denken kann, was hier steht – denken, nicht mehr! Zum Winner wird er nie, Sisyphos verliert, immer. Des einen Selbsthilfegruppe hat den Namen „Dennoch“!

48.) Der Co

Einer, ein tüchtiger Mann, überflüssig geworden, ein Mohr, der seine Schuldigkeit getan hat, gemobbt, gekündigt, erwerbslos, Hartz IV-Empfänger und Mitglied einer marxistisch-leninistisch ausgerichteten Erwerbsloseninitiative, geht in die Linkspartei. Er lässt sich bei der nächsten Kommunalwahl aufstellen. Die Linken holen 12%. Er wird Kreistagsabgeordneter. Von Beruf Elektriker, bringt er seine technische Fachkunde ein. Er wird zum Leiter des Ausschusses „Energie und Umwelt“ gewählt. Dann wird der Posten eines Abteilungsleiters bei den „Kreiswerken“ frei. Man stellt ihn ein. Er ist wieder erwerbstätig.
Der eine hat einen Untergebenen, der sich im Dienst durch Zuverlässigkeit und außerordentlichen Fleiß auszeichnet, klaglos macht er Überstunden, im Büro ist er der Erste und Letzte. Der eine fördert ihn, wo er kann. Dass sein Muster-Untergebener so ist, wie er ist, wird für den einen allmählich selbstverständlich. Tatsächlich ist dieser „Held der Arbeit“ arbeitssüchtig: ein obsessiver Selbstausbeuter. Dem einen

bleibt das nicht verborgen. Sein Untergebener überfordert sich immer mehr. Er überschlägt sich vor Eifer. Er reißt sich ein Bein aus. Dadurch schädigt er sich selber und macht plötzlich auch Fehler im Dienst. Er will alles auf einmal machen und immer noch besser werden. Er legt seine Latte immer höher. Seine Niederlagen häufen sich. Sein Körper reagiert mit Migräne und Herzrasen. Auch sein Geist reagiert: Plötzlich steigt Wut in ihm hoch – man hat´s mit ihm gemacht, man hat ihn ausgenutzt, sein Einsatz wird nicht mehr gewürdigt, sein Einsatz ist selbstverständlich geworden. Er klagt, man habe ihn kaputtgemacht, krankgemacht. Neidisch sei man auf ihn. Mit „man" meine er den einen.

Der eine ist empört: Wollte dieser Hund nicht immer alles selbst schultern? Und hat er's nicht genossen, dass er das beste Pferd im Stall war? Das beste Pferd im Stall kündigt innerlich, es tut nur noch Dienst nach Vorschrift, wenn es nicht, wie jetzt am laufenden Band, krankgeschrieben ist. Das beste Pferd ist zum bockigen Esel geworden. Der eine will ihn loswerden. Der Esel fühlt sich gemobbt. Er erscheint bei einer „Erwerbslosen-Initiative".

Da ist man entsetzt: Unser alter Kumpel, der eine, ein Mobber, ein Schwein genau wie die, gegen die er selbst mal gekämpft hat, und gegen die seine Partei, die Linkspartei, tagtäglich kämpft – ein Verräter, verführt von der Macht, auch wenn's nur die eines Abteilungsleiters ist!

Die Erwerbslosen-Initiative widmet dem einen ein Flugblatt: „Vom Ausgebeuteten zum Ausbeuter!" Die Linkspartei distanziert sich von dem einen. Auch die SPD kritisiert ihn. Sein Stuhl als Abteilungsleiter wackelt.

Der versteht die Welt nicht mehr. Nur die FDP verteidigt ihn: Der Untergebene sei, als workoholic, als „von der Arbeit Abhängiger", suchtkrank. Sich von ihm zu trennen, helfe ihm. Wer das nicht tue, sei ein Co- Abhängiger. Dass das von der FDP kommt, macht alles noch schlimmer. Der eine ist am Ende.

Ein FDP-Kreistagsabgeordneter empfiehlt dem einen eine Selbsthilfegruppe. Sie heißt „SOS". Er geht hin. Am Anfang bemitleidet er sich noch. Aber er weiß es längst besser. War er nicht früher schon ein Co-Abhängiger gewesen? Einer, der – damals – seinem trinkenden Chef zu Gefallen war? Er hatte ihn bedient und gedeckt, bis der Chef ihm die Schuld gab, ausgerechnet ihm, der doch nur helfen wollte. So wie jetzt der Untergebene behauptet, der eine habe ihn ausgebeutet, genauso hatte damals der Chef behauptet, der eine habe ihm den Alkohol quasi hingestellt. Von da an war der tüchtige

Elektriker der Mohr, der seine Schuldigkeit getan hat, er wurde gemobbt und gekündigt. Das alles erzählt er in der Gruppe nicht gleich, sondern allmählich. Andere haben Ähnliches erlebt. Auch die erzählen.
Der eine fühlt sich nicht mehr am Ende. Eher am Anfang, einem guten Anfang.

49.) Weiterleben

Eine denkt oft ans Sterben. Sie sagt es auch. Nicht um damit andere zu erschrecken und zu erpressen. Das Leben tut ihr weh. Alles tut ihr weh. Die Ärzte sprechen von Fibromyalgie. Die Schmerzmittel haben Nebenwirkung, die die Schmerzdämpfung fast wieder aufheben: sie ist „auf den Tod" verlangsamt, und sie merkt es. Selbst Morphium ändert daran nichts. Sie weiß, dass sie ihre Umwelt belastet. Wie war das bei den Indianern? Sehr Kranke blieben zurück, im Interesse des Stammes, der weiter musste. Kranke binden Gesunde, und sie kosten.
Die eine denkt: Sie darf nicht beenden, was Gott gegeben hat: ihr Leben – aber aber hat er ein Leben gegeben, das keines mehr ist?
Die eine hat einen Sohn. Der versichert ihr: Wenn er sich um sie kümmere, dann aus Liebe – sie, die eine, beschenke ihn, den Sohn, wenn sie sich von ihm helfen lasse. Die eine glaubt es ihm. Aber sie sieht, wie er sich verausgabt. Er vernachlässigt Frau und Kinder, und seine Frau sagt ihm, bald müsse er sich entscheiden, zwischen seine Familie und seiner Mutter.
Dem Sohn zerreißt das (fast) das Herz, er zerbricht sich (fast) den Kopf bei der Suche nach einem Ausweg. Er bekommt Herzrhythmusstörungen und Migräneanfälle. Die eine fühlt sich schuld daran. Aber wenn sie selbst aus dem Leben geht, wird der Sohn sterben vor Trauer, sie weiß es. Was tun?
Sich einem Seniorenheim anvertrauen? Der Sohn will das nicht. Er beklagt die Lieblosigkeit dort. Die eine weiß das besser. Sie hat früher als Altenpflegerin gearbeitet: Es gibt Licht und Schatten in der Altenpflege, aber eben auch Licht. Der Sohn, sie merkt es, will sie nicht hergeben. Er ist noch ihr Kind. Er kopiert sie nach wie vor, indem <u>er</u> <u>sie</u> versorgt, wie <u>sie</u> einst <u>ihn</u>.
Die eine, seit kurzem Mitglied der Selbsthilfegruppe „Erwachsenwerden", entschließt sich, ihren Sohn in Liebe loszulassen, genauer: loszustoßen. Sie entscheidet sich für ein Seniorenheim, das sie von

früher gut kennt. Der Sohn weint: „Du verstößt mich!" Die eine sieht wieder einen Sinn in ihrem Leben: Vielleicht kann sie ihren Sohn doch noch abnabeln. Sie sagt zu ihm: „Ich will mir von Dir kein schlechtes Gewissen mehr machen lassen, Deine Krankheiten sind Deine Waffen!" Sie überlegt: Wenn sie nicht mehr lebt, findet der Sohn vielleicht eine Ersatzmutter – eine Frau, die die Mutterrolle übernimmt. Seine eigene Frau wird es nicht tun. Aber es gibt genügend Mütter, denen der Sohn abhanden gekommen ist: trotz allen Weinens ist ihr „Hänschen klein" in der weiten Welt geblieben..., aber vielleicht kommt der „Losgestoßene" auf den Geschmack, den Geschmack des Erwachsenseins.
Die Ärzte staunen: der einen geht es besser. Sie lebt auf. Ihre Schwiegertochter ist froh. Die Ersatzmutter ist noch nicht gefunden. Eigentlich will der Sohn sie auch nicht mehr finden.
Aber in ihm ist eine andere Idee. Im Traum erscheint ihm die Mutter wieder jung und stark, er hat Angst, und sie nimmt ihn in ihre Arme. Der Sohn, immer noch Herz- und Kopfschmerzpatient, erleidet zusätzlich eine schwere Panikattacke, er begründet sie mit Lebensangst, ärztlicher Befund: midlife crisis. Doch die Mutter nimmt ihn nicht mehr in ihre Arme. Sie könnte es wieder, aber sie will nicht mehr. Seine Frau tut das sowieso nicht.
Aber sie empfiehlt ihm, seine Mutter mal in ihre Selbsthilfegruppe zu begleiten. Er tut es nach einem erneuten dramatischen Panikanfall. Er hört dort: „Abgenabeltwerden tut weh – dann dann nable Dich doch selber ab, Du bist alt genug dazu, es ist, weil Du´s selber willst und Deine Waffen, die Schmerzen, selbst niedergelegt hast, fast ein Vergnügen!" Die Mutter wiederholt: „Du erpresst mich nicht mehr!"
Der Sohn wird wieder gesund. Zerrissen und zerbrochen ist das alte Kinder-Band zur Mutter. Dafür geht es seinem Herzen und seinem Kopf jetzt immer besser. Seine Ehe ist gerettet. Seine Mutter, die eine, ist glücklich und will nicht mehr sterben. Ihre Fibromyalgie bildet sich zurück. Beide finden in der Selbsthilfegruppe eine Heimat.

50.) Aufgeklärt

Einer hält sich für aufgeklärt. Für ihn gilt nur das, was sich wissenschaftlich nachweisen lässt.
Gott gehört nicht dazu. Wenn ihm einer sagt, auch er habe einen Glauben, nämlich den an den menschlichen Verstand, lacht er nur: Die Welt sei eine Kugel, keine Scheibe, und die Erde drehe sich um

die Sonne, nicht umgekehrt, und der Mensch sei eine Fortentwicklung des Affen, mehr nicht. Das habe der menschliche Verstand zutage gebracht.
Der eine wird krank: eine schwere Grippe, sie will nicht weichen. Ein Virus? Nichts hilft. Die Sache wird lebensgefährlich. Der eine kommt ins Krankenhaus. Der Chefarzt strahlt Ruhe aus, Souveränität. Der eine glaubt an ihn. Der Arzt empfiehlt ein bestimmtes Medikament, in der chinesischen Medizin bewährt und teuer. Das Medikament hilft. Der eine wird wieder gesund. Nach einiger Zeit schreibt die Presse, das bewusste Medikament sei unschädlich, aber wirkungslos. Wenn es doch heile, sei das der bekannte Placebo-Effekt. Das akzeptiert der eine nicht: er sollte an den Chefarzt und damit an „sein“ Medikament so geglaubt haben, dass es wirkte? Ein Wunder? Der Arzt sein Gott?
Er könnte schwören, dass das Medikament die für ihn richtigen Wirkstoffe enthalten hatte. Jemand sagt zu ihm: „Du hast aber doch Deinen eigenen Glaubenssatz, nämlich: was nicht wissenschaftlich bewiesen ist, gilt nicht!“ Kurz darauf wird der eine zum Zeugen eines Verkehrsunfalls. Er könnte schwören, dass der Unfallgegner von rechts kam. Er kam von links. Er glaubt es nicht. Was glaubt er? Er sagt: „Ich glaube, was ich sehe, ich bin ja nicht blöd.“ Er fügt an, natürlich könne die Wissenschaft irren, wie bei dem bewussten Medikament. Sein Gesprächspartner lacht: „Also bist Du Dein eigener Gott!“ Der eine ist irritiert.
Er kennt von der Schule Goethes Satz: „Zwischen Himmel und Erde gibt es mehr Dinge, als unsere Schulweisheit sich träumen lässt.“ Er denkt nach. Klar, es gibt den Placebo-Effekt überall im Leben. Glauben versetzt Berge. Und die Zeugenaussage gilt vor Gericht als das schwächste Beweismittel. Er lacht ja selbst über diese wissenschaftlichen Gutachten – 3 Gutachter kommen zu 3 verschiedenen Ergebnissen, nicht nur weil sie 3 verschiedene Auftraggeber haben, sondern sehr oft aus Überzeugung. Doch jeder von ihnen schwört auf seine eigene Objektivität.
Der eine entschließt sich, schon aus Trotz, weiter an seine Aufgeklärtheit zu glauben: Wissenschaft siegt! Innen aber rumort es bei ihm: Er sein eigener Gott? Er für alles selbst verantwortlich? Und steht nicht geschrieben: Hochmut kommt vor dem Fall? Ihm ist mulmig zumute. Er nimmt den Alkohol zu Hilfe, das Rumoren ist zeitweilig weg. Wenn er einen klaren Kopf hat, denkt er: Alkohol löst keine Probleme, im Gegenteil. Mit nicht mehr klarem Kopf fährt er kurz danach mit dem Auto nach Hause. Es ist nicht das erste Mal. Er wird

erwischt. Er muss sein Führerschein abgeben. Bei einem Kurs zur Wiedererteilung der Fahrerlaubnis hört er: Der Verstand reicht nicht. Er erinnert sich noch mal an Goethe: „Wenn ihr´s nicht fühlt, ihr werdet`s nie begreifen."
Er bekommt seinen Führerschein zurück. Er trinkt erneut, denn er ist jetzt über die Wirkung des Alkohols so gut im Bilde, dass ihm, so glaubt er, nichts mehr passieren kann. Seine Fahrerlaubnis ist bald erneut weg, und zwar für zwei Jahre. Er braucht seinen Führerschein beruflich. Er verliert seinen Arbeitsplatz. Diesen Absturz bekämpft er mit seiner Ursache: dem Alkohol, wider jede Vernunft. Seine Frau verlässt ihn. Er trinkt weiter. Er erklärt, er werde sich zu Tode saufen. Die meisten sagen: Bitte sehr, das musst Du wissen, Du bist ja doch immer so gescheit!
Er kapituliert. Er glaubt nicht mehr an die Wissenschaft, sie kann irren. Aber er glaubt auch nicht mehr an sich selbst: Nein, er ist nicht Gott! Er geht zu den Anonymen Alkoholikern. Er kommt voran. Wodurch? Der 2. Schritt der Anonymen Alkoholikern lautet: „Wir haben die Überzeugung gewonnen, dass nur eine Macht – größer als wir selbst – uns unsere geistige Gesundheit wiedergeben könne." Der eine erlebt das jetzt täglich. Ein Wunder. Aus dem Erleben wird Erkenntnis.

51.) Nesthäkchen

Einer, noch jung, ist langsam, dicklich und still. Ist er schüchtern, krank, antriebsarm? Oder ist er faul und feige? Seine Mutter neigt zu erstgenannter Sichtweise, sein Vater zur zweitgenannten, und wie der Vater denken auch die zwei älteren Brüder des einen. Für die Mutter ist er das Nesthäkchen, der Nachzügler, der immer zu kurz kommt. Für Vater und Brüder ist er der verwöhnte Balg, der es nicht nötig hat. Er weint gern. Auch sonst wirkt er eher traurig. Er ist oft erkältet oder hat Durchfall. Vater und Brüder nennen ihn schon mal „Trauerkloß". Das empört die Mutter, zu der der eine gerne flüchtet. Genau das empört dann den Rest der Familie, was die Empörung der Mutter weiter steigert. Im Kindergarten und in der Schule wird der eine gehänselt. Der Mutter tut er leid, den Kindergärtnerinnen auch. Der Klassenlehrer aber teilt die Meinung des Vaters: Der Junge müsse einfach rangenommen werden statt immer nur geschont und getröstet. Der Schulpsychologe hingegen, von der Mutter zu Rate

gezogen, spricht sich für Geduld aus und Liebe, der Junge brauche Lebensmut, auf keinen Fall dürfe er verschreckt werden.
Er lernt, dass es gut für ihn ist, wenn ihn jemand verschreckt – um so freundlicher und großzügiger sind die anderen! Also gibt er sich gerne verschreckt. Das wirkt. Ja, er lässt sich sogar selbst hängen, unbewusst zwar, aber doch absichtlich. In diesen Zeiten ist sein Immun-System besonders durchlässig. Er bekommt dann, was Krankheiten angeht, so ziemlich alles.

Die Geduldfraktion in seiner Umgebung fühlt sich dann bestätigt: Der eine muss mehr geliebt werden, auch wenn er wenig bringt, ja gerade deswegen: er muss um seiner selbst willen geliebt werden! Die so denken, wissen den Zeitgeist auf ihrer Seite: Fördern, nicht fordern, Stress abbauen, das Leben muss Spaß machen! Die so denken, beobachten genau: die kleine Leistungsfraktion ist neidisch. Vater und Brüder des einen empfinden nicht den einen als zu kurz gekommen, sondern sich selbst – sie sind die, die´s im Leben zu was bringen, gute Noten in der Schule, gute Arbeitszeugnisse, anpackend und sportlich, und keiner kümmert sich um sie! Alles dreht sich um die Leistungsschwachen, die sich auf ihrer Leistungsschwäche auch noch ausruhen und Kapital daraus schlagen. Das ärgert sie. Sie ärgern sich auch über sich selbst und fragen sich: Von uns leben diese Faulenzer und Drückeberger, wie blöd sind wir eigentlich?
Die Geduldfraktion reibt sich die Hände: Ehre wem Ehre gebühret, Hut ab vor den Leistungsträgern, auch sie brauchen mal Streicheleinheiten! Das vertreibt den Ärger der Leistungsfraktion und lässt sie weiterackern. Der eine genießt es.
Er ist jetzt 16. Im Internet schreibt er über genau diesen seinen Genuss. Übermut? Versteckter Hilferuf? Sein Vater liest´s. Es trifft ihn wie ein Blitz. Nicht aus heiterem Himmel, er hat schon lange was geahnt. Er, der scheinbar Konsequente, ist unglaubwürdig, er spielt das Spiel des Sohnes. Der ist ein David. Solange er den Goliath besiegt – und das sind alle, die ihm zu Diensten sind, bleibt er die Null, die er ist.
Der Vater fühlt sich sehr schlecht, er geht in eine Eltern- Selbsthilfegruppe. Seine Frau hat Angst, ihn als versteckten Sozius zu verlieren. Sie geht mit. Beim 2. Mal bringen sie den Sohn mit. Er will seinen Eltern entgegenkommen, um sie zu beruhigen. Das liegt alles auf dem Tisch der Gruppe. Ergebnis: auch die Mutter will kein Null-Kind auf dem Gewissen haben. Schließlich legen Vater und Mutter sich gegenüber dem Sohn und gegenüber den Leidensgenossen in der

Gruppe fest: Schluss mit dem „spoiling“, das heißt im Englischen „verwöhnen“ und gleichzeitig „verderben“!
Alle gehen weiter in die Gruppe. Dem einen bleibt nichts anderes übrig, als sein Null-Spiel aufzugeben. Er wird schneller, schlanker, fleißiger und mutiger. Schritt für Schritt zeigt er, was in ihm steckt.

52.) Beichte

Einer heult. Er hatte seinem Sohn, als der seinen Führerschein gemacht hatte, ein Auto geschenkt. Der Sohn feierte, hoch die Tassen, er setzte sich in sein Auto, überfuhr ein Kind und beging Fahrerflucht. Das Kind überlebte schwerverletzt. Der Führerschein ist weg. Das Auto hat Schrottwert. Der eine wiederholt immer denselben Satz: „Ich hab´s doch so gut gemeint!“ „Tja“, sagen einige, „entscheidend ist, was hinten bei rauskommt – soll schon Helmut Kohl gesagt haben.“ Der eine fasst sich und kontert: „Erstens: Kann ja was Gutes rauskommen, ohne eigenes Verdienst, weil man Glück hatte. Und zweitens heißt es ja auch: Wer immer strebend sich bemüht, den wollen wir erlösen – ist von Goethe, glaube ich. Ich wollte doch dem Bub einfach eine Starthilfe geben, auch als Wiedergutmachung, weil ich immer so wenig Zeit hatte für ihn, als Rechnungsprüfer war ich doch immer unterwegs...“
Die Frau des einen ist hin- und hergerissen. Auch sie war für das Auto. Aber sie war schon immer gegen diese „Wiedergutmachung“ des einen. „Da hast Du Dich schon immer überschlagen, Du weißt, ich war für einen kleinen Gebrauchtwagen, aber es musste ja ein funkelnagelneuer Golf sein, ein GT sogar.“ Ihr Mann ist genervt: „Und wer hat den Bub Tag und Nacht auf Händen getragen – so wie in der Firma, als Chefsekretärin, den Chef? Außerdem: Dass ich das Geld für das Auto mit meiner Schufterei als Prüfer reingeholt habe, das hat er doch gar nicht mitgekriegt!“ Die Frau wird zornig: „Eifersüchtig warst Du, auf mich, sonst nichts!“ Der Sohn kommt dazu und schreit: „Ihr seid schuld! Ihr liebt mich nicht! Ihr liebt meine Liebe zu Euch! Aber die ist weg!“ Die Eltern winden sich vor schlechtem Gewissen. Der eine ist katholisch. Er geht, verzweifelt, zur Beichte. Dort bekennt er, dass sein Sohn <u>ihn</u> mehr lieben sollte als irgendeinen anderen Menschen – ihn, den Rechnungsprüfer, den sonst keiner liebt. Der Beichtvater legt ihm das Falteblatt einer Selbsthilfegruppe hin. Darauf steht: „Was ich mache, ist falsch – wirklich?“

Er geht hin, zusammen mit seiner Frau. Die Frau erkennt, dass zu dem Wettbewerb um die Liebe des Sohnes zwei gehört haben, also auch sie. Der Beichtvater geht auch in diese Gruppe. Er erzählt, wieso er jetzt Priester ist: „Aus dem dummen Saulus, dem andere immer gleichgültig waren, wurde der schlaue Saulus, der andere zu kaufen versuchte, es nützte nichts, ich war am Ende. Ich wollte sterben, aber plötzlich spürte ich in mir die Kraft, von beidem zu lassen, von der dummen Bosheit und von der schlauen Bosheit, diese Kraft hat mich zum Priester werden lassen."
Der eine und seine Frau erinnern sich. Bevor ihr Sohn kam, waren sie beide in ihrem Beruf aufgegangen, ehrgeizig, karrierebewusst. Doch sie sehen jetzt: Was sie für Liebe zu ihrem Kind gehalten hatten, war nicht mehr als die Fortsetzung der alten Gleichgültigkeit mit anderen Mitteln. Der eine kann wieder ein wenig lachen: „Hat nicht Wilhelm Busch, angeblich ein großer Spaßvogel, gedichtet: Das Gute, dieser Satz steht fest, ist stets das Böse, das man lässt?" Der eine, der mit seiner Frau weiter in die Gruppe geht, findet dort ein Echo – denn auch ein anderer lacht: „Wenn Wilhelm Busch kein Spaßvogel wäre, müsste man seinen Spaß ja ernst nehmen, und das täte weh!"
Der Sohn ist mal mitgekommen in die Gruppe. Er sagt: „Das Kind, das ich fast umgebracht habe, erholt sich. Das ist Glück. Ich kann nichts dazu. Aber da ist noch mehr Glück. Ich spüre jetzt wirklich so etwas wie Liebe zu meinen Eltern. Schön, aber neu. Und zugegeben: es war ja auch ganz schön, ihre Lieblosigkeit einzuklagen, um so mehr haben sie mir möglichst alles <u>ab</u>genommen." Der Sohn zitiert seinen Bewährungshelfer: „Sie haben Dir auch damit alles <u>weg</u>genommen, aber Du wolltest es so." Der Sohn: „Er hat recht, ich war bequem."
Die Eltern können´s kaum glauben: Ist das ihr Sohn? Es ist nicht ihr Verdienst, sie wissen´s. Glück? Oder vielleicht Gnade – wie die Rettung des Kindes jetzt oder des „Saulus" damals oder ihre eigene Wandlung jetzt? Sie kennen die Antwort.

53.) Der Sture

Einer blickt voller Verachtung auf die, die, wie er glaubt, ihr Mäntelchen nach dem Wind hängen. „Hier stehe ich, ich kann nicht anders" habe Martin Luther gesagt, er sage das auch. Überzeugungen dürfe man nicht wechseln wie ein Hemd. Man müsse sich treu bleiben. Nur so könne man sich selbst achten.

Er wird von vielen für einen sturen Bock und ewigen Kindskopf gehalten, ohne Selbstkritik und beratungsresistent. Aber er hat auch Anhänger. Einige finden, bei dem einen wisse man wenigstens, woran man sei. Er sei verlässlich, treu und berechenbar. Er wisse, was er wolle. Auch könne man sich an ihm reiben. Er sei kein Aal. Er sei greifbar und angreifbar: einer mit Ecken und Kanten, eine Persönlichkeit, immerhin. Und man müsse es ihm lassen: Bei ihm sehe man, dass man am Ende an jemanden glaubt, der immer dasselbe behauptet – steter Tropfen höhlt den Stein, und Frechheit siegt.
Er steckt die Sache mit der Beratungsresistenz locker weg. Jedenfalls sieht es so aus. Man bewundere halt seine Zivilcourage, und Neid sei die Schattenseite der Bewunderung – meint er. Er und stur? Darüber könne er nur lachen! Er war schon immer Sozialdemokrat. Seine Kritiker sagen: Klar, einmal Sozi, immer Sozi! Der eine lacht erneut: Das sind die von der Konkurrenz, die hätten gerne so einen wie mich!
Er fühlt sich als Fels in der Brandung. Eine Frau sagt mal zu ihm: Gemütlich ist es nicht auf so einem Felsen! Und tatsächlich: Glück bei den Frauen hat er nicht, jedenfalls nicht auf Dauer. Eine hat ihn mal verlassen, mit dem Satz: „Ich will mir nicht länger die Zähne ausbeißen an Dir!“ Die meisten Frauen empfinden ihn als eingebildet: „Ein Gickel auf dem Mist, krähend, und die Eier legen die Hühner“, wie mal eine Ex-Anbeterin über ihn sagte.
Die Jahre vergehen. Der eine wird für die SPD in den Kreistag gewählt, er sitzt dann für die SPD im Kreisausschuss. Er lebt als Single. Alle wissen es: er sucht und findet nicht... Wenn einer darauf anspielt, ärgert er sich, lacht aber und sagt: „Ich bin halt zu gut für die Frauen!“ Im Ausschuss „Umwelt, Frauen, Jugend“ kritisiert er die CDU, weil sie die Gleichberechtigung der Frau im Grunde noch immer ablehne. Zwischenruf aus der CDU, es ist schon spät, und die Stimmung ist lockerer als sonst: „Na, und Du? Warum will Dich eigentlich keine? Bist Du wirklich zu gut für die vielen Frauen, die´s ja doch gibt, oder?“ Dem einen vergeht jedes Lachen. Er schreit, niemand habe das Recht, sich in sein Privatleben einzumischen, der Zwischenrufer solle sich sofort entschuldigen! Reaktion aus der CDU: „Ok, tut uns leid, war ja nur gut gemeint, aber fass´ Dich doch mal an die eigene Nase oder geh´ zu ´ner Partnerschaftsberatung, das tun ja andere auch!“ Der eine stöhnt: „Lasst mich in Ruhe, bitte! Dann geht er raus.
Eine Kollegin aus seiner eigenen Fraktion folgt ihm. Sie stellt sich vor ihn und sagt: „So hab´ ich Dich noch nie erlebt: schwach – zum ersten Mal habe ich das Gefühl, Dir nahe zu sein.“ Da bricht es aus ihm

heraus. Er weint hemmungslos. Schon am nächsten Abend besucht er eine Selbsthilfegruppe mit dem Namen „Lebenskrisen“ Auch die Kollegin geht da hin und nimmt ihn mit.
Er zieht in der Gruppe Bilanz: Schon lange lache er eigentlich nur, um nicht heulen zu müssen. Das er auch Anhänger hat, kann ihn kaum noch trösten. Er muss von seinem hohen Ross runter, er weiß das seit Jahren. Jetzt ist der Knoten geplatzt. Es ist für ihn wie eine Beichte. Das tut ihm gut. Aber es darf nicht dabei bleiben, er sieht das: Jetzt muss er handeln, Schluss mit der Sturheit, Schluss mit der Selbstgerechtigkeit!
Er geht regelmäßig in die Gruppe, er macht Fortschritte. Und vielleicht wird´s was zwischen ihm und der Kollegin aus seiner Fraktion. Die hat ihm übrigens damals die Tränen nicht abgetrocknet: Das sei <u>seine</u> Sache! Sie habe das in der Gruppe gelernt: Wer einem etwas abnehme, nehme ihm auch etwas weg! Der eine findet das auch.

54.) Der Verweigerer

Einer will nicht mehr arbeiten. Seine Gründe: Jede Arbeit sei umweltschädlich und verletze durch Ausbeutung und nachfolgendes Mobbing („Die Zitrone ist ausgequetscht“) die Menschenwürde. Im übrigen gebe es viel zu wenig Arbeit, die Trauben, die zu hoch hingen, kämen dem Fuchs aber sauer vor, der Fuchs sei <u>er</u>.
Er lernt eine Frau kennen, die einen Job in einer Firma hat, die Solarzellen herstellt und zwar mit Energie aus einer Kombination von Solarzellen und Windrädern. Sie, in Solidarität mit ihren Kollegen, lässt es von vorneherein nicht mit sich machen. Folglich brennt sie auch nicht aus und muss nicht irgendwann ihre Wut auf sich selbst auf die Firma lenken, mit der Konsequenz von Mobbing und Kündigung. Sie gebe sich keine Blöße, und ihre Chefs wollten nicht im Regen stehen und sich nachsagen lassen, sie seien unsozial. Also lohne sich ihre Leistung, sie erhalte Zulagen und sei am Gewinn beteiligt. Da alle an einem Strang zögen, gehe es der Firma gut. Ihr umweltfreundlicher und menschenwürdiger Arbeitsplatz sei gesichert.
Der eine ist empört. Er sagt der Frau, sie beschreibe ein Alibi. Die Weltwirtschaft brauche das. Tatsächlich würden die Firmengewinne und damit das Geld der geknechteten arbeitenden Massen weltweit verzockt, und zwar zugunsten weniger Monopolisten oder Marktbeherrscher. Diese wahren Herren über die Welt bestimmten die Regeln

und könnten jeden Rivalen aufkaufen oder durch Dumping abwürgen. Ihr Gott sei das Geld. Geld aber könne man nicht essen.

Die Frau schüttelt den Kopf: „Die Arbeitsnehmer, die Endkunden, die Kleinaktionäre und nicht zuletzt auch die Wähler sind wir. Auch der Mittelstand sind wir. Wenn all diese Kleinen sich nicht bestechen lassen, wenn sie sich einig sind und nicht jeder darauf wartet, dass der jeweils andere anfängt, ändert sich alles ganz schnell: Wenn mein starker Arm es will, stehen alle Räder still ! Die Großen müssen notfalls zu dem gezwungen werden, was gut ist, und das wissen sie im Grunde selbst: Wettbewerb nach fairen Regeln und Grenzen für die globalen Spielsüchtigen (die global players)!"

Der eine behauptet, die Unternehmer seien ihre Arbeitnehmer leid. Die Frau: „Solche wie Dich bestimmt! Aber sie brauchen Menschen um sich, sonst droht ihnen Autismus oder Wahnsinn. Isolation oder Hochmut bei den Großen, das ist der Anfang vom Ende. Die Unternehmer wollen außerdem nicht von Maschinen abhängig werden wie bei Goethe der Meister von seinen Zauberlehrlingen: keiner kann die Maschinen reparieren, keiner kann sie fortentwickeln, keiner kann sie ersetzen."

Der eine: „Dann übernehmen wir, das Volk!" Die Frau lacht: „So siehst Du aus – einer, der nicht mehr arbeiten will und alles tut, um das zu rechtfertigen, Du bist bestimmt der, der den Karren aus dem Dreck zieht..." Der eine wütend: „Wieso denn ich? Wer hat denn den Karren in den Dreck gefahren? Ich doch nicht!" Die Frau: „Und ob, Du und Deine Freunde! Wie mach´ ich´s denn? Die Herren über die Welt kriegen wir schon. Bill Gates wäre plötzlich ganz klein, wenn wir seine Produkte boykottieren würden, bis er geschrumpft ist: Weniger ist mehr! Aber Du brauchst natürlich Deinen Microsoft-PC, stimmt´s? Ich habe jetzt einen anderen, von einer kleinen Konkurrenzfirma, die sich noch gehalten hat, durch Käufer wie mich. Kapierst Du das?"

Der eine tobt: „Willst Dur mir tatsächlich auch noch meinen Microsoft nehmen? Nur weil dieser Gates so ein Schwein ist? Und Dein Job gehört zu diesem ganzen Schweinesystem, gib ihn auf, und wir marschieren zusammen mit der Armee der Armen und Entrechteten nach Berlin und New York und sonstwohin..." Die Frau lacht: „Dann kommt die Weltrevolution, und bald bist Du einer der neuen Herren über die Welt, oder? Nach Ludwig XIV. kam Napoleon, nach Zar Alexander kam Josef Stalin, nach Adolf Hitler kam Walter Ulbricht, das weißt Du doch?"

Der eine haut auf den Tisch: „Eine Sauerei, mich mit Stalin zu vergleichen!“ Die Frau lacht erneut: „Keine Angst, für einen Stalin bist Du viel zu faul!“

Am folgenden Tag wird der eine endgültig wegen Arbeitsunwilligkeit von der Behörde finanziell auf den Satz abgestuft, von dem man nicht leben und nicht sterben kann. Fast alle seine Freunde sind von ihm abgefallen. Er ist isoliert und hochmütig – wie einer der Großen dieser Welt, wenn er, verbittert, zum Menschenfeind geworden ist. Er, der sich für einen Helden hält, öffnet sich die Pulsadern.
Er wird gerettet. Das Schweinesystem schickt ihn sogar den Klinikseelsorger – ihm, einem Häufchen Elend: Ja, er kapituliere... Das ist der Durchbruch. Eine Selbsthilfegruppe „Suizid“ hilft weiter. Er geht regelmäßig hin. Die Frau, die immer wieder mit ihm gesprochen hatte, besucht ihn. In ihrer Firma wird eine Fahrerstelle frei. Vielleicht bewirbt sich der eine. Die Frau: „Wenn Du´s nicht machst, ist es Dein Problem!“ Der eine stimmt ihr zu.

55.) Dreifachabhängig

Einer betrügt und unterschlägt. Er wird bestraft. Er muss Bewährungsauflagen erfüllen, er will das sogar. Er sagt, er brauche Struktur in seinem Leben.
Er hat einen Job. Er macht Aquise. Zehn bis zwölf Stunden am Tag. Er lässt sich ausbeuten. Er sagt, es freue ihn, sich aufzuopfern. Er brauche eine Aufgabe.
Er trinkt gern mal ein Gläschen. Oder zwei. Er gewöhnt sich daran. Bald spürt er, dass er die Kontrolle verliert. An den Alkohol. Doch er genießt ihn.
Er fühlt sich allmählich immer mehr unter Druck. Sein Bewährungshelfer verlangt, dass er pünktlich und persönlich Rechenschaft ablegt über seine Finanzen. Sein Chef nimmt seinen fast pausenlosen Einsatz für die Firma als ganz selbstverständlich. Er steigert seine Erwartungen an ihn. Von Dank keine Spur. Der eine hat schon morgens eine Fahne. Das Trinken kostet Geld. Er muss einen Kollegen anpumpen.
Er wird wütend. Er kann nicht zu seinem Bewährungshelfer, wenn er ständig arbeitet. Er reißt sich ein Bein aus für die Firma – wie kann da der Bewährungshelfer so kleinlich sein? Er hat Stress: Kein Wunder,

dass er da mal Entspannung sucht. Im Alkohol. Andere machen das auch. Denkt er.

Leider lockt der Alkohol an allen Ecken und Enden: ein Teufel. Der eine feiert. Er verschläft. Alkoholisiert. Der Chef ist empört: „Gerade von Ihnen hätte ich das nicht gedacht!“ Dem Bewährungshelfer muss der eine seine Alkoholschulden gestehen. Die sind inzwischen stark angewachsen. Der Bewährungshelfer: „In zwei Wochen sind die Schulden weg, oder die Bewährung wird widerrufen.“ Chef und Bewährungshelfer: ebenfalls Teufel.
Der eine fühlt sich eingekreist. Verfolgt. Als Opfer von Zwängen. Er lässt seine Wut raus. Unter Alkohol. Er schlägt zu. Er kümmert sich nicht mehr um den Bewährungshelfer. In der Firma arbeitet er nur noch nach Tarifvertrag. 35 Stunden in der Woche. Bei Gelegenheit sagt er dem Chef die Meinung. Er nennt ihn Ausbeuter. Er kündigt an, in Zukunft krankzufeiern. Im übrigen werde er, der Chef, noch von der Gewerkschaft hören. Als der Bewährungshelfer den einen anruft, nennt der eine ihn „Bulle“.
Es kommt, wie es kommen muss. Die Bewährung wird widerrufen. Dem einen wird gekündigt. Der Alkohol hat ihn voll im Griff.
Im Knast macht er einen Entzug. Regelmäßig findet da ein Meeting der Anonymen Alkoholiker statt. Da geht es nicht nur um den Alkohol. Ein anderer sieht sich in dem einen wieder: „Wie Du habe ich mir Abhängigkeiten aufgebaut. Da war mein staatlicher Kontrolleur, da war mein betrieblicher Ausbeuter, da war mein privater Freund Alkohol. Dann habe ich an meinen Ketten gerüttelt. Zugeschlagen habe ich und hatte Gründe dafür. Wie gesagt, die hatte ich mir selber aufgebaut. Nie wieder! Das habe ich mir geschworen!“
Der eine hat Zeit nachzudenken. In der Gruppe kann er reden. Er versucht, sein Gesicht zu wahren. Mit den Betrügereien und Unterschlagungen habe alles angefangen. Damals habe man ihn für verrückt gehalten. Ein Therapeut habe entdeckt, dass er in der Kindheit Böses erlebt haben müsse. Seitdem sei er sich sicher, dass er als Kind missbraucht wurde. Aus der Gruppe hört er, dass klinge sehr nach Ausrede. Wenn er recht habe, sei das immer noch kein Grund, jetzt, Jahrzehnte später, so danebenzuhauen. Eine Witzpostkarte wird herumgereicht. Darauf steht, mit schwarzem Trauerrand: „Ich war als Kind schon Scheiße!“ Der eine kann nicht lachen. Im Gegensatz zu anderen in der Gruppe.
Nach einigen Wochen lacht auch er. Bitter, aber befreiend. Wegen guter Führung wird er vorzeitig entlassen. Er startet neu. Er will keine

Struktur mehr im alten Sinne. Keinen Zwang. Nichts, was später zum Teufel wird. Er beginnt mit einer eigenen Aquise-Firma. Die Agentur für Arbeit fördert ihn. Er lässt sich beraten. Als freier Mann. Er lebt trocken. Seine Schulden schrumpfen. Er beginnt zu verdienen. Aber er arbeitet nicht mehr Tag und Nacht. Er hat sein Leben immer mehr im Griff. Auch die Arbeit.

56.) Alter

Einer ist überzeugt, dass ihn sein Alter vor Torheit schützt. Ihm braucht keiner was zu erzählen – glaubt er. Er hat das berühmte dejà-vu-Gefühl: Er war als Kind schon Scheiße. Von seinen Eltern redet er nicht gerne. Bei seiner Oma sei er aufgewachsen, die konnte nicht mehr richtig. Der eine: „Was soll's? Immerhin hat das alles meine Lebensgeister geweckt, und ich habe es allen gezeigt!" Ja, räumt er ein, er hat auch Mist gebaut, zu viel gewollt, die Latte zu hoch gelegt, aber Fehler sind ja dazu da, um daraus zu lernen – hat er gemacht, er hat Kinder, Enkel, Haus und Auto, ist finanziell auf der sicheren Seite und treibt Sport: Tennis und Biken: Was will er mehr?
Trotzdem fragt er sich in der letzten Zeit manchmal: War´s das? Und was kommt jetzt noch? Ein Egoist war ich nie, denkt er, und er spricht auch davon, ohne falsche Bescheidenheit, dass er sich ein Leben lang sozial engagiert hat, bei der AWO, beim DRK, mehrfach hat er Lastwagen mit Hilfsgütern nach Tschernobyl gefahren, nach Bosnien, ins Kosovo. Blutspender ist er und eingetragener Organspender. Im Ehrenamt ist er gesetzlicher Betreuer. Er hat ein gutes Gewissen. Und doch: Fehlt da nicht was? Aber was? Dank? Was soll´s: Undank ist der Welt Lohn, so ist das Leben.
Fehlt vielleicht Gott? Der eine hält nicht viel von Religion, ob Christentum oder Islam oder die Sicht des Dalai Lama. Für ihn ist das mehr oder weniger Aberglaube. Er hält Frömmigkeit bei Kindern für andressiert und bei Alten für eine Alterserscheinung – eine, die nicht sein muss. Er geht davon aus, dass der Mensch als solcher sich immer weiterentwickelt hat, so wie er selbst. Mal regnet´s, mal scheint die Sonne, mal hat er Glück, mal hat er Pech, aber er hat immer dazugelernt, und es ist vorwärtsgegangen, alles in allem. Gott? Von dem hat er nichts gemerkt. Aber merkwürdig, irgendwie glaubt er sich selber nicht – beginnt so die Altersdemenz? Ist es das, was jetzt noch kommt?

Was kommt, ist ein Sturz mit dem Bike: Oberschenkelhalsbruch, Krankenhaus, Zeit zum Nachdenken. War Pech, kann passieren. Oder? Da nagt schon wieder dieser Zweifel. Der Heilungsprozess dauert, es muss noch mal operiert werden. Im Spaß sagt der Arzt: „Es gefällt ihnen bei uns, stimmt´s?“ Der eine denkt: Tatsächlich, es ist schön hier, das Personal ist nett, die Familie kommt, und es besuchen ihn Leute, die er seit Jahren nicht mehr gesehen hat, alle trösten ihn und bringen Geschenke mit. Seine Frau bringt es an einem Abend, als sie mit ihm allein ist, auf den Punkt: „Immer wenn Du gefragt hast: Was soll´s? habe ich gedacht: Da steckt was, Du bist tief in Dir drin verbittert, das Leben fing schon schlimm an für Dich, lieblos, und die Welt, die lieblose und undankbare, hat diese Wunde nie heilen können, obwohl Du so viel Gutes getan hast, ich konnte es auch nicht…“
Dem einen kommen die Tränen. Und wieder tut er Gutes. Er tröstet seine Frau: „Du warst und bist eine gute Frau, mehr konntest Du nicht tun, aber ich muss es zugeben: Ich war unersättlich, alle Welt sollte mich immer lieben, so wie meine Oma das ja auch getan hat und auch viele, die wie Du wussten – und jetzt rede ich mal drüber - , dass meine Mutter getrunken und mein Vater sie geschlagen hat und beiden das Sorgerecht entzogen wurde. Vielen Leuten habe ich leid getan, sie waren gut zu mir, so wie Du, eigentlich hatte ich ja auch viel Anerkennung für all meine Ehrenämter, den Landesehrenbrief schon vor Jahren, aber ich wollte immer mehr, ja, ich weiß...“
Die Frau des einen weint jetzt auch. Nach diesem Abend geht es mit der Heilung bei dem einen gut voran. Er und seine Frau besuchen nach der Entlassung aus dem Krankenhaus eine Selbsthilfegruppe, den „Gesprächskreis für Paare“. Beide ahnen, was bisher gefehlt hat und was noch kommt: ein Leben ohne Selbstmitleid und ohne diese versteckte Wut auf Gott und die Welt. Auch auf Gott. Aber wer war es eigentlich, der diesen Bikeunfall geschickt hat? Dieses Pech, das eigentlich ein Glück war? War das nicht Gott? Der eine zweifelt kaum noch, ebenso seine Frau.

57.) Schwein

Einer ist Gewerkschaftler, DGB-Sekretär, ein Kämpfer für die soziale Gerechtigkeit. Geradezu allergisch ist er gegen Obrigkeiten. Er findet immer wieder Unregelmäßigkeiten bei Arbeitgebern, ob Preisabsprachen oder Bezahlung unter Tarif. Sofort fordert er dann, an den

dafür „Verantwortlichen" Exempel zu statuieren. Für ihn ist das gegenwärtig der Hauptgeschäftsführer der IHK. Auch privat ist er so. Seine Tochter wird beim Kiffen auf dem Schulhof erwischt. Er, Elternbeirat, fordert die Suspendierung des Schuldirektors.
Tatsächlich müssen der IHK-Mann und der Rektor ihren Hut nehmen. Kurz darauf, unter den Nachfolgern, wiederholen sich die Arbeitgeber- und Schülersünden. Es heißt, die Nachfolger seien noch zu kurz im Amt, um durchgreifen zu können. Nach 3 Jahren hat sich immer noch nichts geändert. IHK-Mann und Rektor sind in ihren neuen Positionen – bei einer Großfirma bzw. als Schulrat – erneut aufgefallen: „Frontschweine" – die alles ausbaden. Das ärgert den einen.
Er fragt sich: Müssen sie, oder wollen sie? Er fragt sich, weil er selbst auch so einer ist: einer, der sich die Finger schmutzig macht, einer muss das ja! Er hat nämlich dafür gesorgt, dass seine eigenen Gewerkschaftsangestellten Lohnverzicht üben. Denn viele Gewerkschaftler sind ausgetreten, es fehlt am Geld. Der eine übernimmt dafür die „Verantwortung". Dabei unterliegt er Sachzwängen, es gibt keine Alternative. Er weiß, dass auch der frühere IHK-Mann nicht anders konnte: Sollen Unternehmen seines Bezirks Pleite machen, weil die Personalkosten zu hoch sind? Auch der frühere Rektor konnte nicht anders. Er konnte die Kifferei nicht verhindern. Er hätte Überwachungskameras installieren und Leibesvisitationen in seiner Schule einführen müssen.
Der eine war immer gegen so etwas gewesen, wie fast alle. IHK-Mann und Rektor hatten sich aber nicht vor der „Verantwortung" gedrückt, so wie der eine.
Der eine nimmt an einem Gewerkschaftsseminar zum Thema „Verantwortung" teil. Es ist vom Sündenbock-Syndrom die Rede – von Leuten, die sich für Ihre Mitmenschen aufopfern. Die Mitmenschen, so heißt es da, reiben sich insgeheim die Hände: Wenn einer alles auf seinen Buckel nimmt, können die anderen so bleiben, wie sie sind. Der eine erkennt, dass er mal der „Blöde" war, das „Frontschwein", mal der „Nutznießer", das „Etappenschwein".
Der eine, sowieso mit 45 in der Midlifecrisis, besucht eine Selbsthilfegruppe „Zwischenbilanz".
Da begegnet er Leuten, die darunter leiden, dass sie stets von der Höllenangst beherrscht waren, „verantwortlich" zu sein. Ihr Motto: Ich war´s nicht, ich hab nicht angefangen, ich wasche meine Hände in Unschuld! Auf die hat der eine bisher verächtlich hinabgeschaut. Umgekehrt hatte er immer den Eindruck, dass diese Leute verächtlich auf ihn, den Blöden, hinabschauten.

Plötzlich geht ihm ein Licht auf: Diese anderen Leute sind die reinen Nutznießer, und er braucht sie, wie sie ihn brauchen, jeder könnte beten: Lieber Gott, ich danke Dir, dass ich nicht so bin wie jene da! Und dann kommt die Überraschung: Gleichzeitig sind diese Drückeberger auch mal Helden – wie er, zum Ausgleich. Der Held ist der Mohr, der seine Schuldigkeit getan hat, er kann gehen. Kein Wunder, wenn er zum Drückeberger wird, und Gelegenheit für den Drückeberger, als Held Karriere zu machen. Der eine sieht auch das jetzt glasklar: Der Held ist der Revolutionär, der scheinbar als Sieger endet, aber dieser „Sieger“ ist ein Drückeberger, der neue Helden für sich arbeiten lässt, bis die dann die nächste Revolution starten – aber jede Revolution frisst ihre Kinder.
Der eine, regelmäßiger Gruppenbesucher, versucht, in diesem Minenfeld seinen Weg zu finden. Sein Motto: Wer Schwein haben will, darf keines sein!

58.) Religionslehrerin

Eine spricht so: „Das ist, denk´ ich mal, so nicht wirklich richtig oder so, und damit, sag´ ich mal, will ich wirklich niemanden irgendwie belehren oder so, erhobener Zeigefinger, keine Ahnung, ist ja so was von, also ist mir nur so eingefallen, ist nicht wirklich meine Meinung, ganz klar, gibt´s natürlich immer mal die eine oder andere Frage, keine Ahnung, aber bin da immer irgendwie total offen, denk´ ich mal oder so, bin immer unterwegs, hoffe, Sie verstehen mich irgendwie...“
Die eine ist evangelische Religionslehrerin und wurde gerade auf einer Elternversammlung gefragt, ob sie glaube, der Mensch sei von Gott so geschaffen worden, wie es in der Bibel stehe.
Als sie redet, ruft ein Vater dazwischen: „Na da winden Sie sich doch nicht so!“ Die eine dankt für die Kritik. Es gehe ja vor allem darum, dass man mit all dem umgehe, mit der Überlieferung und so, auf jeden Fall, so wolle sie´s mal sagen, echt tolerant und so, man müsse weiter darüber reden und sich gegenseitig annehmen, so wie man sei, ja, dass sei eben, dass sei sie eben, die frohe Botschaft, ja, das Evangelium, ja. „War aber ein langer Anlauf – ist es eigentlich das Evangelium, keine Antworten zu bekommen?“ ist ein weiterer Zwischenruf dieses Vaters. Er bekommt Beifall.
Weiter hinten sitzt ein Alter, vielleicht ein Großvater. Er steht auf und erklärt, er sei Katholik geworden: „Die wissen wenigstens, was sie wollen, die haben ihre Traditionen und stehen dazu – kann man darü-

ber streiten, tun sie auch, aber sie haben was zu bieten: Standpunkte, die kann man begreifen, die kann man angreifen, und vor allem kann man nach ihnen greifen, sie bieten Halt, und zwar im doppelten Sinn des Wortes: Sicherheit und Begrenzung, beides brauche ich." Der Katholik bekommt Gegenwind: Toleranz sei doch prima, oder? Der Katholik zitiert Theodor Heuss, den ersten Bundespräsidenten: „Toleranz ist nicht Gleichgültigkeit". Jemand erinnert an die berühmte Nummer des Kabarettisten Rüdiger Hoffmann: „Wir müssen mal darüber reden..." Eine Mutter meldet sich: „Reden, natürlich, und dann in diesem modernen Ich-sag´-mal-so-nicht-wirklich-irgendwie-und-so-Stil: unverbindlich und ungefähr!" Die Mutter zitiert James Krüß: „Den Leuten von Schloss Ungefähr/ kommt niemand in die Quere / denn nichts stört ungefähr so sehr/ als wie das Ungefähre."
Der einen ist es eng, aber sie will es sich nicht anmerken lassen: Irgendwo sei das alles nicht wirklich falsch, im Gegenteil, wahrscheinlich sogar echt gut oder so, ja, also aus Worten müssten, sage sie mal, Taten werden, gegen die Klimakatastrophe z.B. oder so ... Eine Stimme aus der Elternschaft unterbricht sie: „Ja ja, Energiesparlampen, habt Ihr hier, super, das ist die Umwelt, aber wo bleibt die Innenwelt? Wann zeigt Ihr meinem kiffenden Herrn Sohn und seinen Freunden endlich mal die rote Karte und sagt – wie für diesen Fall angedroht – die Klassenfahrt ab? Wann hört Ihr auf, mit ihm zu reden, als ob er ein krankes Pferd wäre? Er ist ein Flegel, der Grenzen braucht. Seid Ihr blöd oder einfach zu feige und nennt das dann Toleranz?"

In der folgenden Nacht kann die eine nicht schlafen. Ihr ist nicht nur eng zumute. Sie spürt einen starken Druck im Herzbereich. Sie bekommt Angst. Sie holt den Notarzt. Kurz darauf ist sie im Krankenhaus. Gerade noch rechtzeitig, der Herzinfarkt kann abgewendet werden. Der Chefarzt sagt ihr auf den Kopf zu: „Sie sind bestimmt so eine, die nie Nein sagt, Widerstand mögen sie nicht, also macht man´s mit Ihnen, und das greift Ihnen ans Herz – Empfehlung: eine Selbsthilfegruppe für Infarktgefährdete, gehen Sie hin!"

Sie tut es. Sie trifft dort auf andere, die sich wie sie bisher für edel hielten: großzügig, verwöhnend, liebevoll, konfliktscheu. Sie merkt, dass sie´s im Grunde schon lange wusste: Je mehr Druck sie vermeiden will, desto mehr Druck entsteht. Schon vor Jahren hat sie Watzlawiks „Anleitung zum Unglücklichsein" gelesen, aber damals wollte sie noch nicht wahrhaben, dass auch sie darin vorkommt. Die Gruppe tut ihr gut. Sie geht regelmäßig hin. Zum ersten Mal erteilt sie einem kiffenden Schüler einen „Platzverweis": er darf kein Schülerlot-

se mehr sein. 1. Ergebnis: Sie wird beschuldigt, genau dadurch werde der Junge, weil er sich nicht angenommen fühle, weiter in den Drogensumpf getrieben. 2. Ergebnis: Der Junge erlebt Grenzen, er erlebt dadurch aber auch sich selbst zum ersten Mal so richtig – nach 1 Jahr ist er clean.
Die eine fühlt sich befreit, kein Gefühl von Enge mehr! Sie sagt jetzt: „Ich fühle mich befreit“ – ohne „ich sag mal so“, „nicht wirklich“, „irgendwie und so“.

59.) Fibromyalgie

Einer ist ständig am Meckern: ein Grantler, wie die Wiener sagen. Da ihm nichts recht ist, muss er sich auch für nichts entscheiden. Pest oder Cholera? Er ist gegen beides. Natürlich ist er für Gesundheit, für das Gute, Wahre und Schöne. Aber was dafür zu tun ist, kümmert ihn nicht.
Das haben die zu beschließen, die an der Macht sind. Die haben die Verantwortung – in der Politik die Regierung, in der Wirtschaft die Unternehmer, in der Familie die Eltern.
Der eine will gar nicht an die Macht. Er weiß da, wo er selber an der Macht ist: als Vater, dass die Meckerer, die Kinder, ihn im Grunde bescheuert finden: Entweder er nimmt ihnen alles weg, weil er fürchtet, dass sie damit nur Unheil anrichten, oder er nimmt ihnen alle Lasten ab, weil er fürchtet, dass er sie überfordern könnte, auf jeden Fall misstraut er ihnen. Oder er vertraut ihnen, und das geht sowieso schief, denn: Vertrauen ist gut, Kontrolle ist besser.
Er denkt: Was er tut, ist falsch. Die Kinder warten schon darauf. Und sie helfen nach: indem sie tatsächlich Unheil stiften und sich tatsächlich überfordern. Der eine denkt weiter: Was bei Eltern und auch in der Wirtschaft nicht geht, geht in der Politik, nämlich die Machtübernahme durch die Meckerer, die Opposition. Das Merkwürdige: Es gibt Politiker, die lieber in der Opposition bleiben. Und wie ist das bei Arbeitnehmern und Kindern? Welcher Arbeitnehmer möchte schon mit dem Chef tauschen? Und welches Kind möchte schon selber an allem schuld sein, anstelle seiner Eltern? Alle Macht den Arbeitnehmern und den Kindern? Das wollen die gar nicht. Jedenfalls würden sie sich drücken, wenn´s im Ernst auf sie zukäme. Und die Politiker? Die, die sich verführen lassen, die Regierung zu übernehmen, ohne es eigentlich richtig zu wollen, regieren schlecht.

Sie richten Unheil an und überfordern sich und sind bald wieder in der Opposition.
Auch dem einen langt es, dass er Vater ist. Er träumt oft, wie schön es doch wäre, selber noch oder wieder Kind zu sein. Dann spielt er mit seinen Kindern. Seine Frau sagt dann: Das ist das „Kind im Manne.“ Die Kinder mögen das, einerseits. Andererseits fehlt ihnen der, den sie anmeckern können: der Sündenbock, der Prellbock, die Klagemauer. Und schon wieder steht er als bescheuert da.
Er will seine Kinder nicht mehr erziehen. Seine Frau erklärt ihm, sie seien geschiedene Leute, wenn er das wahrmache. Er macht es wahr. Sie verlässt ihn, mit den Kindern. Da kann er lange meckern. Er ist jetzt ziemlich allein. Wer will schon auf Dauer sein Opfer sein, als Angemeckerter oder angeödet von seinem Rundum-Gegrantel?
Er wird krank. Es tut ihm plötzlich alles weh. Der Arzt findet nichts. Zunächst findet kein Arzt was. Es ist die Seele. Der Seele des einen tut das gut: Das Kind, das er sein will, fühlt sich endlich angenommen, er ist nicht mehr allein, er wird von Arzt zu Arzt gereicht, alle rätseln, und alle kümmern sich um ihn. Frühere Freunde und sogar seine Ex und die Kinder tauchen wieder auf, sie trösten ihn und sprechen ihm Mut zu. Die Schmerzen nehmen ab. Er meckert nicht mehr, warum auch? Und wenn er meckert, tut´s wieder richtig weh. „Fibromyalgie“ ist schließlich die Diagnose: vererbt, was hier ausscheidet, oder seelisch bedingt.
Er macht eine psychosomatische Kur. Dann besucht er eine Fibromyalgie-Selbsthilfegruppe. Die Schmerzen sind noch nicht ganz weg. Aber die Welt wendet sich nicht mehr nur ihm zu. Die Besucher bleiben allmählich weg, auch seine Ex und die Kinder. Er ist ein, bei dieser Krankheit, Normalfall geworden. Plötzlich nehmen die Schmerzen wieder zu.
Seine Exfrau, die inzwischen an einer Frauenselbsthilfegruppe teilnimmt, schreibt ihm: Sie werde nicht mehr kommen, sie fühle sich von ihm erpresst. Er ist noch nicht mal überrascht, denn genau das hat er schon in seiner eigenen Gruppe gehört: Die Krankheit sei eine Waffe, um sich eine Liebe zu ertrotzen, die nur Kindern zusteht, nämlich eine Liebe ohne Gegenleistung. Die das zu ihm sagen, sind jetzt so gut wie schmerzfrei. Sie versuchen ihn zu „erziehen“ und sind denen dankbar, die das bei ihnen versucht haben – offenbar mit Erfolg. Sie haben bekommen und geben jetzt weiter: eine Art Gegenleistung.
Der eine weiß jetzt, dass er die Wahl hat zwischen Schmerzen ohne Ende und Erwachsensein. Er entscheidet sich für das Letztere. In der Gruppe übt er. Er kommt voran. Er schämt sich jetzt, wenn er daran

denkt, dass er seine Kinder nicht mehr erziehen wollte. Seine Frau freut sich.

60.) Krümel

Eine glaubt nicht an Wunder. Trotzdem findet sie den Gedanken wundervoll, dass uns allen ein Retter geboren wird, ein Erlöser, es muss nicht Jesus sein, aber am besten ist es ein Kind, das wirkt ungefährlich, denn bei Erlösern weiß man ja nie. Die eine freut sich deshalb auf Weihnachten.

Die eine hat selbst ein Kind, es hat was vom Zappelphilipp. Es reißt gerne mal eine Tischdecke runter oder gleich den ganzen Tisch um. Oder es startet das Auto, und wenn man nicht aufpasst, fährt es los, an die Pedale kommt es schon ran. Das Kind ist keineswegs ungefährlich. Aber es kann ja nichts dafür, es ist noch klein. Und die eine, bei aller Angst und allem Ärger, muss oft ein Lächeln unterdrücken, aus „pädagogischen Gründen", sie hält dann die Hand vor den Mund: Will ich´s nicht auch manchmal – mich so richtig danebenbenehmen? Ohne es richtig zu merken, solidarisiert sie sich mit ihrem Zappelphilipp, sie lässt ihn, er merkt´s und fühlt sich durchaus nicht mehr klein. Er ist sogar ein „kleiner Herrscher vor dem Herrn", wie seine Kindergärtnerin mal bemerkt.

Zufällig liest die eine gerade ein Buch über den Ruf vieler Völker nach dem „starken Mann", von Adolf Hitler bis Wladimir Putin, bei allen Unterschieden. Auch Fußballtrainer dürfen keine Weicheier sein, so steht´s in dem Buch, und dass der Papst gerade deshalb populär ist, weil er was fordert, Gehorsam zum Beispiel. Die eine ist ein heller Kopf. Sie denkt nach: Hat sie nicht recht, die Kindergärtnerin? Wieder zufällig hat die eine einen Chef, der auch so eine Art Zappelphilipp ist, nämlich ein Hitzkopf vor dem Herren, der gerne Streit sucht und eben deshalb voller Leidenschaft in den Krümeln sucht. Sie denkt: Ich darf ihn nicht reizen, der Klügere gibt nach, ich darf ihm keine Argumente liefern – also: am besten überhaupt keine Krümel. Aber: ohne Krümel geht´s nicht im Leben, ohne Krümel verhungert sie. Sie unterwirft sich, in allem und jedem. Sie droht unterzugehen. Aber ihr ist klar, dass sie dabei ist, nicht <u>ihr</u> Kind, aber <u>das</u> Kind mit dem Bade auszuschütten.

Daraufhin passiert es: Ihr Mann wirft ihr ihre erzieherische Inkonsequenz gegenüber dem Kind vor – ein gutes Argument und für ihn eine Labsal. Denn auch er ist ein „Streiter vor dem Herrn", und er ist ihr

Partner. Sie denkt: Eigentlich ist es nicht mehr zum Aushalten... Sie zerbricht sich den Kopf und hat in der letzten Zeit oft starke Kopfschmerzen. Sie weiß, dass es so nicht mehr weitergeht. Bei ihrem Kind wird ADHS vermutet. Aber sie weigert sich, es mit dem üblichen Ritalin behandeln zu lassen. Dass sie ihm Grenzen setzen muss, ebenso wie, so schwer es auch ist, dem Chef sowie ihrem Mann, obwohl seine Argumente im Augenblick noch greifen, aber das kann sich ja ändern – all das ist ihr klar.
Sie geht in eine Selbsthilfegruppe „Lebenskrisen". Dort erzählt sie, was sie so alles erkannt hat. Sie wirkt locker. Man sagt ihr das. Eine andere Frau sagt, sie sehe sich in ihr wieder: Auch sie sei ein heller Kopf, und das habe sie so getröstet und sie sei dafür so gelobt worden, dass sie gar nicht mehr so richtig unter sich selbst gelitten hatte: Wozu sich da ändern? Andere Gruppenteilnehmer bestätigen das: Selbsterkenntnis sei zwar der 1. Schritt zur Besserung, aber eben nur der 1. Schritt – und ein Rückschritt, wenn man deshalb gleich wieder abhebe.
Mal wieder zufällig erhält die eine die Kündigung von ihrem Chef – er muss Personal einsparen und glaubt, mit ihr könne er´s machen. Außerdem wird ihr Kind dabei erwischt, wie es das Spielzeug eines anderen Kindes mutwillig zerbricht.
Sie besucht die Gruppe weiter: Ja, so geht´s wirklich nicht mehr weiter! Ihr Mann bekommt es mit der Angst zu tun: Sollte sie ihm in Zukunft in Bezug auf die erzieherische Konsequenz Konkurrenz machen? Die eine zögert ein wenig, aber dann sagt sie zu ihm: Ja, ich ändere mich, das wolltest Du doch! Sie kommt voran.

61.) Teufel und Beelzebub

Eine hat eine alte Mutter. Die muss zu einer Operation an der Schilddrüse ins Krankenhaus.
Die eine ertappt sich bei dem Wunsch, die Mutter möge die Operation nicht überleben. Sie hasst sich selbst für diese Wut auf die Mutter. Denn sie liebt ihre Mutter. Sie und die Mutter leben seit 56 Jahren zusammen, seit ihrer Geburt.
Die eine zieht jetzt aus. Ihre – erste – eigene Wohnung liegt 200 Meter entfernt von der Mutter. Die Mutter ist wieder zu Hause, aber weiter anfällig. Die eine sieht nach ihr, wie bisher. Sie hat Angst um die Mutter. Sie hat Angst vor der Mutter. Sie liest Bücher über „Hassliebe" und den „weiblichen Ödipuskomplex". Sie fühlt sich

bestätigt: Ohne die Mutter hat sie Entzugserscheinungen. Mit der Mutter fühlt sie sich erdrückt und zerrissen. Den Druck spürt sie auf ihrem Herzen. Ihr Zustand ist herzzerreißend. Sie befürchtet einen Herzinfarkt. Der Arzt beruhigt sie: das sei reine Psychosomatik, da helfe Bewegung.

Sie beginnt zu walken. Sie geht zu einem Verhaltenstherapeuten. Mit dem übt sie, nicht nur für die Mutter zu leben und auch ohne die Mutter. Denn die Mutter ist zwar krank, aber sie tut für die Mutter, „das Kind", was sie kann. Abends, wenn sie von der Arbeit kommt, isst die Tochter bei ihr. Ihre Wohnung ist geputzt, die Wäsche ist gewaschen.

Der einen, belesen, walkend, therapiert und nach wie vor versorgt, geht es besser. Der Mutter aber geht es plötzlich schlechter. Sie erleidet einen Kreislaufkollaps und kommt wieder ins Krankenhaus. Wenn die eine sie besucht, lächelt sie, sonst nur selten. Die Tochter ist fast ständig bei ihr. Sie hat unbezahlten Urlaub genommen. Ihre Herzangst ist wieder da. Das verschwiegt sie der Mutter. Aber die merkt es. Sie geht über ihr Lächeln hinaus und tröstet die eine. Die eine verspürt plötzlich einen scharfen Stich im Herzen. Aber dem folgt zunächst nichts.

In der nächsten Nacht träumt sie, die Mutter sei tot. Sie jagt hoch. Ihr Herz rast. Auch sie rast, wie gehabt, gegen ihre Wut an, die Wut gegen ihre Mutter, die sie doch liebt. Ihr fällt ein Buch über Buddha in die Hände. Der lehrt, man solle seine „schlimmen" Gefühle annehmen wie „schlimme" Kinder – die man ja trotz allem mit Liebe umfange. Ähnliches liest sie vom Psychoanalytiker C.G. Jung. Eines aber weiß sie längst selbst, nämlich: Liebe kann erdrücken und ist dann die gefährlichste Form von Hass und Wut.

Sie weiß nicht mehr weiter. Irgendwo fällt ihr Blick auf einen Flyer mit genau diesem Text: „So geht's nicht mehr weiter". Eine Selbsthilfegruppe „Lebenskrisen" stellt sich da vor. Sie geht hin, obwohl sie eigentlich zur Mutter ins Krankenhaus wollte. In der Gruppe geht es merkwürdig zu: nicht „liebevoll" und ohne Selbsthass. Jemand sagt es dann auch: Ich will den Teufel nicht mit Beelzebub austreiben, das heißt: nicht meine Wut auf einen anderen mit Wut auf mich selbst, Wut ist Wut. Die eine glaubt plötzlich zu verstehen, was Buddha und C.G. Jung sagen wollen: Die Wut nicht totschlagen, wir brauchen sie, sie ist Energie, aber die muss gezähmt werden, wie ein wildes Pferd! Sie spricht das in der Gruppe aus. Plötzlich ist ihr auch klar, was Sigmund Freud mit seinem „Aus <u>es</u> werde <u>ich</u>!" sagen wollte: Aus Zorn werde heiliger Zorn!

Sie bleibt in dieser Gruppe. Sie übt „Der Widerspenstigen Zähmung", die Widerspenstige ist nicht eine Frau wie in Mozarts Oper, sondern die eigene Wut. Sie vermittelt ihre Mutter in eine Pflegeeinrichtung und nimmt sich eine Wohnung in einer Nachbarstadt. Sie geht wieder arbeiten.
Sie macht sich ihr Essen selber. Ihre Wäsche gibt sie in einen Waschsalon. Sie hat jetzt ein Theaterabonnement, da wird „Der Widerspenstigen Zähmung" gegeben. Sie freut sich über ihre Fortschritte, die Wut betreffend.

62.) Ecken und Kanten

Einer ist ein Kumpeltyp. Er nimmt alles mit Humor. Er nimmt nicht übel. Er lacht über jeden Witz. Man kann ihm alles anvertrauen. Man kann mit ihm Pferde stehlen.
Trotzdem ist er nicht nur beliebt. Wer Streit sucht, kommt bei ihm nicht weit. Er ist nicht angreifbar, nicht greifbar. Er pendelt jeden Schlag aus, wie ein gut verteidigender Boxer. Wer misstrauisch ist, denkt: Diese Nettigkeit – zu schön, um wahr zu sein, der ist nicht freundlich, sondern scheißfreundlich! Viele sind auch neidisch. Insgeheim denkt so mancher: Da müsste ich mir eine Scheibe abschneiden! Manche meinen, der eine habe keinen Charakter, er hänge sein Mäntelchen in den Wind und heule immer mit den Wölfen, einer ohne Ecken und Kanten, einer, der von allen geliebt werden will: everybody´s darling.
Der eine macht gute Miene zum bösen Spiel. Eigentlich ist er gekränkt. Er zeigt es nicht. Streithähne, Miesepeter und Neidhämmel lässt er von sich abprallen. Aber er merkt, dass sich die Leute zwar gerne schmeicheln lassen, aber nur ungern einwickeln. Er merkt, dass everybody´s darling auch everybody´s Depp ist. Er ist erpressbar, man kann es mit ihm machen, und der Nutznießer seiner Nettigkeit fühlt sich bestätigt, das schadet ihm.
Ein Spielsüchtiger will von dem einen 500 € mit den Worten: „In der Not zeigt sich, wer ein wirklicher Freund ist, Du bist meine letzte Hoffnung!" Der eine gibt ihm das Geld. Er bekommt es nicht wieder. Der Spielsüchtige kann weiterspielen.
Der eine wehrt sich: Er sei doch nur gegen den üblichen Hickhack, gegen Feindbilder und für Toleranz. Um des lieben Friedens willen gebe er gerne nach, einer müsse ja immer den ersten Schritt tun. Es ist Weihnachten. Der eine gehört einem Bibelkreis an. Der gestaltet,

zusammen mit dem Pfarrer, den Weihnachtsgottesdienst. „Selig sind die Friedfertigen!“ liest der eine am Altar aus der Bergpredigt vor. Die Gemeinde betet: Ehre sei Gott in der Höhe, Frieden auf Erden und allen Menschen ein Wohlgefallen! Als alter christlicher Gewerkschaftler nimmt der eine kurz danach am Neujahrsempfang des örtlichen „Friedensforums“ teil. Dort sagt die junge Vorsitzende der neuen Linkspartei: Heute wäre Jesus ein Linker, er ist immer für die Armen und Entrechteten eingetreten, er war selber einer! Der eine steht auf und erinnert an Mahatma Ghandi und seine Gewaltlosigkeit: Steter Tropfen höhlt den Stein. Der Beifall ist groß.

Kurz nach dieser Genugtuung ist der eine am Ende. Er gibt dem Spielsüchtigen weitere 2000 €. Die unterschlägt der eine in seiner Firma. Erst hatte man das dort nicht glauben können: Der eine war doch immer so lieb und treu gewesen, einfach supernett! Er wird fristlos gekündigt und steht vor Gericht: vier Monate auf Bewährung. Er ist nicht mehr beliebt. Er gilt jetzt als Schleimscheißer und Blödmann.

Bevor er eine Überdosis Schlafmittel schluckt, schleppt er sich zu einer Selbsthilfegruppe, die sich „SOS“ nennt. Dort sitzen lauter „Gutmenschen“ – gescheitert und eigentlich überhaupt nicht gut, sondern „ich-süchtig“, so formuliert es jemand von den alten Hasen der Gruppe. Der eine begreift, dass er einen Entzug vor sich hat, er muss vom Thron des darling hinabsteigen, auf den Erdboden, und der ist voller Ecken und Kanten, mit der „weichen Tour“ kommt er da nicht weiter. Jesus und Ghandi wurden ermordet. Ein Gruppenteilnehmer, der noch nicht so lange dabei ist, sagt: „Es klingt verrückt, aber erst seit ich Nein sage, bin ich wer. Als Ich - Süchtiger habe ich die Liebe der anderen, die ich mir erkauft hatte, geschluckt wie der Alkoholiker seinen Alkohol. Eigene Liebe zu mir hatte ich gar nicht, jetzt kommt sie, Schritt für Schritt...“

Der eine begreift und bleibt in der Gruppe. Sein Entzug macht Fortschritte Er hat jetzt selber immer mehr Ecken und Kanten. Wie die Erde, auf der er steht.

63.) Tretmühle

Einer ist unglücklich. Er kommt sich wie eine Hamster in seiner Tretmühle vor. Er kommt nicht voran. Er ist Möbeltischler. Ein Auftrag jagt den anderen. Die Geschäfte laufen, aber es ist schlimm. Mal innehalten – geht nicht! Immerhin liebt er CDs. Aber wenn er eine

neue hat, will er sogleich die nächste, er packt sie schon gar nicht mehr aus. Außerdem hat er zu viele davon: dadurch sind sie, wie durch eine Inflation, abgewertet. Und noch was: Er kann Geige spielen, er hat´s schon fast verlernt, die CDs ersparen es ihm, und jetzt fehlt ihm was. Er ist ein Schaffer und hat das Gefühl, er kommt nie richtig ans Ziel. Er ist ein Bequemer, der sich durch sein „Energiesparen“ selbst schwächt. Ein Schaffer ist er, weil er nicht bequem sein will, und bequem ist er, weil er mal aus der Tretmühle raus will.
Der eine versucht´s mit Gewalt. Denn nicht nur die Anzahl seiner CDs ist ständig gestiegen. Es geht ihm gut, zu gut, und wenn´s dem Esel zu wohl wird, geht er aufs Eis: immer positiv denken und mit dem Kopf durch die Wand, wird schon klappen! Aus dem Schaffer wird eine Workaholic. Er beutet sich selber aus, er brennt aus und wird krank. Aus dem Bequemen wird ein Konsumsüchtiger, mit Kaufzwängen, ein Überschuldeter – unfähig, wieder hoch zu kommen, weil geschwächt, ausgebrannt und krank.
Er, Möbeltischler, trägt dazu bei, die Wälder dieser Erde und die dort schuftenden Eingeborenen auszubeuten. Dadurch trägt er zur Klimakatastrophe bei. Es ist auch seine Katastrophe und wird die seiner Kinder sein. Er denkt darüber nach. Manchmal fragt er sich: Bin ich verrückt? Dann fällt ihm ein, dass er nicht der einzige ist: Alle sind verrückt, das ganze System ist verrückt, die Wirtschaft braucht einerseits Schaffer, Helden der Arbeit, und andererseits Nachfrage, also Käufer. Geld beherrscht die Welt, ebenso die Technik. Der kleine Mann ist ausgeliefert. Der eine will aber nicht ausgeliefert sein. Er merkt, dass Jammern nicht reicht. Er will was tun, aber nicht mehr mit Gewalt.

Er fühlt sich sehr müde. Er hat, laut ärztlichem Arttest, ein psychovegetatives Erschöpfungssyndrom, verbunden mit Herzrhythmusstörungen. Er macht eine psychosomatische Kur. Da hilft er in der Küche und im Garten. Er ist mit der Fleißigste in der Gestaltungstherapie und beim Sport. Er lässt sich aber auch gerne – endlich mal! – rundum betreuen und verwöhnen.
In einer Raucherecke vor der Tür trifft er auf ein paar kritische Geister. Die lästern: Schön hier, aber eigentlich wie bisher, schaffen und konsumieren, natürlich im Rahmen, prima, und nach der Kur geht's dann weiter wie immer! Der eine hört sich plötzlich sagen: „Und bald bin dann wieder hier, als guter Kunde, und das Personal lebt von mir und davon, dass ich weiter in der Tretmühle stecke und mir zur

Entspannung CDs kaufe ohne Ende, aber wenn´s ja nur CDs wären, hier kaufe ich mir die Therapie..." Ein anderer wirft ein: „Und Du und ich, wir werden verwöhnt und brauchen selber fast nichts zu tun, unsere Krankheit lohnt sich – bequem, aber scheißbequem, oder?" Der eine nickt: „Und die Therapeuten, die sich für uns Kunden ein Bein ausreißen, werden dann selber Patienten..."
Das Grüppchen trifft sich fast täglich. Die Kur ist herum. Der eine und ein zweiter und dritter aus seiner Gegend gründen zu Hause eine Selbsthilfegruppe unter dem Namen „Was nun?" Sie geben einer Zeitung ein Interview, da erzählen sie aus ihrem Leben. Eine Krankenkasse findet das gut. Sie fragt an, ob die Gruppe eine „klinische Nachsorge" übernehmen wolle, man sei bereit, sie dafür entsprechend zu fördern. Der eine lehnt im Namen der Gruppe ab: nur nicht schon wieder eine Tretmühle...
Er fühlt sich immer weniger erschöpft. Sein Herz schlägt ruhig. Er fertigt seine Möbel aus Holz, das aus seiner Heimat stammt, und aus Bäumen, die nur zur Erhaltung des Waldes gefällt werden. Er liefert die Möbel möglichst persönlich aus und freut sich mit dem Käufer darüber, dass sie ein gutes Gewissen haben können. Er steht nicht mehr auf weitere CDs. Er spielt wieder Geige.
Die Selbsthilfegruppe wächst. Der eine freut sich, vor allem über sich selbst. Er findet zu seinem Maß: nicht zu viel und nicht zu wenig, ohne Hochmut und ohne Kleinmut.

64.) Scham

Einer meint, er sage immer, was er denke. Er lasse sich nicht verbiegen. Er sei das Kind, dass in dem chinesischen Märchen von des Kaisers neuen Kleidern dazwischenrufe: Aber der Kaiser ist ja nackt! Er breche Tabus. Z.B. sei Deutschland weder reich noch ein Hort der Freiheit. Es sei voller Armer und Entrechteter. Er selbst sei erledigt, wenn er das sage, und er sage es!
Er wird für die Linkspartei in den Bundestag gewählt. Überhaupt ist die Linkspartei, die Partei der Armen und Entrechteten, auf der Siegerstrasse. Der eine fühlt sich auch selbst so. Zuvor war er erwerbslos und Hartz IV-Empfänger. Fast alle, so sieht er das, sind gegen Hartz IV und überhaupt die Agenda 2010. Dieser sogenannte „Abbau des Sozialstaates“ werde in Kürze rückgängig gemacht. Die Linkspartei regiert in zwei Bundesländern schon mit. Der eine und seine Partei fürchten, als Gewinner dazustehen. Der eine sagt das aber nicht. Er verbiegt sich. Keinesfalls will er noch mal das Kind aus dem chinesischen Märchen sein.
Er ist nicht dumm. Er merkt, er wirkt unglaubwürdig – so wie, aus seiner Sicht, die oberen 10.000, von denen er sagt: Sie, die angeblich den Karren aus dem Dreck ziehen, machen Kasse auf Kosten des Volkes. Einmal, zu später Stunde und nach etlichen Bieren, verspricht er sich und nennt Hartz IV-Empfänger „die Juden von heute“. Das kommt in die Presse. Ein Sturm der Entrüstung erhebt sich: Auschwitz ist und bleibt unvergleichbar! Er tut Abbitte. Er überlegt, ob er sein Bundestagsmandat niederlegt. Er blickt in den Spiegel: Auch die Juden sind, nach Auschwitz, zumindest in Deutschland auf der Siegerstrasse, als Opfer eines Tätervolkes – so wie die jetzigen Armen und Entrechteten in Deutschland als Opfer der oberen 10.000. Und keiner sagt was – das sagt der eine zu sich selbst.
Eigentlich schämt er sich. Aber erst mal will er abtauchen. Er will raus in die Welt. Er will Abstand gewinnen. Er will mal was anderes um die Ohren haben. Seinen, nur noch wenigen, Freunden sagt er: „Ich bin jetzt mal weg!“ Nach einem halben Jahr ist er zurück. In der Welt hat er immer dasselbe gehört: „Ihr Deutschen seid reich und frei, wieso jammert ihr? Sicher, auch Ihr habt Eure Probleme, aber vergleicht Euch mal mit uns!“ Jetzt macht er kein Hehl mehr aus seiner Scham.
Er ist erneut das chinesische Kind. Er ruft dazwischen: „Ich komme aus der Welt. Ich habe Abstand genommen. Ich war erwerbslos. Ich war politisch aktiv. An Kohlehydraten und Alkohol hat es nie gefehlt – anders als bei den Milliarden Verhungernder und Verdurstender in

der Welt. Außerdem lebt der Mensch nicht vom Brot allein, sondern auch von seiner Rolle als Opfer."
Er schließt sich einer Selbsthilfegruppe „Opfer" an. Viele kommen, um sich dort weiter selbst zu bemitleiden. Aber da sitzen auch alte Hasen. Das Abjammern ist verständlich, sagen die, aber dann muss die Scham kommen, die echte. Jemand zitiert Siegmund Freud: „Wer sich nicht mehr schämt, ist ein Irrer." Der eine will kein Irrer sein. Er verlässt die Linkspartei. Er beginnt mit einem Fernstudium zum Heilpraktiker, Schwerpunkt „Psychotherapie".
Sein Bundestagsmandat behält er. Da ist er, laut Grundgesetz, nur seinem Gewissen unterworfen. Und das sagt ihm: Kopf hoch, und nie wieder irre werden!

65.) Droge Liebe

Eine hat 4 Kinder von 3 Männern. Sie hat Abitur und wollte studieren: Pädagogik. Vor allem aber wollte sie eigene Kinder. Dasselbe wollte auch ihre Mutter. Die eine hängt sehr an ihr. Mit 20 hat sie ihr erstes Kind, einen Jungen, mit 21 ihr 2., ein Mädchen. Der Vater trinkt. Er hält es nicht aus, dass er für die eine nur ein Mittel zum Zweck ist. Sie lebt nur für ihre Kinder, vor allem für die Tochter. Die ist bildhübsch, ein Püppchen. Die eine vergöttert sie. Sie verzeiht ihr, dass sie immer kecker wird: kecker und frecher. Sie ist sogar stolz darauf, dass „die Kleine sich nicht die Butter vom Brot nehmen lässt." Bei der einen ist das anders. Aber sie sei eben, als aktive Christin und Kirchenvorsteherin, „immer für andere da." Sie trennt sich vom Vater. Der Sohn, von ihr weniger beachtet, ist kein schlechter Schüler. Er will Krankenpfleger werden.
Die Tochter bestiehlt eine Mitschülerin. Sie ist faul und bleibt sitzen. Mit 11 kifft sie. Ihre Mutter schaltet den Schulpsychologen ein. Sie hatte die Geduld verloren und ihr geliebtes „Biest" geohrfeigt. Das Kind hatte sich heulend an das Kindernottelefon gewandt. Auch die eine heult: Es tut ihr alles so leid, sie will es nie wieder tun, Kinder brauchen Liebe. Der Psychologe ist zufrieden, rät ihr aber, der Tochter nicht alles durchgehen zu lassen – in Liebe natürlich. Das sagt auch die Mutter der einen. Sie hat ihre Enkelin öfters bei sich und versucht sie zu trösten: „Die Welt ist schlecht, sie ist neidisch auf Dein Selbstbewusstsein!"
Die eine möchte noch mal Kinder: bessere. Der Sohn ist zwar unauffällig, aber sie sieht ihn kaum und hat nichts von ihm. Auch ihre

Schwester hat 2 Kinder. Aber an die kommt sie nicht heran. Die Schwester, von klein auf ihre Rivalin und von Beruf Psychotherapeutin, sagt offen, sie habe wenig Vertrauen in die eine. Die eine kocht vor Wut. Sie wartet auf das 3. Kind der Schwester, es kommt nicht. Aber sie selbst lernt einen Mann kennen. Sie bekommt von ihm Zwillinge: 2 Buben. Die Sorgentochter steht jetzt nicht mehr so im Mittelpunkt. Sie reagiert, indem sie tagelang verschwindet, um dann abgerissen und betrunken wieder aufzutauchen. Sie will Geld. Ihre Mutter verweigert es ihr, und sie hat es auch nicht, der Vater, auch er Nebenfigur, hat es verspielt.

Die Sorgentochter wird psychiatrisch untersucht. Man diagnostiziert ein Borderline-Syndrom. Eine ambulante Therapie wird von der inzwischen 15-Jährigen erst akzeptiert, als die eine droht, sie dem Jugendamt zu übergeben. Die Tochter bekommt in der Praxis des Therapeuten einen Wutanfall und wird tätlich. Sie zerschlägt eine Fensterscheibe und zerschneidet sich dabei die Arme. Sie wird in eine Jugendpsychiatrie eingewiesen. Der Schock sitzt. Anschließend beendet sie sogar die Realschule. Ihr Bruder besucht eine Krankenpflegeschule. Gleichzeitig entwickeln sich die Zwillinge prächtig. Von deren Vater trennt sich die eine.

Dann bekommt ihre Schwester ihr 3. Kind, auch einen Buben. Die eine blickt ihn an, „da", so die eine, „war es passiert, ich wusste, der Bub ist wie ich!" Etwa zu dieser Zeit stirbt die Mutter der einen. Nach der Beerdigung sagt ihre Schwester zu ihr: „Unsere Mutter ist tot, jetzt erst sind wir zwei richtig erwachsen – wenn wir uns die Liebe, die wir Mutterliebe nennen, jetzt <u>nicht</u> von denen kaufen, die eigentlich unsere Kinder sind: Wenn wir das tun, verwöhnen wir <u>sie</u>, und sie schenken <u>uns</u> ihr Urvertrauen!"

Die eine weiß das längst: Mutteraugen und Kinderaugen – dasselbe! Jetzt, am Grabe der Mutter bekommt sie folgenden Satz über die Lippen, an die Schwester gerichtet: „Schon unsere Mutter hat sich <u>unser</u> Urvertrauen gekauft, wir beide sind Kind geblieben, und jetzt wiederholt sich das, jedenfalls bei mir, sogar mit <u>Deinem</u> Kind." Die Schwester fährt fort: „Man verwöhnt sich wechselseitig, und jeder erschöpft sich selbst, nie wird einer erwachsen." Die eine gibt es zu: sie war in der letzten Zeit öfters total kaputt, depressiv und von Herzrasen geplagt.

Kurz danach zeigt die Tochter die eine wegen Alkohol- und Kindesmissbrauch an, letzterer sei an ihr verübt worden. Sie ist jetzt 18. Die eine wirft sie raus. Die Staatsanwaltschaft stellt ihre Ermittlungen bald ein. Dafür wird die eine von der Schule einbestellt, in die die Zwillinge

gehen. Die Zwillinge zeigen Symptome des Zappelphilipp-Syndroms ADHS.
Die eine geht jetzt in eine „Droge Liebe“ genannte Selbsthilfegruppe. Der Name lockt Leute an, die davor Angst haben, erwachsen zu werden. Die eine will aber, wie auch die anderen Gruppenmitglieder, erwachsen werden. Sie verzichtet darauf, auch noch ihren kleinen Neffen und ihre Zwillinge vor Liebe „aufzufressen“. Aber das muss geübt werden. Die Gruppe ist ein Übungsfeld. Die eine kommt voran. Ihr neuer Partner unterstützt sie. Er gedenkt nicht, ebenfalls zur Nebenfigur zu werden: neben all diesen Kindern...
Die eine hat am Grabe ihrer Mutter eine neue Nähe zu ihrer Schwester gewonnen. Die beiden sind sich einig: Liebe kann ihr Objekt zerstören und damit dem Liebenden den Grund für weitere Liebe liefern – ein Teufelskreis wie bei Alkohol: Liebe als Droge! Die Pille, die Pippi Langstrumpf nahm, um nicht erwachsen werden zu müssen, bestand aus dieser Liebe.
Die Sorgentochter wohnt jetzt für sich und hat einen Job. Ihr Bruder arbeitet als Krankenpfleger. Die Zwillinge zappeln weniger. Die eine fühlt sich dem Leben wieder mehr gewachsen. Sie besucht regelmäßig ihre Gruppe.

66.) Es gibt zwei

Der eine ist ein reuiger Sünder. Jetzt ist er der Mann für alle Zwecke: die Hilfsbereitschaft in Person. Er hat alles hinter sich: Gesoffen, zugeschlagen, Auto zu Schrott gefahren, Stelle verloren, trocken geworden, sich dadurch Depressionen eingehandelt, die in den Griff bekommen, jedenfalls einigermaßen. Wenn Depressionen nahen, vor allem, wenn er, das Mädchen für alles, mal wieder zu viel gemacht hat, aber einer muss es ja machen – dann kommen alle und stützen ihn, entlasten ihn, machen ihm Mut. Keiner will an einem Rückfall schuld sein oder gar an einem Selbstmord. Von Zeit zu Zeit macht er mal wieder eine Therapie, die Krankenkasse zahlt. Regelmäßig geht er zu den Anonymen Alkoholikern und in eine Selbsthilfegruppe „burning-out“.
Der eine fühlt sich, genaugenommen, immun und obenauf: wetterfest, so sagt er selbst. Dass er alle ständig einwickelt und erpresst und mit seinen Ängsten spielt: „ein Angstlustiger“ – das sagt ihm keiner.
Der andere ist Jurist, er arbeitet im Innenministerium. Er ist Sicherheitsexperte und Geheimnisträger. Er zieht gerne Fäden und hat

Macht. Viele sagen, er mache den Leuten Angst, und Angst sei ein schlechter Ratgeber. Er sagt, er sei Realist, und seine Aufgabe sei die Gefahrenabwehr: der Gegner sei raffinierter und versierter denn je, und wir alle müssten Opfer bringen, Sicherheit gehe da oft vor Freiheit. Ein Attentat auf ihn selbst kann schon im Vorfeld verhindert werden, sogar zweimal. Viele haben aber mehr Angst vor ihm als um ihn.
Er lächelt darüber. Er ist stolz, gegen den Strom der allgemeinen Behaglichkeit anzuschwimmen. Er sagt, das sei wie der Tod: er komme, aber man bekämpfe ihn und verzögere ihn, nicht aus Panikmache, sondern um des Lebens willen.
Seine Kritiker, soweit sie ihn nicht für einen versteckten Machtmenschen halten, nennen ihn leidensselig: viel Feind viel Ehr, ein kleiner Märtyrer, richtig Karriere hat er nie gemacht, aber dafür die Drecksarbeit. Der andere kontert, indem er gleich wieder Drecksarbeit macht: „the German angst", als deutsches Phänomen in der Welt bekannt, von Kernenergie bis Feinstaub, von Killerviren bis Burkas, bringe letztlich niemanden aus der Ruhe, es werde gejammert, vergnügt und, aufs Ganze gesehen, folgenlos – ein paar Alibis genügen: wer denn da wohl leidensselig sei? Er, so der andere, wolle nicht bis zu einem neuen 11.9. warten.
Wir und vergnügt? rufen die Kritiker entsetzt. Der andere ist plötzlich sehr müde. Es ist noch kein Kollaps, aber er muss sich mal hinlegen.
Daraufhin ziehen die Kritiker ihre letzte Karte:
Der andere, allgemein abgelehnt, frustriert und, nach zwei verhinderten Attentaten, traumatisiert, müsse versetzt werden und sich einer Persönlichkeitstherapie unterziehen: vorbeugend!
Der andere, der ja, den Tod immer im Blick, für das Leben kämpft, hat von einer burning-out-Selbsthilfegruppe gehört. Er geht hin und trifft da auf den einen. Er sieht in ihm jemanden, der sich in seinem Elend nun wirklich behaglich und vergnügt eingerichtet hat: Ist der nicht typisch für die Deutschen, die Weltverbesserer nach Verdun und Auschwitz, die reuigen Sünder und Musterschüler, bei denen man aber nie weiß... und die deshalb, von Wirtschaftswunder über Wiedervereinigung bis Exportweltmeister, so ziemlich alles bekommen haben? Wird da nicht immer noch zugeschlagen, auf die sanfte Tour?
Der eine sieht, umgekehrt, in dem anderen einen Ritter ohne Fehl und Tadel, der seinen Weg geht, aber wohin? Wird mit ihm und seinesgleichen der Freiheit der Garaus gemacht: das Kind mit dem Bade ausgeschüttet, Ergebnis: Diktatur? Die zwei sagen sich, wie sie

sich gegenseitig sehen. Andere aus der Gruppe schließen sich jeweils an. Allmählich merken alle, was sie eint, nämlich der Hochmut. Der eine, von Beruf Patient, und der andere, der Ritter ohne Fehl und Tadel, sind die Extreme, die sich berühren. Dabei hat der eine dem Zuschlagen längst abgeschworen, und der andere kämpft gegen Terroristen: die, die zuschlagen. Beide erkennen ihre Unglaubwürdigkeit. Dann erleben beide, was sie noch brauchen: ein bisschen 11.9. Dem einen wird nämlich erstmals eine neue Therapie abgelehnt, und seine Partnerin verlässt ihn. Und der andere bricht richtig zusammen. Nach einem Klinikaufenthalt kehrt er mit der jetzt offiziellen burning-out-Diagnose in die Gruppe zurück.
Der eine kommt Schritt für Schritt aus der Behaglichkeit heraus. Der andere holt bald auf, auf dem Weg zurück in eine Mitte, die er am Verlassen war – man kann den Teufel nicht mit Beelzebub austreiben, die Gewalt nicht mit sich selbst.

67.) Pro Frankfurt

Dem einen ist Gott gleichgültig. Sollen doch die Türken ihre Moscheen bauen, man wird sich daran gewöhnen. Man hat sich ja auch an die Wolkenkratzer gewöhnt, in deren Schatten der – z.B. – Frankfurter Dom steht. Wenn zu einer modernen Skyline ein Fernsehturm gehört, warum dann nicht ein Minarett? Sind wir alle nicht inzwischen Weltbürger? Und wenn die Türken in Istanbul neben ihren Moscheen nichts anderes dulden – sollen sie doch, ist ihre Sache! Sind eben noch hinterm Berg!
Der eine fühlt sich aufgeklärt und tolerant. In der Fußgängerzone trifft er auf einen, der Flugblätter verteilt. Da steht – z.B. – „Pro Frankfurt" drauf, und es ist von den Sorgen und Ängsten der Bürger die Rede. Die ernst zu nehmen, sei Demokratie, man wolle in – z.B. Frankfurt – leben, nicht in Mekka, schließlich sei man Deutscher. Auf dem Flugblatt steht die Mail-Adresse der NPD.
Da sieht der eine nicht rot, aber braun. Von Toleranz keine Spur mehr, ihn packt der Zorn. Er nennt den Flugblattverteiler „Neonazi". Der wehrt sich: „Wir sind das Volk, Du nicht!", ruft er. Ein Wort gibt das andere. Andere Leute werden aufmerksam. Zwei Glatzen treten auf den Plan, kurz danach eine Gruppe Autonomer. Hinterher weiß keiner mehr, wer angefangen hat. Die Polizei kommt zu spät. Die Schlacht tobt schon.

Der eine hat noch Glück gehabt: nur ein paar Schrammen. Seiner Frau erzählt er, Neonazis hätten ihn provoziert. Irgendwie stimmt das ja. Aber wer hat denn den Wutanfall bekommen? Er! Es war keine Notwehr! Und warum? Seine Frau sagt, so was dürfe um Gotteswillen nicht noch mal passieren! „Lass mich nur mit Gott in Frieden!", schreit der eine, er ist schon wieder am Platzen. Was ist los mit ihm? Er weiß es nicht. Seine Frau versucht ihn zu beruhigen: „Du bist doch sonst nicht so, aber in der letzten Zeit – komisch..."
Es ist Adventszeit. Die zwei Kinder des einen öffnen ihre Türchen im Adventskalender. Türen? Für Gott? Kinderglauben, na klar. Und trotzdem: seine Frau hat das richtige Wort gesagt: „komisch". Ihm ist komisch zu Mute. Irgendwas nagt an ihm. Warum machen ihn die drei Buchstaben „NPD" so verrückt? Er, der so stolz ist auf seine Weltoffenheit, legt los wie ...ja wie denn?
„Genauso, wie du Dir einen Neonazi vorstellst – darum auch Dein schlechtes Gewissen, Deine Angst vor dem lieben Gott!" – diesen Satz spricht keiner aus, noch nicht. Aber er ist in ihm. Er, dem doch Gott gleichgültig ist, geht mit der Familie zum Weihnachtsgottesdienst – wegen der Kinder, wie er sagt, wegen sich selber, wie er bald merkt.
Der Pfarrer spricht vom Licht, das in die Welt kommt. Der eine hört dem Pfarrer gar nicht richtig zu. Aber plötzlich geht ihm tatsächlich ein Licht auf. Sein Blick fällt auf ein Poster, das neben ihm an einer Säule klebt, mit dem Text: „Die, die wir hassen, sind uns ähnlicher, als wir ahnen." Anschließend ist zu Hause Bescherung. Seine Frau schenkt ihm einen Spiegel.
Sie lacht und sagt: „Heute siehst Du endlich mal wieder fröhlich aus, siehst Du das im Spiegel?"
Der eine blickt sich an. Er nickt und sagt ganz langsam: „Und neulich, als ich so wütend war, da habe ich mich in dem Kerl da wiedergesehen, dies Licht ist mir jetzt aufgegangen."
Plötzlich ist ihm Gott nicht mehr gleichgültig. Er schließt sich einem Gesprächskreis an, der sich in der Kirchengemeinde regelmäßig trifft. Schon kurz nach Neujahr wird ein muslimischer Mitbürger eingeladen. Auch der kennt das Gebet: „Lieber Gott, ich danke Dir, dass ich nicht so bin wie jene da!" Es steht auch im Koran. Alle sind sich einig: Drei Finger der Hand, die auf jene weist, weisen auf den Betenden zurück...Sich das immer wieder klar zu machen, tut weh. Aber es tut gut. Licht tut gut.
Der eine geht wieder durch die Fußgängerzone. Wieder steht da ein „Pro-Frankfurt-Mann" mit Flugblättern. Der eine bleibt diesmal freund-

lich. Er beruhigt den Mann, der weiß, was hier vor einiger Zeit passiert ist. Der Mann hat Angst. Er ist vorsichtig, nur aus seinen Augen spricht Hass. Doch der eine ist nicht mehr der Spiegel, in dem der Mann sich wiedersieht. Der eine erzählt ihm von sich und seiner „Erleuchtung“ Der Mann ist immer noch misstrauisch: Will der ihn einwickeln? Aber das Eis schmilzt. Der Mann, der ja das Christentum hochhalten will, lässt sich vom dem einen einladen. Er kommt zum Gesprächskreis.
Der eine freut sich. Es geht voran.

68.) Lachen

Eine lacht gern. Sie sagt dann: Ich lach´ mich noch tot! Oder: Ich könnt´ mich ausschütten vor Lachen! Aber, fügt sie hinzu: Lachen ist gesund! Ihr Lachen ist sogar ansteckend, sagen ihre Freunde: sie solle doch Lachtherapeutin werden!
Sie hat aber auch Feinde. Einige fühlen sich nicht ernst genommen oder ausgelacht. Andere halten sie für scheißfreundlich: ihr Lachen sei zu schön, um wahr zu sein. Noch andere fragen sich: Die lacht über jeden Dreck, geht der eigentlich nichts unter die Haut? Die eine antwortet mit einem Lachen: Alles nur Neid, ist doch klar!
Plötzlich entdeckt sie auf ihren Armen und Beinen sowie am Kopf Flecke, die Haut schuppt: Schuppenflechte. Der Arzt verschreibt Salbe, Massage, mehr Obst – wäre doch lächerlich, wenn´s nicht helfen würde! Keineswegs ist ihr das Lachen vergangen. Doch die Schuppenflechte breitet sich aus. Die eine nimmt´s mit Humor: Das seien ihre Schönheitsflecke! Irgendwo liest sie, ein Bajazzo lache, um nicht weinen zu müssen. Dabei fallen ihr die Clowns ein, die so lustig sind, dabei aber todtraurig. Stimmt mit ihr etwas nicht? Einer ihrer Feinde, eine Frau, hat neulich mal zurückgelacht: Dir geht ja wohl doch was unter die Haut, man sieht´s!
Die eine würde sich gerne wieder totlachen über diesen Unsinn. So sagt sie´s auch zu ihrem Arzt. Aber sie kann plötzlich nicht mehr lachen. Das Lachen bleibt ihr im Hals stecken, ihr kommen Tränen. Auch der Arzt lacht kein bisschen. Er gibt ihr den Flyer einer Selbsthilfegruppe „Schuppenflechte“ und sagt zu ihr: „Auf diesen Augenblick warte ich schon lange. Wie oft wollen Sie sich eigentlich noch totlachen? Wenn Sie leben wollen, müssen Sie sich in ihrer Haut nicht nur wohlfühlen, sie brauchen Ihre Haut, die Flechte tötet Ihre Haut ab, und häuten können wir Menschen uns nicht!“

Die eine, deren Flecken inzwischen eitern, merkt, dass sie irgendwas überspielt, das meldet sich jetzt. Noch mal versucht sie´s, trotz Fieber, mit einem Gewaltakt: Sie geht im Karneval in die Bütt. Aber mitten in ihrem Auftritt erkennt sie unten im Saal die Feindin, die neulich zurückgelacht hatte. Die blickt zu ihr hoch und ist todernst. Da erinnert sich die eine schlagartig an etwas, was die Feindin damals auch noch gesagt hatte, aber die eine hatte das nicht weglachen können, sie hatte es sofort weggeschoben: „Ist ja eklig", hatte die Feindin gerufen und damit die Schuppenflechte gemeint. Damit war ausgesprochen, was seit einiger Zeit auch aus den Blicken ihrer Freunde sprach: Abscheu – und die Frage, was mit ihr einen eigentlich los ist! Sie bricht ihren Vortrag ab, „wegen eines Unwohlseins". Sie flüchtet nach Hause. Unterwegs fällt ihr ein, dass sich die Selbsthilfegruppe heute trifft. Den Termin hatte sie sich gemerkt. Sie geht hin, aufgelöst und am Ende.

In der Gruppe trifft sie auf andere „Überspieler", auch „Lachtote", wie man dort sagt, ohne dabei zu lachen. Die eine entschließt sich, vor dem, was wohl ihre Trauer ist, nicht mehr in etwas zu fliehen, was alles noch schlimmer macht. Sie geht auf die Suche nach ihrer Trauer. Ganz schnell merkt sie, dass es einfach der Schmerz ist, das Leben auszuhalten. Genauer: sie weiß es längst, aber sie hat sich immer wieder vor Lachen ausgeschüttet, und da war's weg...

Die eine lernt Schritt für Schritt, dass es Freude macht, das Leben auszuhalten. Sie kann wieder lachen, aber ganz anders als früher. Ein trockener Alkoholiker sagt in der Gruppe zu ihr: Du hast immer so gelacht, wie ich früher gesoffen habe. Die eine lacht, aber nicht wie früher.

69.) Faul

Einer war fleißig und ist reich geworden. Er will aber nicht hartherzig sein. Er will seinen Reichtum mit Leuten teilen, die nicht reich sind, mit Armen. Er kennt drei davon, er beschenkt sie reich. Er will nicht zu denen gehören, von denen es in der Bibel heißt: „Eher geht ein Kamel durch ein Nadelöhr denn ein Reicher in den Himmel."

Der 1. Arme lebt eine Zeitlang von seinem neuen Reichtum, dann ist er wieder arm. Der 2. Arme kann seine Schulden und eine teure ärztliche Behandlung bezahlen, jetzt kann er neu starten und tut das auch. Der 3. Arme hat sowieso die Nase voll von seiner alten Faulenzerei, für ihn ist der neue Besitz ein Startkapital.

Der eine ärgert sich über den 1. Armen. Der erzählt ihm, er sei als Kind schon Scheiße gewesen. Immer sei er gedemütigt und getreten worden. Der eine vermutet, es sei ihm eher zu gut gegangen: wozu sich also selbst bewegen? Der 1. Arme tobt: „Da haben wir´s, schon wieder so einen Tritt in den Hintern, niemand versteht mich!" Der eine darauf: "Und wenn ich Dich so verstehe, wie Du willst, werde ich Dich weiter beschenken, Du reibst Dir die Hände, und <u>ich</u> werde arm, weil <u>Du</u> ein Fass ohne Boden bist."

Der 1. Arme erzählt jetzt überall, was für ein Unmensch ihm in dem einen begegnet ist: „Der weiß nicht, was Armut ist, er hat sie noch nie erlebt!" Der eine kann das widerlegen. Ursprünglich war er faul, weil es ihm zu gut ging, und dann auch, weil ihm keiner mehr helfen wollte, da musste er selber ran, aber er übertrieb, machte Fehler und musste sie büßen, er lernte seine Lektion, weil es zum Glück keinen gab, der ihm das ersparte.

Der eine sieht sich im 2. und 3. Armen wieder. Er fragt sich, wieso er überhaupt den 1. beschenkt hat. Wollte er wirklich nur zeigen, dass er trotz seines Reichtums ein Mensch geblieben ist? Träumt er nicht manchmal, er sei ein abgerissener, aber freundlicher Bettler: arm, aber eigentlich nie am Verhungern und Erfrieren und dafür frei – frei von der Sorge um das, was er hat, und frei von der Angst vor denen, die es ihm neiden?

Der eine merkt, dass er den 1. in seiner Faulheit unterstützen wollte, weil er damit sein heimliches Traumbild von sich selbst „unterstützen" wollte. Er ärgert sich im Grunde über sich selbst, nicht über den 1. Anderseits ist ihm klar, dass es Heerscharen von 1.´n gibt.

Zwar kennt er die Armut, und da konnte er den 1. widerlegen. Aber wenn er die allgemeine Umverteilung von oben nach unten ablehnt, wird er hören, es gebe den 1. nur ausnahmsweise, er aber, der eine,

sei wohl übergelaufen von den Opfern zu den Tätern! Viele von den anderen Reichen mit ihren heimlichen Träumen und die Heerscharen der 1.`n. verbünden sich, der eine weiß es. Was tun?
Der eine steckt in einem Dilemma, zum ersten Mal seit seiner einstigen Entscheidung, fleißig zu werden. Er geht zu einem Unternehmerstammtisch, der sich zu einem „brain trust" entwickelt hat: Man denkt laut nach, über alles – Überschrift: „Krisen". Diese Selbsthilfegruppe stärkt den einen in seiner Neigung, Kants kategorischen Imperativ zu beachten und konsequent das Richtige zu tun. Das Gegenteil wäre bequem. Aber da kennt er sich aus. Manchmal träumt er davon, aber er will nicht mehr faul sein, nie mehr!

70.) Psychotherapeut

Einer ist ein Psychotherapeut, analytisch ausgerichtet.
Nach 20 Berufsjahren fragt er sich, ob es das war. Er fühlt sich erschöpft und leer. Immer hat er sein Bestes gegeben: sein Einfühlungsvermögen und sein Wissen. Z. B. weiß er, dass Therapeuten ihre Patienten nicht reparieren können wie ein Auto. „Der Patient muss seine Selbstheilungskräfte abrufen", heißt es in den Fachbüchern. Der Psychotherapeut soll ihn dazu bringen.
Der eine hat jedoch durchgängig den Eindruck, dass der Patient sich nicht anstrengen will, er will bedient werden. Der eine hat das getan. Er hat zugehört. Er hat Mut gemacht. Er hat Verständnis gezeigt. Er hat die Worte des Patienten so analysiert, dass der sich nicht mehr wie der letzte Dreck vorgekommen ist, sondern als Opfer unglücklicher Umstände und durch diese schon in der Kindheit geprägt. Immer hat dabei der eine gespürt, wie der Patient an ihm „saugte". Er wollte immer mehr von diesem therapeutischen „Honig".
Der eine hat seine Freude gezeigt, wenn der Patient davon berichtete, dass er es nicht mehr mit sich hatte machen lassen, wenn er sich wehrte gegen all die, die ihn nicht verstanden oder es an Wertschätzung fehlen ließen ihm gegenüber. Manchmal dachte der eine, dass auch er es mit sich machen ließ, seine Patienten verlangten ihren „Honig", sie bekamen ihn, aber sie wurden nie satt. In seiner eigenen Supervisions-Gruppe war „burning-out des Therapeuten" ein ständiges Thema. Dem einen war im Grunde klar, dass er unglaubwürdig war: er ermutigte dazu, sich abzugrenzen, aber er grenzte sich selbst nicht ab. Doch dieses Wissen beruhigte ihn, Selbsterkenntnis ist ja der erste Schritt zur Besserung.

Jetzt, nach seinem 20jährigen Berufsjubiläum, fehlt ihm plötzlich die Lust, so weiterzumachen: midlife crisis oder die Quittung für einen verfehlten Ansatz? Helfersyndrom oder nur eine kleine Talsohle, die das Leben nun mal bereithält? Der eine grübelt. Am liebsten würde er selbst mal irgendwo „saugen“: wer hat „Honig“ für ihn? Er erschrickt: Ist er nicht auf dem besten Weg, selbst zu jemandem zu werden, gegen den man sich abgrenzen muss?
Der eine nimmt sich ein Sabbatjahr. Er geht in einen Kibbuz. Das wollte er schon als Student. Er wollte schon immer „solidarisch“ sein, „in Augenhöhe“ mit seinen Mitmenschen. Er hatte das Gegenteil erlebt. Als Therapeut war er „unten“: Diener, und sein Patient war „oben“: seine Wünsche waren Gesetz. Vielleicht gibt es im Kibbuz die Welt, die er sucht.
Der eine wird eingeteilt erst zum Tomatenernten, dann zum Tomatenverladen, dann zur Fahrzeugpflege, dann zur Zentrale, in der die Einteilung vorgenommen wird. Jeder braucht jeden, jeder dient jedem, für Oben-unten-Verhältnisse ist kein Platz, jeder hat seine Grenze zum anderen, es ist die des anderen zu ihm. Eigentlich müsste der eine glücklich sein und denken: So was brauchen wir in Deutschland auch.
Er ist nicht glücklich. Ihm fehlt was. Theoretisch ist ihm wieder alles klar: Man kann es ihm nicht recht machen – kaum sind die Höhen des edlen Menschenfreundes und die Höhen des cleveren Leidenden weg, will er sie wieder, er ist ambivalent. Das droht ihn zu zerreißen – ihn und sein Herz, es ist „herzzerreißend“, sein Herz reagiert mit Herzrhythmusstörungen.
Er tut, was er nie für möglich gehalten hatte: Er besucht eine Selbsthilfegruppe – im Kibbuz gegründet von Leuten seines Schlages. Der Name ist „Schalom“: Friede, und zwar der mit sich selbst. Allmählich findet der eine die Kraft, auf die „Berge“ zu verzichten, die Mühen der „Ebene“ sind groß genug.
Zurück in Deutschland, gründet der eine hier eine ebensolche Selbsthilfegruppe, mit Erfolg. Er geht regelmäßig hin. Er schafft es immer besser, sich darauf zu beschränken, seinen Patienten den Spiegel vorzuhalten und durch diesen Verzicht den Patienten gegenüber glaubwürdig zu sein. Den Wunsch der Patienten, ihnen die „Reparaturarbeiten an sich selbst“ abzunehmen, weist er zurück. Sein Herz schlägt wieder ganz ruhig.

71.) Sisyphus

Einer will tun, was Gott will: Gott der Allmächtige. Gott will das Gute. Das Gute aber gibt es nicht ohne das Böse und umgekehrt. Merkwürdig: obwohl doch Gott allmächtig ist. Und warum hat der Allmächtige das Böse überhaupt erst zugelassen? Da gibt´s offenbar noch was über Gott: Logik und Moral. Oder: Gott hat geschaffen, was ihn einschränkt – das Gesetz, dem er sich selbst unterstellt. Das wird´s sein, denkt der eine. Wir, die Menschen, geschaffen als Gottes Ebenbild, machen´s ja auch so. Ohne Grenzen verlieren wir unseren Halt. Unsere Stärke spüren wir nur am Widerstand.
Na gut, denkt der eine, was aber ist Moral? Eine Auswahl: 1. „Der Sieger hat recht." 2. „Dem Schwachen muss geholfen werden." 3. „Was man sagt, soll man auch tun." 4. „Man soll die Wahrheit sagen." 5. „Man soll alle Menschen gleich behandeln." 6. „Alle sollen frei sein." 7. „Jeder soll tun, was richtig ist, ohne auf andere zu warten." 8. „Was Du nicht willst, das man Dir tu, das füg auch keinem andern zu."
1 ist zynisch. 2 ist nicht haltbar, Hilfe kann schaden. 3 geht nicht, wenn das Angekündigte nicht umgesetzt werden kann oder darf. 4 ist unvertretbar, wenn die Wahrheit umbringt. 5 ist nicht möglich, weil die Menschen ungleich sind. 6 hat keine Chance, weil die Freiheit des einen ihre Grenze in der Freiheit der anderen findet. 7 ist eine Sache der Vernunft: wenn jeder wartet, passiert nie was. Alles andere als 8 wäre unvernünftig, man kann nicht mit verschiedener Elle messen, man wäre unglaubwürdig – man muss nur wissen, ob es gut ist, sich verwöhnen zu lassen; wenn man weiß, dass es schlecht ist, ist diese Regel tatsächlich die „goldene", als die die in allen Kulturen der Erde gilt.
Der eine will das, was in 7 und 8 übrig geblieben ist, umsetzen. Es ist das Gute, aber er schafft es nicht, denn das Böse bleibt. Er gleicht dem Sisyphus, der den Stein immer und immer wieder den Berg hinaufrollen muss, er rollt immer wieder zu Tal. Er kann sich nicht am eigenen Schopf aus dem Sumpf ziehen. Er kann nicht über seinen Schatten springen. Er kann noch nicht mal subjektiv gut sein, also wenigstens das objektiv Gute tun wollen. Denn immer denkt er dabei an sich selbst: der „übermenschliche" Selbstüberwinder ist der Größte, das weiß er, das genießt er, und wenn er das Genießen auch noch überwindet, ist er tot und doch unsterblich, und das genießt er schon längst vor dem Tod. Wir sind Sünder allzumal, steht in der Bibel.
Wozu das alles? fragt sich der eine. Gottes Willen tun? Geht nicht. Wo ist der Sinn des Lebens? Leben wie ein Tier? Nein. „In tiefer Not schrei ich zu Dir", schrieb Paul Gerhard im Dreißigjährigen Krieg.

Martin Luther warf in seiner Verzweiflung nach dem Teufel, er traf ihn nicht, er konnte ihm nichts antun.
Der eine weiß, was Goethe geschrieben hat: „Wer immer strebend sich bemüht, den wollen wir erlösen.“ Er weiß, dafür gibt es das Wort Gnade. Er hat es an sich selbst erlebt: Neben den Grenzen, die sich Menschen, nach Gottes Beispiel, selber setzen, gibt es Grenzen, die ihnen Gott setzt: Fügungen, Lektionen, die die Menschen ertragen und die sie lernen können, das traut Gott den Menschen zu, das mutet er ihnen zu. Der eine hatte viele Jahre Hilfe geleistet, die geschadet hat, auch ihm, das griff ihm ans Herz, buchstäblich, es ging um sein Leben, das war Gottes Schuss vor seinen Bug.
In einer Selbsthilfegruppe erinnert der eine sich immer wieder daran – die anderen sind seine Spiegel. Und er hilft, indem er oft nicht hilft, er sagt die Wahrheit, wenn sie nicht umbringt, und lässt dem anderen sein Leid, denn das ist das Kapital des anderen. Sein liebstes Gebet lautet: „Lieber Gott, gib mir, was ich brauche, und nicht, was ich will!“

72.) Das vermisste Kind

Eine ist 12. Ihr amerikanischer Vater schlägt ihre Mutter. Die Mutter flüchtet mit dem Kind in ein Frauenhaus. Sie trennt sich von ihrem Mann. Das Kind, die eine, ist ihr ein und alles. Die eine kann sich viel erlauben, die Mutter tut alles für sie. Sie bleibt nachts weg und schwänzt Schule und Kommunionsunterricht. Da verliert die Mutter doch mal die Geduld und weist sie zurecht. Die eine ist sauer. Die Mutter bittet sie, wieder gut zu ihr zu sein. Das Kind verzeiht ihr für diesmal. Es erklärt, es wolle nicht mehr katholisch sein. Die Mutter ist entsetzt. Mit 13 geht es mit einer muslimischen Freundin in die Moschee zwei Strassen weiter. Es erklärt dreimal, an Allah zu glauben und daran, dass Mohammed sein Prophet sei. Die eine ist jetzt Muslimin. Sie trägt eine Burka, die Freundin hat sie ihr geschenkt. Die Mutter schämt sich zu Tode. Die Lehrer der Tochter raten zum Jugendamt. Aber die Mutter will ihr Kind nicht verlieren. Die eine besucht jetzt die Koranschule.
Sie lernt einen algerischen Muslim kennen. Der ist 19 und hat große Pläne. Er will ein Reisebüro eröffnen – zusammen mit der einen. Die ist begeistert und macht nach dem Hauptschulabschluss eine Lehre als Reisebürokauffrau. Sie ist zielstrebig und fleißig geworden. Schon als Lehrling ist sie die rechte Hand ihres Freundes. Mit 17 heiratet sie ihn, noch vor ihrer Volljährigkeit, die Mutter widerspricht schon lange

nicht mehr. Sie findet sogar, dass ihre Tochter Halt findet bei den Muslimen. Es gibt da strenge Regeln und keineswegs nur auf dem Papier. Wer nicht spurt, muss die Konsequenzen tragen, er wird von den Glaubensbrüdern und -schwestern geschnitten und von Vergünstigungen ausgeschlossen, das hält keiner auf Dauer aus. Offenbar hat so was der einen früher gefehlt. Wenn sie nicht zum Kommunionsunterricht erschienen war, war's halt so, es wurde hingenommen.
Das Reisebüro beginnt zu florieren. Der Mann der einen nimmt einen Millionenkredit auf. Er ackert Tag und Nacht. Aber er dreht ein zu großes Rad. Er rutscht in die roten Zahlen. Seine Frau fällt als rechte Hand zum großen Teil aus. Die zwei Töchter, die nacheinander kommen, sind zwar Wunschkinder. Aber ihr Vater empfindet sie immer mehr als Last. Dabei tut die eine alles, damit sie ihn nur nicht stören. Er aber denkt, sie wolle ihm die Kinder vorenthalten: ihm, dem, nach muslimischer Tradition, Gebieter! Und ist sie nicht immer noch eine Deutsche? Ist sie nicht jung und hübsch und selbstbewusst – und er ist nie da? Er ist misstrauisch geworden, er spürt ihr nach, dafür nimmt er sich die Zeit, die er dringend fürs Geschäft braucht. Sie wehrt sich. Sie fragt ihn, ob er eifersüchtig sei und ob er sie zum Sündenbock machen wolle. Er bekommt einen Wutanfall und schlägt zu. Er will das gar nicht, aber es bricht aus ihm heraus. Die eine denkt an ihren Vater. Sie schreit. Er will ihr den Mund stopfen. Sie flüchtet, zu ihrer Mutter. Die größere Tochter ist gerade im Kindergarten.
Am nächsten Tag ist ihr Mann verschwunden. Er hat die größere Tochter aus dem Kindergarten geholt. Auch sie ist verschwunden. Am Geschäft hängt ein Schild: Vorrübergehend geschlossen! Die eine vermutet, dass er mit dem Kind zu seinen Eltern gefahren ist, nach Algerien. Sie hofft auf eine Kurzschlusshandlung. Nichts tut sich. Das Ausländeramt nimmt den Fall auf. Dann kommt ein Brief, ohne Absender: „Das Kind gehört mir. Das Geschäft ist kaputt. Was noch von mir da ist, kannst Du behalten. Suche nicht, Du wirst uns nicht finden.“ Tatsächlich ist der Mann der einen längst zahlungsunfähig, jetzt wird es ihr klar.
Sie will ihr Kind wiederhaben. Die Behörden können ihr nicht helfen. Es gibt mit Algerien keinen Staatsvertrag für Entführungsfälle dieser Art. Die muslimische Gemeinde unterstützt sie nur halbherzig. Aber es gibt einen „Verein für vermisste Kinder.“ Er arbeitet europaweit. Die eine nimmt Verbindung auf. Immerhin muss sie nicht für die Schulden ihres Mannes aufkommen, er hatte, stolz wie er war, alles alleine unterschrieben. Tüchtig wie sie ist, arbeitet sie sich rasch in

einer amerikanischen Firma hoch und verdient gut. Mit dem Geld bezahlt sie einen Detektiv, der „Verein“ öffnet gewisse Türen. Sie weiß jetzt, wo Mann und Kind sind. Ihr wird ein Zettel zugespielt, darauf steht in Kinderschrift: „Mama komm.“ Sie hat das Kind seit 1 ½ Jahren nicht gesehen. Aber sie bekommt kein Visum.

Sie trägt keine Burka mehr. Sie geht nicht mehr zum Freitagsgebet in die Moschee. Sie betet überhaupt nicht mehr. Sie hat ein Ziel, aber hat sie einen Halt? Der „Verein“ hat für die Eltern eine Gruppe eingerichtet, in der man Leid und Hoffnung miteinander teilen kann, vor allem aber kann man mal über sich selbst nachdenken.

Die eine erzählt, wie entsetzt sie war, als ihr Mann sie so schlug wie einst ihr Vater ihre Mutter. Ihre Zuhörer vermuten, dass auch sie so sei wie einst ihre Mutter. Es fällt ihr wie Schuppen von den Augen: Ihre Mutter war immer untertänig, auch ihr gegenüber – und sie? Wäre ihr Mann irgendwas geworden ohne sie, seine rechte Hand? Und hat sie ihn dadurch so leichtsinnig gemacht? Und noch was: Wenn sie ihre Tochter wieder bei sich hat, wird sie nicht auch die in den Himmel heben? Und tut sie das nicht schon mit der kleinen Schwester, derzeit ihr ein und alles: das, was ihr geblieben ist? Die Antworten sind klar. Klar und hart. Ein Halt für sie. Sie weiß, dass es ohne das nicht geht.

Sie geht weiter zu dieser Gruppe. Sie wird ihr Kind zurückbekommen. Ihre Hartnäckigkeit wird siegen. Da sind sich alle einig. Aber sie will es nicht mehr auffressen vor Liebe. Sie hat ihm eine Antwort zugespielt: „Mama kommt.“ Da hört sie sich nach langer Zeit mal wieder beten: Lieber Gott, gib, dass mein Kind das jetzt schon spürt: Mama wird mich lieben, aber nicht anbeten!

73.) Der Langsame

Einer sieht sich als Opfer des Kapitalismus: Die Unternehmer suchen sich auf dem Arbeitsmarkt die Besten aus – wenn sie überhaupt welche suchen. Wenn die Geschäfte schlecht laufen, wird eher entlassen als eingestellt. Es gibt genug Arbeitssuchende. Die Schwachen interessieren nicht. Den Letzten beißen die Hunde. Evolution, Selektion – von Christentum, von Menschlichkeit keine Spur. So der eine.
Er bleibt erwerbslos. Er sagt von sich, er sei halt etwas langsam und brauche viel Anleitung. Aber er sei gründlich und ehrlich. Die Zeiten ändern sich. Die Wirtschaft brummt mal wieder. Die Unternehmer brauchen mal wieder Leute, Spezialisten vor allem, zuständig für Service – an Maschinen und Menschen. Der eine ist ein guter Zuhörer, ein Netter, der sich Zeit nimmt, gut zu gebrauchen für human relations. Er hat eine ehrgeizige Frau. Die leitet ihn an: „Sei doch nicht blöd, such Dir das Beste aus, jetzt bist Du am längeren Hebelarm!" Der eine kommt auf den Geschmack. Er leckt Blut. Endlich kann er's den Kapitalisten zeigen!
Er wählt eine Firma aus, die noch im Aufbau ist. Kaum ist er eingestellt, nach erfolgreicher Probezeit, als Marketingmann, streckt er seine Fühler aus: Wo verdiene ich mehr? Nach 6 Monaten ist er bei einer neuen Firma, für 20 % mehr. Dass die alte Firma Einarbeitungskosten hatte und nicht gleich wieder einen Nachfolger für ihn findet, interessiert ihn anscheinend nicht. Auch nicht, dass er hört, ohne ihn werde es hart werden für die Firma. Die Frau des einen: „ Ist nicht Dein Problem, so ist das Leben!"
Das Spiel wiederholt sich. Der eine wechselt die Chefs, er steigt auf. Er handelt „entschleunigt" und schafft Kundenzufriedenheit: wenig Stress, das tut gut! Zufällig trifft er einen früheren Kollegen aus seiner ersten Firma. Der, einer aus der Produktion, ist inzwischen erwerbslos, die Firma ist pleite gegangen: „Auch weil Du weg bist", sagt der.
Der eine ist wirklich kein „Böser". Schon früher war er ja selbstkritisch: zu langsam, braucht Anleitung – kein Kapitalisten-fresser. Ehrgeizig war und ist seine Frau, nicht er. Der Vorwurf des alten Kollegen nagt an ihm. Überhaupt fragt er sich immer häufiger, ob er jetzt nicht ebenso hartherzig ist wie die Chefs, denen früher seine Erwerbslosigkeit ebenso schnuppe war wie ihm jetzt deren Pleiten. Er schläft in der letzten Zeit schlecht. Tagsüber ist er müde. Er wirkt nicht mehr entschleunigt, sondern richtig lustlos. Er verspürt

Druck in der linken Brust. Er bekommt Angst und geht zum Arzt. Tatsächlich: Infarktgefahr! Es erfolgt sofortige Operation – zwei Stents beugen von nun an vor!
Der eine ist gewarnt. Sein Klinikarzt rät zu einer Coronarsportgruppe. Er geht hin und hört dort von einer Selbsthilfegruppe „Lebenskrisen". Auch da geht er hin und hört, wichtig sei „Bewegung überhaupt", auch die der Persönlichkeit – Entschleunigung und wenig Stress: ja, Stillstand und Infarkt: nein! Er merkt, er hat sich vieles selbst eingebrockt: seine Erwerbslosigkeit einst und sein schlechtes Gewissen jetzt, das ihn, wenn's so weitergeht, in die Erwerbslosigkeit zurückwerfen wird...
In der Gruppe lernt er Leidensgenossen kennen. Er nimmt auch seine Frau mal mit. Die erkennt, dass zu viel Ehrgeiz, nämlich der sogenannte krankhafte Ehrgeiz, und zu viel Anleitung ebenso schlecht sind wie das Gegenteil. Er und seine Frau gehen regelmäßig in die Gruppe. Er behält seine Stelle – wieder gesund und durchaus interessiert daran, dass es auch dem Chef gut geht!

74.) CFS

Eine leidet unter dem „Chronic Fatigue Syndrome". Dieses Syndrom, das sich in totaler Erschöpfung äußert, gilt noch immer als unheilbar. Ursache seien, so heißt es, bisher nicht gefunden worden. Die eine ist schon viele Jahre depressiv und „wie gelähmt". Antidepressiva, 5 psychosomatische Therapien in Fachkliniken und die Teilnahme an Depressions-Selbsthilfegruppen hatten letztlich keinen Erfolg. Sie wurde jeweils ein wenig in Schwung gebracht, aber dann erlahmte sie wieder.
Dies allerdings ist ihr schon lange klar: sie neigt zu dem, was heute Helfersyndrom genannt wird, oft ergibt sich daraus das sogenannte burnig-out-Syndrom. Nur: Sie hat es wirklich versucht, weniger für andere zu leben und zu schuften, aber es hat ihr nicht geholfen. Sie, von Beruf Sozialarbeiterin und regelmäßig Einzelkämpferin, ist auf eine Halbtagsstelle gewechselt, hat jetzt Kollegen um sich und wird außerdem Mutter. Ihr Mann, der ihr versprochen hatte, das Trinken aufzugeben, trinkt weiter. Sie trennt sich von ihm. Auch ihre 2 Kinder kann sie nach allgemeiner Meinung sehr gut „loslassen". Sie lässt sie ihre eigenen Erfahrungen machen und kümmert sich um so intensiver um ihren großen Garten. Das heißt: Wenn ihr Zustand das zulässt! Was wiederum nicht bedeutet, dass es ihr nicht auch gut geht.

Im Gegenteil: Zwischendurch wirkt sie richtig aufgedreht, es geht ihr geradezu übergut. Schon heißt es, das sei eine „bipolare Störung“. Die eine hört das nicht gerne. Himmelhoch jauchend, zu Tode betrübt – na ja, das gab's schon bei Goethe! Sie ist auch mit CFS nicht einverstanden. Sie ist überzeugt, keine Modekrankheit zu haben, und CFS steht in genau diesem Geruch.
Ihr bleiben nur ein paar Pillen, die ihre Symptome lindern. Sie will das nicht, aber was soll sie tun? Ihr fällt selbst auf, dass ihr niemand mehr einen Rat geben kann. Sie macht das Meiste richtig, bei ihren Anfällen von Übermut erholt sie sich ein wenig – allerdings rächen die sich, denn die Ernüchterung folgt auf dem Fuß.
Noch mal: Was tun? Wenn nicht die Kinder wären, sie hätte schon Schluss gemacht. Sie träumt von Milan Kunderas „unerträglicher Leichtigkeit des Daseins“ Diese Unerträglichkeit hätte sie gerne...
Eine Menge Leute wissen von ihr. Sie bestätigen ihr, dass für CFS keine Forschungsgelder zur Verfügung stehen, die Krankheit sei zu selten. An den Entfernungen zwischen den Kranken scheitert auch bisher die Gründung von Selbsthilfegruppen.
Dass die Fachleute mit ihrem Latein zu Ende sind, ist noch das Geringste. Viele wollen mit der einen nichts mehr zu tun haben. Die fühlen sich ohnmächtig, das tut weh, lieber schaut man weg. Am Ende, wenn aller Zuspruch nichts genutzt hat, packt so manchen die Wut, die ohnmächtige Wut – nein, man darf gar nicht daran denken...
Einige aber lässt´s nicht los. Die eine tut ihnen einfach unendlich leid: Es <u>muss</u> doch einen Weg geben! <u>Gerade</u> hier! Noch denken sie´s, aber wie lange noch?
Jemand von denen schleppt die eine mit in eine Selbsthilfegruppe, in die sie selber geht. Sie heißt „Lebenskrisen“. Da heißt es, der Krankheitsgewinn sei am allergrößten, wenn der allerletzte Strick gerissen sei: der der Solidarität der Menschen guten Willens. Ein Widerspruch? Die eine kommt selbst darauf: Ein Widerspruch, ja und noch mal ja! Das ist nicht logisch, es ist psycho-logisch. Es ist paradox und eben deshalb wahr. Die alten Hasen in der Gruppe sagen: „Der letzte Strick sind die, die glauben, dieser Strick sei gerissen – <u>wir</u> denken´s nicht mehr, und am Ende glaubt´s keiner mehr.“ Jemand sagt: „Ich lebe, weil ich tot war – allein, wirklich allein. Ich hatte nur noch den Strick zum Aufhängen, das hätte meinen Tod amtlich gemacht.“ Die eine fragt: „Bist Du auferstanden?“ Ihr Gegenüber ganz leise: „ Ja, aber das war Gott...“
Die eine geht weiter zu dieser Gruppe. Sie hat den Boden erreicht, jetzt erst. Sie kapituliert. Der Neuanfang ist möglich. Gott ist da.

75.) Neue alte Zeiten

Einem geht es schon immer zu gut. Schon als Kind bekommt er nicht, was er braucht, sondern, was er will. Z.B. eine Playstation statt die Aufforderung, sein Zimmer aufzuräumen. Er geht in die Lehre, als Mechaniker, und sein Lehrherr, Freund seines Vaters, holt ihn morgens mit dem Auto ab. Nach einem gerade noch so eben geschafften Lehrabschluss hat er trotzdem die Wahl zwischen mehreren Arbeitsstellen und zwar nicht unbedingt als Mechaniker, sondern in einem Job, der besser bezahlt wird. So einen Job bekommt er, aufgrund einer Beziehung des Vaters. Bei Streitigkeiten sitzt er am längeren Hebelarm. Er braucht nur zu drohen, er werde zur Konkurrenz wechseln, und schon werden ihm z.B. Rauchpausen zugebilligt. Allgemein gilt er als trübe Tasse, aber der Arbeitsmarkt braucht jede Hand.
Die Zeiten ändern sich. Im Betrieb ist jetzt generelles Rauchverbot. Es gibt Stechuhren. Es werden Leistungsbewertungen durchgeführt. Es werden Leute entlassen, die trüben Tassen kommen als Erste dran, die Personalkosten sind zu hoch, die Aufträge sind zurückgegangen. Der eine muss gehen. Er fühlt sich gemobbt. Tatsächlich aber ist er froh. Lust zum Arbeiten hat er schon lange nicht mehr. Eigentlich hatte er sie noch nie. Sein Arbeitslosengeld ist so schlecht nicht. Dann und wann hilft er mal irgendwo aus. Im übrigen kann er sich auf seine Eltern verlassen. Die lassen ihn nicht hängen. Wenn jemand ihren Sohn einen Faulenzer nennt, werden sie fuchsteufelswild. Die Unternehmer, so sagen sie, werden immer reicher, auf Kosten der kleinen Leute, die auf der Straße stehen. Der eine geht noch weiter: Nicht nur rausgeworfen werde man, außerdem sei die noch vorhandene Arbeit meist umweltschädlich und schaffe einen Stress, der krank mache.
Er tritt einer Erwerbsloseninitiative bei, die den Schweinestaat auffordert, menschenwürdige Arbeit für alle zu schaffen – heute habe die keiner! Auch behauptet der eine jetzt, immer schon am Hungertuch zu nagen. Schon als Kind sei er nur geliebt worden, wenn er sein Zimmer aufgeräumt habe, aber nie um seiner selbst willen. Am Arbeitsplatz habe er nie Luft schöpfen können. Selbst die kleinsten Pausen seien ihm untersagt worden.
Die Zeiten ändern sich erneut. Es gibt wieder mehr Arbeit. Teilweise werden Arbeitnehmer schon wieder knapp. Besonders Fachkräfte

werden gesucht, aber keineswegs nur. Dem einen, Bezieher von Hartz IV, wird von der Behörde eine ganze Reihe von Stellen angeboten. Einige davon müssten ihn interessieren. z.B. sucht ein Hersteller von Solarzellen gelernte Mechaniker. Er hat aber keine Lust. Er bewirbt sich gar nicht erst. Die Behörde kürzt sein Arbeitslosengeld II um 1/3. Er erscheint zwar jetzt bei einem – ebenfalls ökologisch korrekten – Hersteller von Windrädern, jedoch mit Fahne und schwerer Zunge. Der Behörde erzählt er, er sei zuweilen depressiv verstimmt und stehe in ärztlicher Behandlung, er nehme Antidepressiva. Er legt ein entsprechendes Attest vor. Die Behörde verlangt von ihm, sich beim Vertrauensarzt vorzustellen. Er geht nicht hin: seine Mutter sei krank, und er müsse sie pflegen. Die Mutter hatte gerade erst bei der Behörde vorgesprochen: Ihr Sohn sei ja so verzweifelt, er sei halt ein bisschen antriebsarm, das habe er von seinem Vater... Die Mutter ist mit Sicherheit nicht pflegebedürftig. Die Behörde stellt das fest und kürzt das Arbeitslosengeld II des einen um ein weiteres Drittel.
Die Freundin des einen trennt sich von ihm. Sie nennt ihn „ein Muttersöhnchen, das den A... nicht hochkriegt". Sogar die Erwerbsloseninitiative, die er bei einer Demo im Stich lässt, nennt ihn „einen Drückeberger, wie er im Buch steht". Im übrigen halten ihn einige Leute inzwischen für einen Alkoholiker, wobei die Antidepressiva die Alkoholwirkung verstärken.
Seine Lage ist aussichtslos – wenn er so weitermacht. Ein alter Schulfreund, der nach Jahren des Suffs trocken geworden ist, nimmt ihn mal mit zu einer Selbsthilfegruppe, die sich ironisch „Schöne Aussichten" nennt. Die alten Hasen in der Gruppe äußern sich, nachdem sie dem einen zugehört haben, wie folgt: Seine Geschichten von schwerer Kindheit, Mobbing und Schweinestaat könne er sich sparen – selbst wenn er recht habe: er könne das sowieso nicht oder nicht mehr ändern, ändern könne er sich nur selbst, und zwar ab sofort! Sie selbst seien, in aller Bescheidenheit, der Beweis!
Er behauptet das Gegenteil: Vom Vater habe er schlechte Anlagen geerbt! Man widerspricht ihm: Er hat so gute Anlagen, dass er sich bisher ohne große Anstrengung immer gut durchlaviert hat – und jetzt hat er Glück, seine wichtigsten Ausreden sind weggebrochen, es gibt wieder Arbeit für ihn, gute Arbeit, und niemand lässt ihn verhungern, wenn er sich endlich selbst in den A... tritt. Der eine hat Ähnliches schon oft gehört, z.B. von seiner früheren Freundin. Darüber hinaus sitzen in der Gruppe Leute, die ihre Lektion gelernt haben – offenbar!

Das merkt er. Er gibt es noch nicht zu. Aber er geht weiter in die Gruppe. Seine Aussichten bessern sich.
Kurz danach wird ihm der Führerschein entzogen, er ist betrunken Auto gefahren. Das langt. Er wird trocken. Das ist der Anfang. In der Gruppe heult er: Ja, er sei ein Muttersöhnchen... so gehe es nicht weiter. Seine Aussichten bessern sich weiter.

76.) Sterben, um den Tod zu vermeiden

Die eine ist trocken. Jetzt hat sie Asthma und schwere Panikanfälle, bei denen sie glaubt, ersticken zu müssen. Dagegen nimmt sie Cortison. Dessen Nebenwirkungen seien, sagt sie, „Schmerzen überall" und „ein inneres Zittern", das sie bald nicht mehr ertragen könne.
Wie weggeblasen aber sei jede Not, wenn sie wirkliche und ungeteilte Liebe spüre, z.B. als Echo auf ihre eigene wirkliche und ungeteilte Hilfsbereitschaft – nur könne sie immer öfter nicht, wie sie wolle. Denn wo sei schon diese Liebe, die sie natürlich nicht verdiene, aber doch so dringend brauche – ja, wo sei sie, wo? Diese Worte der einen münden in einen Tränenstrom.
Sie ist 58, weißhaarig, ausgemergelt, und ihre Worte sind mehr Wortfetzen, sie stammelt mehr, als sie spricht. Ihr Mann verdient gut, sie hat einen Hund und eine hübsche Wohnung, sie fährt einen Mittelklassewagen. Sie kennt alle in Frage kommenden Selbsthilfegruppen der Umgebung und hat schon diverse psychosomatische Kuren und ambulante Therapien hinter sich. Ihr Terminkalender ist voll. Duzende von Leuten wollen ihr helfen.
Einige davon sind ungeduldig geworden: Eigentlich wolle sie ja nur bemitleidet werden! Die meisten finden gerade diese Art von Reaktion grundfalsch. Dadurch werde die eine nur noch kränker. Zwei Frauen putzen bei ihr. Andere kaufen für sie ein. Der Hund wird von Bekannten ausgeführt. Man tröstet sie, man lädt sie ein, man will sie ablenken, geht mit ihr zum Volksmusikabend und ins Kino. Da geht's ihr jeweils besser. Aber nur kurzfristig, hinterher geht das Elend weiter.
Sie deutet an, dass sie mehrfach kurz vor dem Rückfall stand. Oft denke sie an den Tod. Dabei wolle sie doch eigentlich nur eins: leben!
Die eine trifft in einer Selbsthilfegruppe jemanden, den sie schon lange kennt und umgekehrt. Sie haben sich lange nicht gesehen. Der andere, ebenfalls seit Jahren trocken, sagt ihr „ganz trocken": Du bist die Kaputte, um die sich alles dreht, davon lebst Du, aber daran wirst

Du auch sterben, nur: Das hältst Du nicht für möglich! Sie gibt sich empört: Und ob ich das für möglich halte, deshalb habe ich ja diese Angst! Sie heult vor Zorn. Der andere ist unbeeindruckt: Ich sehe mich in Dir wieder, Du willst die Leute erpressen nach dem Motto: Wenn ich kaputtgehe, seit Ihr schuld, also seid nett zu mir! Die eine ist plötzlich kein Häufchen Elend mehr. Sie stammelt auch nicht mehr. Offenbar leidet sie momentan weder unter Atemnot noch unter Schmerzen und Panik. Sie wirkt sehr lebendig. Sie schreit: „Ich kämpfe darum, als Schwerkranke anerkannt zu werden, verstehst Du das?"

Ihr Mann erscheint. Er will seine Frau von der Selbsthilfegruppe abholen. Wenn`s ihr ganz besonders schlecht geht, lässt sie ihn ihr Auto fahren. Den letzten Satz seiner Frau hat er beim Reinkommen noch gehört. Offenbar kennt er ihn, als Vorwurf an sich selbst. Er ruft: „Warum komme ich wohl gerade eben? Warum wirst Du von Hinz und Kunz bedient, von morgens bis abends, und nachts geht's oft weiter? Aber besser wird's nie!" Er ist jetzt wütend. Der andere aus der Gruppe bestätigt, indem der die eine an den Schultern packt: „Du stirbst, um den Tod zu vermeiden!" Sie heulend: „Aber ich bin doch nicht blöd!" „Nein", antwortet der andere, „aber hochmütig: Du säufst die Liebe Deines Mannes und vieler anderer, da ist Dir jedes Mittel recht, aber Deine Helfer werden sich das auf Dauer nicht gefallen lassen – und dann?"

Da erzählt ein Dritter aus der Gruppe, der bisher geschwiegen hatte, folgende Geschichte: Jemand springt vom 10. Stock eines Hochhauses in die Tiefe. Unten steht die Feuerwehr mit einem Sprungtuch. Sie fängt ihn auf. So geht das 100 mal. Der Jemand schaut gar nicht mehr runter, ob die Feuerwehr da ist. Sie ist immer da. Aber beim 101. Mal ist sie nicht da, vielleicht hat sie keine Lust mehr. Er ist tot.

Die Gruppe ist sich einig: Die Ansicht, eigentlich könne einem nichts passieren, bildet sich allmählich: Je mehr Schutzengel, desto geringer die Vorsicht und desto größer die Lebensgefahr! Das Gruppentreffen dauert diesmal noch lange. Der Mann der einen entscheidet sich. Er will kein Schutzengel mehr sein. Er will sich nicht mehr damit erpressen lassen, er sei der, der seine Frau erst richtig kaputt mache.

Ähnliches spielt sich immer häufiger auch in den Selbsthilfegruppen ab, in die die eine geht, dann aber auch in ihrem sonstigen Umfeld. So bekommt sie immer mehr „Hilfe durch Nichthilfe". Sie bleibt trocken und wieder richtig lebendig, so wie in der Gruppensitzung mit den anderen. Aber diesmal aus Zorn über sich selbst und diesmal auf Dauer.

77.) Journalist

Einer ist Journalist. Er beobachtet gern, er recherchiert, er berichtet. Er fragt, antworten sollen die anderen. Natürlich weiß er, was Presse braucht: Aktualität und stories. Die Nachricht von gestern ist heute nichts mehr wert, sex and crime gehen am besten. Allerdings will er denn doch seriös sein und wie ein Scheinwerfer, der Licht in so manches Dunkel bringt, wertfrei, kommentarlos.
Jemand nennt ihn mal „eine Art Voyeur“: eine der Unterhaltung dienende menschliche Überwachungskamera. Das ärgert den einen. Zum ersten Mal schreibt er einen Kommentar. Da behauptet er, nicht nur Manager ließen sich überbezahlen, auch kleine Leute seien Absahner und Abzocker. Der eine hat sich mal getraut. Er hat Flagge gezeigt. Die Reaktion ist bitter für ihn: keine Ahnung habe er, oder er stehe im Sold derer, die in unserer Gesellschaft das große Rad drehen, auf Kosten der kleinen Leute. Das schreibt die gesamte Konkurrenz des Blattes, für das er schreibt.
Der eine schreibt wieder einen Kommentar: Zivilcourage räche sich in dieser Gesellschaft. Wer die kleinen Leute kritisiere, werde, wenn er Politiker sei, nicht wiedergewählt, und wenn er Unternehmer sei, würden seine Produkte boykottiert, außerdem verstoße er angeblich gegen die soziale Gerechtigkeit. Seine Kritiker unterstellen ihm daraufhin eine Verschwörungstheorie. Offenbar brauche er für seine Hetzartikel das Feindbild des Populismus und sitze selber auf dem hohen Ross des unschuldigen Opfers – er, der Verräter am kleinen Mann! Der eine dreht daraufhin den Spieß um: Wenn hier einer hetze, dann die „Volksfront“ seiner Kritiker!
Der eine, den man auch mal „Mann ohne Eigenschaften“ nannte, hat jetzt ein Profil. Früher war er nur neugierig und wollte den Leuten gefallen. Jetzt fühle er sich immer mehr als eine Art Don Quichote: einen, der vielleicht gar nicht bösartig ist, sondern, viel schlimmer, ein Narr!
Der eine gibt auf. Unter einem Pseudonym arbeitet er wieder als reiner Reporter. Zur Sicherheit berichtet er, der sowieso die Natur liebt, jetzt vorwiegend über Pflanzen und Tiere, sachlich und ohne ökologische Untertöne. Auch Kinder kommen bei ihm vor, aber nicht unter Gesichtspunkten wie Armut oder Ungeliebtheit. Seine Kollegen sagen: Der hat sich die Finger verbrannt, jetzt scheut er das Feuer! Er ärgert sich schon wieder. Aber er merkt, dass er jetzt wieder das Kind

ist, das er damals noch war, als er beschloss, eine Meinung zu haben. Er will aber endlich erwachsen sein. Er fragt sich, ob er sich unbewusst selbst – als Reiter des Don-Quichote-Rosses Rosinante – in ein Unglück hineingeritten hat, dass er als „Grund“ braucht für seine Rückkehr in die kindliche Unbeschwertheit.
Ihm fällt ein Flyer in die Hände, da stellt sich eine Selbsthilfegruppe unter dem Namen „Wege ins Unglück“ vor. Er kennt den Bestseller „Anleitung zum Unglücklichsein“ von Paul Watzlawik. Den fand er schon immer witzig, auch ohne Aktualität und sex and crime – als Seelenreportage, gewissermaßen. Er hatte darüber mal geschrieben. Er geht in diese Selbsthilfegruppe. Und er geht immer wieder hin.
Da sitzen die selbstgemachten Unglücksraben, einige davon „im Ruhestand“, dafür aber „gut im Wind“. Der eine weiß jetzt: Der Orkan, vor dem er geflohen ist, war sein Orkan. Er hatte seinen Kritikern den Gefallen getan, genau das Feindbild zu entwickeln, das sie ihm unterstellt hatten, um von ihrem eigenen abzulenken. Er hätte den Spieß nicht rumdrehen dürfen. Er ist seinen Kritikern ins Messer gelaufen. Sie haben Streit gesucht, und er hat sie bedient. Der Klügere gibt nach, heißt es – er war nicht klug, das weiß er jetzt. Aber das lässt sich ja ändern. Die guten Beispiele sitzen in der Gruppe neben ihm.
Nach einiger Zeit gelingt es ihm, Chefredakteur einer Wochenzeitung zu werden, die für ihre Zivilcourage und ihre Profiliertheit bekannt ist.

79.) Suizid des Vaters

Einer ist ein böser Bub. Seine Mutter ist im Kindbett gestorben. Er tut nicht, was er soll. Er hat Talente, aber er ist faul. Er ist ein Zappelphilipp. Schon als 11-Jähriger macht er mit Vaters Auto eine Spritztour. Er kifft und schmeißt mit 16 die Schule. Auch seine Lehre bricht er ab.
Mit 18 gründet er eine eigene Firma. Er will Computer verkaufen: billig, weil in China hergestellt. Er macht pleite. Er versucht´s noch mal mit Handys. Auch das geht schief. Schon jetzt hat er einen Riesenberg Schulden. Er muss wieder zu seinen Eltern ziehen. Die Mädchen meiden ihn, den Loser.
Immerhin stößt er sich die Hörner ab. Er lernt seine Lektion. Er macht doch noch eine Lehre, zum Einzelhandelskaufmann. Die Lehrfirma behält ihn. Er arbeitet sich hoch. Er heiratet und wird Vater. Sein

Vater, der immer nur eins gewollt hat, nämlich dem Bub die Mutter ersetzen, kann endlich stolz sein auf ihn.
Doch da hat sich etwas verändert. Nicht mehr er ist das Sorgenkind, sondern sein Vater. Der wird von Depressionen heimgesucht, immer häufiger. Er trinkt auch zu viel. Der eine weiß, dass sein Vater sehr unter seinem, des Sohnes, jahrelangem Versagen gelitten hat. Noch jetzt glaubt der Vater nicht so recht, dass es der eine wirklich geschafft hat. Dieser denkt manchmal: Will er das nicht glauben? Braucht er ein schwarzes Schaf in der Familie? Oder fehlt ihm jetzt die Herausforderung, die ich für ihn war?
Mit dem Vater geht es abwärts. Er hat meist keinen Antrieb mehr, doch, unter Alkohol, wird er schnell laut. Der eine fühlt sich an sich selbst erinnert, nur dass er kiffte und nicht trank. Bisher hatte der eine gerne von seinem „Jugendstreichen" erzählt, im Grunde weinte er seinen wilden Jahren noch immer nach. Seine Frau sagte dann: Alles hat seine Zeit! Dann nickte er brav.
Er ist wirklich jetzt brav. Er steht seinem Vater bei. Er versucht, ihn zu entlasten, so dass er wieder Mut fasst und den Alkohol stehen lässt. Also braucht der Vater sich nicht zu ändern. Er, der sich früher für den Sohn aufgerieben hat, hat jetzt den Spieß rumgedreht: der Sohn reibt sich für ihn auf. Der eine aber erlebt seine einstigen „Heldentaten" noch mal: am eigenen Vater. Ohne es zu merken, festigt er den Tiefstand des Vaters und vermeidet dadurch den eigenen Rückfall, der den Vater allerdings, vielleicht, wieder gesund machen würde. Doch das will er auf keinen Fall: das, was seine Zeit hatte, wieder heraufbeschwören!
Der Vater ist sich seines Sohnes sicher: Der wird mich nicht im Stich lassen, nie! Betrunken setzt er sich auf die Schienen einer Bahnstrecke. Er ruft die Handy-Nummer des einen an. Er teilt mit, wo er ist. Er glaubt fest daran: Der Sohn wird sein Handy abhören und rechtzeitig kommen. Der Sohn nimmt beruflich an einer Besprechung teil. Sein Handy hat er ausgeschaltet. Ein Zug kommt und erfasst den Vater. Er ist tot. Im gleichen Augenblick erleidet der eine eine Kreislaufschwäche: er wird bei der Besprechung ohnmächtig.
Der eine traut sich 2 Jahre lang nicht an die Stelle des Selbstmordes. Er hat Angst vor sich selbst. Schon viele Male hat er geträumt, dass auch er sich vor den Zug wirft. Er leidet jetzt häufig unter Atemnot. Es würgt ihn. Er merkt, es ist sein schlechtes Gewissen: Er hat, einst, den gesunden Vater gequält. Er hat, dann, den kranken Vater gebraucht. Er hat sich, darüber hinaus, vom kranken Vater derart erpressen lassen, dass der alle Angst vor der Gefahr verlor. Der eine

weiß: Wenn er all das abbüßt, ist er ebenfalls tot. Dann ist er sein Vater.
In einer Selbsthilfegruppe „Lebenskrisen“ schreit er: „Aber ich bin doch nicht mein Vater! Bin ich denn wahnsinnig?“ Ein alter Hase aus der Gruppe antwortet: „Manchmal kann man erst leben, wenn das Alte stirbt.“ „Der Alte“, sagt der eine. Er schafft es, neben dem Ort des Selbstmords, am Bahndamm, ein kleines Kreuz aufzustellen und sich vom Vater zu verabschieden. Er meint, ihm bricht das Herz. Aber es bricht nicht. Der eine weint seiner Vergangenheit nicht mehr nach, und er verhilft niemanden mehr zum Tode. Endlich lebt er richtig.

79.) Buddha

Eine sieht nicht ein, dass sie Leidensdruck braucht – in ihrem Fall dafür, sich nicht immer für andere aufzuopfern. Zwar könne man den Pelz nicht waschen, ohne dass er nass wird, richtig! Aber sie sei ja nicht blöd, und Selbsterkenntnis sei bekanntlich der erste Schritt zur Besserung. Sie leidet trotzdem, vor allem an der Erfahrung, dass zwischen dem ersten Schritt und der tatsächlichen Besserung noch ein oft langer und schwieriger Weg liegt. Aber auch diese Erkenntnis bleibt nur der „erste Schritt“. Was tun? Manche Leute schaffen es doch. Sie wachsen. Haben die bessere Gene? Oder mehr Glück?
Was der einen immer wieder auffällt, ist, dass das Ergebnis der Besserung oft diesen Namen nicht verdient, manchmal ist es sogar das, was man Verschlimmbesserung nennt. Sie selbst wollte z.B. mit dem Rauchen aufhören. Das gelang ihr. Aber dann nahm sie erst zu, und, vor allem, ertappte sie sich selber bei überzogenen und deshalb peinlichen Attacken auf Bekannte, die, wie sie noch vor kurzem, einfach weitergeraucht hatten. Oder sie stellte fest, dass ein Bekannter sich endlich mal für Politik interessierte, dann aber gleich so extrem, dass er Tag und Nacht für eine Partei Wahlkampf machte und im übrigen für niemanden mehr zu sprechen war. Oder: Ein Dritter hatte sich, nach langen Jahren ohne Schwung und Ehrgeiz, selbständig gemacht und plötzlich Allüren einer „Heuschrecke“ entwickelt, er war zum Anlagebetrüger geworden. Oder: Wird nicht vielleicht sogar sie selbst, die eine, die sich sowieso immer ausgebeutet fühlt, in Zukunft zur Furie werden, aus Wut über die Ausbeuter?
Die eine findet, dass Wachstum gesund sein muss. Aber gibt es das überhaupt? Führt nicht jede Entwicklung rasch zu eine Hybris, die

höchstens den Namen „Scheinblüte“ verdient? Hat nicht schon Wilhelm Busch gedichtet: „Und jeder Wunsch, wenn er erfüllt, kriegt augenblicklich Junge?“ Wird nicht „Weltverbesserung“ allgemein belächelt? Ist nicht „wirtschaftliches Wachstum“ für viele kein Ziel mehr? Ist nicht „Entschleunigung“ das Wort der Stunde?
Sie nähert sich der Überzeugung, dass der lange und schwierige Weg vom ersten Schritt zum Ziel genau jenen „Lebenskampf“ spiegelt, der eigentlich ein „Lebenskrampf“ sei. Wozu also noch schmerzliche Selbsterkenntnisse umsetzen? Erst mal die tägliche Hetze abbauen! Nicht mehr im Hamsterrad laufen! Endlich mal genießen! Loslassen! Gelassen werden! War das nicht übrigens die Lehre Buddhas: bedürfnislos werden und damit glücklich?
Die eine, die ja nicht blöd ist, überlegt: Wenn ich auf dem Wege zur Besserung glücklich werde, brauche ich das Ziel eigentlich nicht mehr. Denn das Ziel zu erreichen, hatte ja eigentlich immer den Sinn, glücklich zu werden. Sie könnte also die bleiben, die sich für andere erschöpft und ohne Erfolg selbstkritisch ist, und sich trotzdem gut fühlen!
Sie hat einen Partner, der es satt hat, dass sie sich ständig um ihn kümmert. Sie verfolgt ihn z.B. auf seinen Dienstreisen mit Anrufen und SMS. Er findet ihre Fürsorge nicht mehr rührend, sondern lästig. Er empfindet sie als misstrauisch und nur dann zufrieden, wenn er Probleme hat.
Sie hatte das gemerkt und war nachdenklich geworden. Jetzt aber ist sie wieder obenauf, aber in einer ganz neuen Weise. Der Partner findet sie plötzlich irgendwie tot: gefühllos, um nicht leiden zu müssen...
Erst denkt er an Medikamente, die solch eine Wirkung haben. Aber er glaubt ihr, dass sie so was nicht nötig hat – oder Alkohol oder sonstige „Betäubungen“ wie Musik oder Computerspiele. Klar ist, dass die Aufopferung als Betäubungsmittel gegen die Folgen der Aufopferung nicht mehr richtig wirkt. Was wirkt, ist die Süße des Nichts, buddhistisch: Nirwana.
Die eine bekommt aber trotzdem mit, dass sich ihr Partner und viele ihrer Bekannten gerade über ihre Unlebendigkeit oder ihre Untotheit, die aber kein Leben mehr ist, den Kopf zerbrechen. Sie genießt das, um dann aber gleich wieder in den Scheintod zurückzufallen. Der Partner merkt das.
Er verlässt sie. Auch viele Bekannte springen ab. Man sagt ihr: „Du versetzt uns in Angst um Dich, und Du guckst, ob´s wirkt, Unangenehmes blendest Du aus, Hauptsache: Dir geht’s gut, jetzt dürfen <u>wir</u> uns für <u>Dich</u> aufopfern...“

Ihr schwimmen die Felle weg. Sie merkt das, trotz allem. Sie spricht von Trauer, die sie empfindet, trotz allem. Man gesteht ihr Selbstmitleid zu, mehr aber nicht.
Sie hat selber das Gefühl, dass sie sich um ihr Leben bringt, um nicht sterben zu müssen – nämlich an ihrer Selbstaufopferung. Die findet sie selbst eigentlich und im Grunde „unfasslich blöd“. Das sagt sie in einer Selbsthilfegruppe „Lebenskrisen“. In der Gruppe kommt sie weiter. Sie sagt jetzt: „Ich bin nicht unfasslich blöd, sondern unfasslich hochmütig – der Pelz wird beim Waschen nass, so ist das eben!“ In der Selbsthilfegruppe blüht sie wieder auf. Etwas anderes aber verblüht, Schritt für Schritt: ihr Hochmut.

80.) Ablenker

Einer lenkt gerne ab. Er spricht dann von jenen tragischen Situationen im Leben, in denen man´s nur falsch machen kann. Er zitiert hier Goethe mit seinem Vorwurf an die Götter: „Ihr lasst den Armen schuldig werden, doch alle Schuld rächt sich auf Erden, dann überlasst Ihr ihn der Pein...“ Befragt, was er denn damit konkret meine, erzählt er die Geschichte von der jungen Frau in Afrika, die mit ihrer Familie verhungern würde, wenn sie nicht künstlich befruchtete Embryos „produzieren“ würde, die global als Kaufobjekte an den Mann oder die Frau gebracht werden. Er fragt seine Zuhörer: Was soll die Afrikanerin tun?
Ein Zuhörer stellt fest, dies sei die alte Frage nach „Pest oder Cholera.“ Dabei kenne die Wirklichkeit meist noch einen 3. Weg: die Ausweglosigkeit sei nicht selten eingebildet – da bemitleide sich jemand, z.B. ein Wähler, der alle Parteien schlimm finde. Dabei brauche der doch nicht zu wählen zwischen „wählen“ und „gar nichts tun“, sondern er könne versuchen, eine neue Partei zu gründen, mit anderen zusammen, die genauso denken.
Der eine reagiert wie der getroffener Hund, er „bellt“: Wieso er sich selbst bemitleide? Das sei eine Unterstellung! Wer z.B. seine Ex kenne, wisse, dass der nichts recht war, er konnte sich drehen und wenden, wie er wollte, er war der Depp! Der Zufall will es: die Ex ist in der Nähe.
Sie lacht: „Der Gute behauptet, ich hätte verlangt, dass er mehr Zeit für mich hat, dann hätte ich ihn aber langweilig gefunden – der 3. Weg wäre gewesen, dass er für mich Zeit hat und mir solche Geschichten erzählt wie die von der Afrikanerin, diese Frau hätte ich

jedenfalls unterstützt, sie kann zu ihrer Schuld nichts, doch wenn es ihr trotzdem das Herz zerreißt, will sie das Unmögliche möglich machen, dann will sie Gott sein, und das ist Hochmut, und dazu kann sie was."

Der eine reagiert erneut empfindlich: Wenn sie, die Ex, damit ihn, den einen, meine, irre sie ganz gewaltig: Die Afrikanerin sei einfach nur verzweifelt, das rühre ihn an – wie gut, dass es ihn nicht betreffe! Der Zuhörer, der von Selbstmitleid gesprochen hatte, greift die erneute Pikiertheit des einen auf: Offenbar fordert er für den angeblichen Sonderfall „Afrikanerin" Mitleid ein – sieht er sich da wieder? Hat er also auch hier Mitleid mit sich selbst?

Der eine ist jetzt endgültig in Rage. Er hält dem Zuhörer seine „Feld-, Wald- und Wiesen- Psychologie" vor, auf gut Deutsch: Er habe keine Ahnung! Und was seine Ex angehe, so wolle er einfach keine schmutzige Wäsche waschen, ein anderer Mann sei ja dann wohl auch kurzweiliger gewesen als er ... Die Ex darauf: „Du armes Schwein, was kannst Du zu Dir, nicht wahr?" „Was machst Du überhaupt hier?" schreit der eine. Die Ex ruhig: „Ein Zufall – das sollte wohl so sein..." Jemand, der bisher noch kein Wort gesagt hatte, spricht den bewussten Zuhörer an: „Und es sollte wohl auch sein, dass Sie mit Ihrem Mut zur Einmischung hier dabei waren, Sie haben auch für mich gesprochen." Alle anderen nicken.

Der eine geht schon lange in eine Selbsthilfegruppe „Lebenskrisen" und zwar seit der Trennung von seiner Frau. Von Selbstmitleid und Hochmut ist da oft die Rede, zuletzt gerade ihn betreffend. Das tut weh, und deshalb wollte er mal, außerhalb der Gruppe, über „ganz was anderes" reden. Aber ohne es zu merken, kam er wieder bei sich selbst an. Seine beleidigten Reaktionen machten dem bewussten Zuhörer und seine Ex zu Helfern bei dieser Rückkehr.

Er geht wieder in seine Gruppe, 2 Tage darauf. Er spricht sehr leise: Man habe ihn vorgestern regelrecht zusammengefaltet, aber ihm sei Recht geschehen, und er habe sogar noch Glück gehabt, der Zufall habe geholfen. Zwischenruf: Zufall? Der eine: „Nein, es sollte so sein, dafür bin ich dankbar."

Für ihn ist dieses Gruppentreffen der Wendepunkt.

81.) Abstürzer

Einer lacht über Wilhelm Buschs Gedicht: „Wenn einer, der mit Mühe kaum gekrochen ist auf einen Baum, schon meint, dass er ein Vogel

wär, so irrt sich der.“ Dem einen geht’s gut, aber als Vogel fühlt er sich noch lange nicht. Andererseits: Warum soll er nicht sein Leben genießen? Jetzt und hier lebe er, sagt er immer. Natürlich sei das richtig: Spare in der Zeit, so hast Du in der Not! – ein alter Ratschlag, den er ja auch beherzige, aber Gespartes verliere rasch seinen Wert, und Aktienkurse könnten über Nacht fallen, und vor allem: Wer nur noch spare, versäume das Leben, am besten sei´s, die Dinge auf sich zukommen zu lassen: Schaun mer´ mal!
Dass ein Unternehmer, der schwarze Zahlen schreibt, Leute entlässt, ärgert den einen. Ihm leuchtet nicht ein, dass ein Unternehmer jetzt, wo er Geld hat, „vorbeugend“ Personalkosten senkt, mit dem Argument, jetzt könne er denen, von denen er sich trennen muss, gute Abfindungen zahlen und vielleicht sogar eine Auffanggesellschaft gründen – später, wenn die hohen Personalkosten zu drücken beginnen, ist das, sagt er, schwerer, außerdem komme er dann in Zeitnot. Der eine will sich die gute Laune nicht vermiesen lassen, die Unternehmer sollten das auch nicht – wieso immer gleich schwarz sehen? „The German angst“, das sei typisch für uns, Depression sei <u>die</u> Krankheit der Gegenwart.
Der eine hat von seinen Eltern gehört, dass sie in den ersten Jahren nach Hitlers Machtergreifung 1933 genauso gedacht hätten: Wer an den Sieg glaubt, wird siegen! Auch die Kirche sage das ja: Glaube versetzt Berge! Und: Gott ernährt auch die Vögel unter dem Himmel, er wird auch Dich nicht im Stich lassen! Kindisch? Ja, hat´s denn etwa kein Wirtschaftswunder gegeben nach dem Krieg und kein „Fußballwunder von Bern“ 1954 und kein Wunder der Wiedervereinigung 1990 und keinen „kleinen, aber wundervollen deutschen Aufschwung 2007-2008“? Der Mensch denkt, und Gott lenkt, oder?
Dem einen ist natürlich klar, dass man die Augen nicht vor Wahrheiten verschließen sollte, nur weil sie bitter sind. Aber was ist schon bitter? Vielleicht geht´s uns ja gegenwärtig zuweilen sogar <u>zu</u> gut, und wenn´s dem Esel zu wohl wird, geht er aufs Eis, ein wenig „Abkühlung“ kann da sicher nicht schaden. „Es ist noch immer gut gegangen“ – sagen die Kölner. Na also! Übrigens: Hat er nicht gerade gelesen, dass Leute, die zu allen medizinischen Vorsorgeuntersuchungen rennen, erst richtig krank werden: aus Angst vor der Krankheit? Sagt man nicht: Was ich nicht weiß, macht mich nicht heiß?
Der eine denkt nicht daran, Winterreifen aufzuziehen, obwohl´s jetzt sogar Pflicht ist. Ihm ist noch nie was passiert. Jetzt passiert ihm was. Er rutscht mit dem Auto in eine Gruppe von Kindern. Zwei davon

werden schwer verletzt, das eine wird möglicherweise gelähmt bleiben. Der eine fällt vom einen ins andere Extrem. Beinahe hätte er sich etwas angetan. Eine tiefe Depression überfällt ihn, es ist die alte, die er mit seinem Optimismus immer überspielt hat. Er weiß das ja, aber er wollte es nie wahrhaben. Als er über Wilhelm Buschs Gedicht lachte, hätte er auch heulen können, er ahnte, dass er irgendwann mal „bestürzt“ abstürzen würde.
Der eine, in seiner Not, ruft die Telefonseelsorge an. Die verweist auf eine Selbsthilfegruppe mit dem Namen „Himmelhochjauchzend, zu Tode betrübt.“ Er geht hin. Er will nicht sterben. Er will seinen beiden Opfern beistehen, so weit das geht. Das erscheint ihm notwendig: geeignet, die Not zu wenden, wenigstens ein wenig, die Not der Opfer und die eigene. Er trifft in der Gruppe Leidensgenossen, Abgestürzte, die aber wieder aufgestanden sind oder, wie er, wieder aufstehen wollen. Gemeinsam geht das besser. Der eine schafft es, Schritt für Schritt. Er findet den Weg zwischen Hochmut und Kleinmut. In der Gruppe spricht man von Demut.

82.) Schuldner

Einer nimmt einen Kredit auf. Er will ein Haus bauen. Die Bank, die sich dem einen angeboten hatte, sichert sich ab, mit einer Hypothek. Der eine verkalkuliert sich, aus Leichtsinn. Sein Grundstück wird zwangsversteigert. Die Bank bekommt ihr Geld zurück, wenn auch ohne Zinsen. Der eine ist überschuldet, meldet Privatinsolvenz an und steht bei der Schufa auf der schwarzen Liste. Da haben sich zwei gegenseitig verführt: der eine die Bank (zur Kreditvergabe) und die Bank den einen (zur Kreditbeantragung). Beide haben ihren „Kredit“ beim jeweils anderen verspielt.
Die Frau des einen hatte ihren Mann gewarnt. Jetzt sagt sie: Wir sind selber schuld! Wir? Sie wirft sich vor, mitunterschrieben zu haben. Der eine schimpft auf die Bank: Die haben mich ins Messer laufen lassen, eiskalt, aber ich hab’s ihnen gegeben, ihr Ruf ist dahin – den kleinen Mann über den Tisch ziehen, nein, das geht nicht! Darüber, dass auch sein eigener Ruf dahin ist, tröstet er sich hinweg: In einigen Jahren werden seine Schulden gestrichen, Insolvenz ist doch gar nicht so schlecht, die Kapitalisten jedoch führen das Volk an der Nase rum, da muss sich was ändern, jawohl! Der eine tritt in die Linkspartei ein, seine Frau nicht.

Er tröstet sich auch auf andere Weise. Er geht fremd. Auch trinkt er gerne mal 1 Bierchen oder 2 oder, in der letzten Zeit, ein paar mehr. Seine Frau stellt ihn zur Rede: ob er sich schon wieder verführt vorkomme? Sie jedenfalls werde sich das nicht mehr lange anschauen! Der eine, mal wieder beschickert, knallt die Tür ins Schloss und tut, was er als Insolventer nicht darf: er nimmt einen neuen Kredit auf, bei einem dubiosen Geldverleiher. Dem verpfändet er seine letzte Habe, darunter auch seinen Lohn, er braucht das Geld für seine neue Freundin.
Er verliert seine Frau und seine letzte Habe, auch seinen Lohn, denn seine Firma, bei der der Lohnpfändungsbeschluss eingegangen ist, entlässt ihn. Außerdem wird das Insolvenzverfahren wegen mangelnden „Wohlverhaltens" des einen abgebrochen. Er verliert auch seine neue Freundin. Sie hat gemerkt, wie er ist. Er hat jetzt sein Feindbild erweitert: Alle sind schuld, die, die Geld haben, einschließlich der Arbeitgeber, dann die Weiber, die Brauereien – Gott und die Welt, alles Halsabschneider, erst schleimen sie, und dann schlagen sie zu!
Sogar seine Freunde von der Linkspartei sind inzwischen vorsichtig geworden. Jemand von denen wird deutlich: Wenn der eine den Mund aufmacht, hat er nicht nur ne´ Fahne, der trieft doch vor Selbstmitleid – wenn der für uns auftritt, schadet er uns! Der eine versucht, bei einer Genossin anzubändeln, die ist geschieden und schimpft ebenfalls viel über die schlechte Welt. Aber er ist bei ihr an die Falsche geraten: Ihr Ex habe auch zuviel getrunken und im übrigen den Kapitalisten frei Haus die Argumente geliefert – der habe sich richtiggehend angeboten als blöder Hund, den man einwickeln kann. Natürlich gebe es den Konsumterror, aber, so die Genossin: Warum muss ich mich denn terrorisieren <u>lassen</u>? Sie fügt hinzu, deshalb sei sie in der Linkspartei und außerdem in einer Selbsthilfegruppe „Tu was!", da solle der eine auch mal hingehen!
Er, rundum gescheitert, geht hin. Er tut was, das ist der 1. Schritt. Er wird trocken. Bei einer Zeitarbeitsfirma wird ihm nicht der Hals abgeschnitten, er wird nach einigen Monaten in eine feste Stelle vermittelt, weil er tüchtig ist. Sein Insolvenzverfahren beginnt neu. Und die Genossin ist vielleicht endlich die Richtige – wenn <u>er</u> allmählich der Richtige <u>wird</u>!

83.) Rumpelstilzchen

Eine hat eine kleine Tochter. Die bringt aus dem Kindergarten den Ausruf des bösen Rumpelstilzchens mit: „Ach wie gut, dass keiner weiß, dass ich Rumpelstilzchen heiß!“ „Mutti“, fragt sie, „bin ich ein Rumpelstilzchen, wenn ich den Jonas an den Haaren ziehe?“ Der Jonas ist 1 Jahr alt. Die eine lacht: „Du bist dann ganz schön gemein, Dein Bruder ist ja noch ganz klein!“ Die Tochter: „Aber ich reiß mich doch nicht in Stücke wie das Rumpelstilzchen!“ „Nein“, antwortet die eine, „aber Du heulst herum und schimpfst über Deinen Bruder – und ich soll wieder gut sein zu Dir.“ „Ja!“ ruft die Tochter, „das sollst Du!“ Die eine: „Ich will aber nicht, ich will, dass Du zu Deinem kleinen Bruder lieb bist, und Du bist nicht lieb, Du bist ein Rumpelstilzchen!“ Gerade kommt der Jonas um die Ecke gerobbt, er kann noch nicht laufen. Die Tochter wirft sich hin und küsst ihn auf die Backen. Sie ruft: „Jetzt bin ich kein Rumpelstilzchen mehr, Mama, oder?“ Die eine freut sich: „Du hast recht!“
Der Mann der einen freut sich keineswegs, als er all das hört: Seine Tochter sei diskriminiert und moralisch erpresst worden. Mit so einem Druck dürfe man ein Kind nicht erziehen. Damit habe sie, die eine, auch – es tue ihm leid, das sagen zu müssen – gegen das neue deutsche Antidiskriminierungsgesetz verstoßen. Seine Frau wehrt sich: Wenn sie das Kind diskriminiert habe, dann diskriminiere er jetzt sie und wie! Sie sei keine Rechtsbrecherin! Darauf ihr Mann: „Das bist Du und auch eine schlechte Mutter, so ist das nun mal!“ Seine Frau bricht in Tränen aus. Ihr Mann legt nach: „Wir wissen doch, wohin es führt, wenn man Kinder oder auch Erwachsene dressieren will - in den KZs ist das geschehen, seitdem ist ja wohl klar, dass Erziehung gewaltfrei sein muss, das siehst Du doch eigentlich auch so, oder?“
Die eine hat sich wieder gefasst und antwortet: „Und weißt Du, was ich jetzt mache? Jetzt diskriminiere ich Dich: Du bist ein zuckersüßer Rechthaber, indem Du mich in die Nazi-Ecke stellst – wie gut, dass es die Nazis gab, damit kannst Du jede Erziehung diffamieren, da schüttest Du das Kind mit dem Bade aus, auch unsere Tochter, die nach Deiner Methode ihren Bruder weiter quälen würde!“
Ihr Mann der einen merkt, dass ihm die Felle davonschwimmen. Er fühlt sich ein wenig wie seine Tochter, wenn sie den Bruder an den Haaren zieht: so was ist, eigentlich, gemein! Die eine merkt das. Sie müsste jetzt, eigentlich, standhaft bleiben. Aber ihr Mann tut ihr plötzlich leid: ein begossener Pudel, auch ohne Tränen. Sie will jetzt Frieden, sie ist müde vom Kämpfen. Sie kämpft schon lange. Sie entschuldigt sich bei ihrem Mann. Sie erklärt den Sieg über die

Tochter zum Scheinsieg: ein Mensch dürfe nicht dressiert werden, das räche sich...
Als die Tochter, nach wie vor eifersüchtig auf den Bruder, mal wieder gemein zu ihm ist, indem sie ihn, trotz ihres schlechten Gewissens, petzt, sagt die Mutter nichts. Im Gegenteil: Sie versucht, die Tochter abzulenken. Die Tochter bekommt eine Play-Station und Geld für Schleckereien. Die Tochter merkt, dass jetzt sie die Mutter erpressen kann: Wenn sie mehr Geld haben will, nähert sie sich dem Bruder in offenbar böser Absicht, wenn es die Mutter sieht. Daraufhin bekommt sie neues Geld.
Die Tochter wird immer hinterhältiger und anspruchsvoller. Der Bruder schreit viel. Auch der Mann der einen spürt, dass es so nicht weiter geht. Die eine geht zu einem Kinderpsychologen. Nachdem der auch ihren Mann kennen gelernt hat, schickt er beide in eine Eltern-Selbsthilfegruppe. Sie treffen dort auf andere Eltern. Bei denen sehen sie, was falsch läuft. Umgekehrt ist´s genauso. Das hilft.
Die eine und ihr Mann machen in der Selbsthilfegruppe Fortschritte. Von KZs, Diskriminierung und Dressur ist nicht mehr die Rede, aber von Standhaftigkeit und einem Rumpelstilzchen, das sich nicht selbst in Stücke, sondern zusammenreißt – am Ende ist es kein Rumpelstilzchen mehr!

84.) 1 Jahr alt

Der eine ist 1, dann 2. Er erobert die Welt. Er greift: nach allem, was er kriegt. Er begreift, wo´s was gibt, das schmeckt. Er greift an: patscht gegen die Wand. Er malt die Welt. Dann baut er sie sich. Dann backt er sie. Dann bespielt er sie: mit sich und mit allen, die er kennt. Und die er findet und erfindet. Er zerstört: Platz für Neues. Er versucht, er irrt, er lernt. Er kommt auf den Geschmack. Er merkt, was sich lohnt und was sich rächt.
Der eine lernt aber auch: Je mehr ich schreie, desto mehr werde ich gefüttert und geschunkelt. Er lernt: Alle sind lieb zu mir, mir passiert nichts. Er lernt: Die Musik kommt aus dem Apparat und die Wärme aus dem Heizkörper, und die Mama fährt mich mit dem Auto, das heißt: Es geht auch ohne Anstrengung.
Der eine wird zum Cry-Baby. Er ist neugierig, insofern ist nichts vor ihm sicher. Sonst aber ist er eher faul. Die Leiterin seiner Krabbelgruppe nennt ihn empfindlich und unruhig, aber er neige zur Bequemlichkeit. Es fällt auf, dass er etwas, womit er anfängt, sogleich

wieder aufgibt. Er beisst einen Apfel an, aber er isst ihn nicht auf. Lieber beißt er in einen neuen. Er ist nicht mehr der Welteroberer – als ob er´s nicht mehr nötig hätte.

Er bekommt ein Medikament: Ritalin. Dadurch soll er in Schwung kommen. Eine Kinderpsychologin kümmert sich um ihn. Ihr Ziel: ihn in Schwung zu bringen. Wiederum lernt der eine: Nicht er braucht sich zu bewegen, er wird bewegt – durch die Psychologin, durch Ritalin. Ganz scheint ihm das nicht zu gefallen. Dann schlägt er, kratzend und beißend, für einige Minuten wild um sich: er greift an und zerstört, aber er nutzt den gewonnenen Raum nicht. Seine Umwelt findet derartigen Überschwang („Über-Schwung") keineswegs gut. Die Umwelt denkt: Aber dann doch lieber mit weniger Schwung! Der eine kann es noch nicht ausdrücken, aber sein Vater sagt es: Der will auch mal wieder selbst, wie früher, und ohne Überschwang, sonst verliert er!

Da spricht das Kind im Manne. Aus dem Vater spricht das Kind, das er selbst irgendwie immer noch ist. Auch seine Mutter hatte ihm einst das Gegenteil von Erobern schmackhaft gemacht, auch er hatte manchmal diese Anfälle von Überschwang. Seine Frau ist wie seine Mutter, und er träumt von einem Sohn, der ein Eroberer ist. Er fürchtet, dass der eine ein Zappelphilipp wird: eigentlich eine Mimose und eher passiv, aber doch zappelig und dann auch mal zerstörerisch.

So war er, der Vater, er ist´s er im Grunde immer noch. Aber er hat an einer Zappelphilipp- oder ADHS-Selbsthilfegruppe teilgenommen, jahrelang. Seine Ehe stand auf der Kippe. Seine Frau, die Mutter des einen, hatte sich dann auf das Kind gestürzt – um so mehr, je weniger ihr Mann jener Zappelphilipp war, den sie, so glaubte sie, in Schwung bringen musste. Das Kind, der eine, sollte jetzt zu dem werden, der das Erobern verlernt hat und den sie, so glaubt sie, deshalb fördern muss – wer fördert, ist keine Rabenmutter!

Der Vater entscheidet sich in seiner Gruppe jetzt doch für eine Trennung von seiner Frau. Er nimmt Erziehungsurlaub und bekommt vom Vormundschaftsgericht das einstweilige Sorgerecht für den einen. Der Vater hat Glück, der Vormundschaftsrichter ist selber Vater eines Zappelphilipps.

Die Mutter des einen fühlt sich verraten und verkauft – ohne ihre Familie habe ihr Leben keinen Sinn mehr. Sie hat die Frist versäumt, innerhalb derer sie gegen den Gerichtsbeschluss hätte Einspruch erheben können. In einem nächtlichen Telefonat mit der Telefonseelsorge wird ihr klar, dass das keine Dummheit von ihr war. Sie spürt

schon lange, dass ihr Mann auf einem guten Weg ist und dass ihr Glaube, keine Rabenmutter zu sein, ein Irrglaube ist. Nur ein „Rabe“ nimmt seinen Kindern den Lebensschwung! Sie erscheint in der Selbsthilfegruppe „Angehörige von ADHS – Betroffenen.“
Vater und Mutter des einen haben das Glück, dass es in ihrer Region derartige Gruppen gibt. Doch ohne den sogenannten „Zufall“, der nach Meinung vieler keiner ist, geht ja im Ergebnis nie was – so denken beide, Vater und Mutter.
Der eine ist noch zu klein für eine Selbsthilfegruppe. Aber die Gruppe seiner Eltern nutzt auch ihm. Sein Schwung kehrt zurück. Der Überschwang schwindet. Die Verführung zur Schwunglosigkeit hört auf.

85.) Spiegel

Einer hat Prostatakrebs. Er ist operiert und bestrahlt worden. Es ging ihm besser. Es bildeten sich Metastasen. Wieder: Operation und Chemo. Neue Metastasen. Diesmal nur (noch?) Chemo, eine besonders harte. Plötzlich unerträgliche Schmerzen in den Beinen. Panik bei dem einen.
Es ist eine Thrombose, Chemo-Nebenwirkung. Stützstrümpfe, Marcumar. Kaum ein Schritt, Verblutungsgefahr. Wieder Panik bei dem einen. Plötzlich Magenbeschwerden: Folge des Bewegungsmangels? Luft geht ab, aber ein merkwürdiges vages Ziehen kommt immer wieder - was ist das? Noch keine Magenspiegelung. Angst davor. Todesangst. Eine neue Metastase? Keiner sagt´s, jeder denkt´s.
Der eine hat eine Frau. Die hat selber Herzbeschwerden und Übergewicht. Sie ist ständig den Tränen nahe. Der eine war früher Feuerwehrmann, Brandmeister, hauptamtlich. Unter anderem war er zuständig für die Bekämpfung bzw. Vermeidung von Panik. Er konnte das: ein Mann voller Ruhe, man vertraute ihm. Das galt auch für seine Frau, er war ihr große Stütze. Jetzt ist er jemand, der selbst solche Leute braucht. Aber wo sind die? Seine Frau ist zu krank. Er wird von einem jungen Feuerwehr-Aktiven eingeladen. Der hat Geburtstag und noch nie einen Großeinsatz mitgemacht. Er freut sich darauf, aber er fürchtet sich auch davor.
Der eine versucht ihm Mut zu machen. Das tut ihm selber sehr gut. Plötzlich aber überfällt ihn die Angst, dass das Geburtstagskind genau das wollte: ihm, dem verdienten „Altmeister“ helfen, indem er ihm Gelegenheit gibt, diese Rolle zu spielen. Der eine gerät wieder in Panik: Wie kaputt wirke ich schon? Und wie kaputt bin ich schon?

In einem Buch liest er, der Krebskranke habe eine Höllenangst vor dem Blick in den Spiegel: Wie die Krebszellen wuchert er selbst, z.B. als Arbeitstier oder als jemand, der vor Liebe jeden auffrisst, der seine Liebe zu benötigen scheint. Dem einen ist klar, dass er beides war: der Inbegriff des „Feuerwehrmannes für alle Zwecke“, immer da, für jeden. Das Buch empfiehlt eine Krebs-Selbsthilfegruppe.
Dort trifft der eine auf Leute, bei denen der Krebs nicht mehr wiedergekehrt ist. Er ist für sie unnötig geworden, als Spiegel und Menetekel an der Wand: So bist Du, und wenn Du´s nicht wahrhaben willst, wirst Du Dich zu Tode wuchern! Sie selbst wuchern nicht mehr. Sie sitzen in der Gruppe und versuchen, niemandem zu helfen, außer sich selbst genau dadurch. Dabei stellen sie fest, dass dieser „Egoismus“ das einzige ist, was wirklich helfen kann: die Hilfe durch Nichthilfe. Das heißt: sie stellen es fest und können es nicht glauben. Zunächst. Doch sie erleben es von nun an ständig. An sich und anderen. So auch der eine.
Und er merkt noch was. Auch seine Panik war gewuchert: das Ziehen im Magen, die Todesangst, fast wäre er an ihr gestorben, nicht an Krebs. Auch als Kranker war er gewuchert, nicht nur als rettender Engel.
Der eine schafft es, sich selbst zu ändern. Nicht von heute auf morgen, in kleinen Schritten. Er hat nicht den Krebs besiegt, sondern sich selber – und dadurch den Krebs. Paradox? Der eine hört diese Frage oft, oder er hört sie heraus. Seine Antwort: Meinetwegen paradox, aber es geht mir gut!

86.) Der Tragiker

Einer nennt einen anderen ein Schwein. Der andere antwortet: <u>Du</u> bist ein Schwein, sonst würdest Du nicht so reden! Der eine kontert: Wenn ich schimpfe, will ich aufrütteln, das ist gut gemeint! Der andere ruft: Von wegen gut gemeint, der Ton macht die Musik!
Über den Ton des einen wundert sich auch seine Frau. Sie fragt ihn, ob er sich in dem anderen, ohne es zu merken, wiedersehe? Er wisse das ja: der Zeigefinger weist auf den anderen, aber drei Finger der Hand weisen auf einen selbst zurück. Der eine findet: Selbst wenn das, was man Projektion nenne, auf ihn mal wieder zuträfe und er sich tatsächlich mal wieder im Ton vergriffen habe, so habe er dennoch etwas Gutes getan, er habe den Finger auf eine Wunde gelegt! Er merke das gerade selbst, da habe sie, seine Frau, den

Finger auf seine Wunde gelegt, nämlich die, zuweilen schnell „obenaus“ zu sein. Und richtig: genau diese seine Schwäche habe er bei dem anderen wiedergesehen! Der habe nämlich einen Dritten Dreckskerl genannt!
Der eine geht wegen seiner zeitweiligen Überreaktionen schon lange zu einer Selbsthilfegruppe „Lebenskrisen“. Er geht heimlich hin. Er schämt sich. In der Gruppe redet er gern von der Tragik des Mutigen: Da spricht jemand eine Wahrheit aus, und das ist notwendig, aber eigentlich hat er kein Recht dazu, weil, natürlich, auch er irgendwo Dreck am Stecken hat und sich, natürlich, erst mal an die eigene Nase fassen sollte, was, natürlich, eine Steilvorlage für seinen Widerpart ist...
Aus der Gruppe hört er dann, zwar gebe es Verstrickungen, aus denen uns ein Gott erlösen könne, aber kein Mensch, der eine solle aber doch bitte nicht wieder den Supermann spielen, der, von Natur aus, wie jeder Mensch, leider nicht perfekt sei und im übrigen sein Bestes gebe.
Der eine kann dem nur zustimmen. Er gebe ja sein Bestes, z.B. indem er jetzt bekenne, dass er wegen seiner Neigung zur Perfektion halt manchmal platze, seine unterdrückten Schattenseiten melden sich... Er wisse das, und die Gruppe wisse, dass er das wisse...Aus der Gruppe kommt der Zwischenruf: „Fehlt nur noch, dass Du jetzt von der Tragik des Allwissenden sprichst: zur Perfektion verdammt, da ist sogar was dran, aber Du Fuchs spielst damit!“
Der eine: „Siehst Du, nach Schwein und Dreckskerl jetzt Fuchs – so ist der Mensch!“ Da meldet sich eine Frau, die ganz hinten sitzt und selten spricht. Sie sagt zu dem einen, sie wolle sich mal ein Herz nehmen und eine Wunde berühren. Sie wisse nämlich, dass die Frau des einen bislang nicht wisse, dass er seine rundum bekannte Weisheit aus einer Selbsthilfegruppe beziehe. Großes Hallo in der Gruppe: Der Supermann, der ganz allein an sich arbeitet, der sich am eigenen Schopf aus dem Sumpf zieht, das passt!
Der eine platzt: „Wie kommst Du Aas dazu“, schreit er, „das hier zu erzählen?“ Darauf die Frau: „Darf ich das nicht?“ Die Frau weiter: „Noch mal: Deine Frau glaubt an Dich, sie glaubt, dass Du keine Hilfe brauchst!“ Der eine sagt lange nichts mehr. Die Gruppe schweigt. Dann der eine leise vor sich hin, aber man hört´s: „Immer der Größte, und dann schrei´ ich los, so ist´s eigentlich immer, ich bin ja so irrsinnig schnell beleidigt...“ Dieser Satz steht im Raum – unkommentiert, als die Gruppe sich für diesmal trennt.

Zu Hause erzählt der eine seiner Frau von dieser Szene. Von nun an geht sie mit in die Gruppe.
Der eine ist kleiner geworden. Seine Aggressionen werden seltener. Es gibt nicht mehr so viel zu verteidigen. Dadurch wird aus seiner Verkleinerung letztlich ein Wachstum. Er hat natürlich eine Weisheit dafür: Weniger ist mehr. Aber es wirkt nicht mehr so, als glaube er, er habe sie selber erfunden.

87.) „Teenie am Arsch"

Die eine ist bei Oma und Opa aufgewachsen. Sie ist fast 14. Die Oma hat sie aus ihrer Pflegestelle geholt, als sie ½ Jahr alt war. In die Pflegestelle war sie gekommen, weil ihre Mutter an der Nadel hing. Zwei Stunden nach der Geburt hatte die Mutter sich den nächsten Schuss gesetzt. Sie ist untergetaucht.

Die eine streichelt jeden Hund. Wesen, die kaputt sind, haben es gut bei ihr. Deren Liebe versucht sie sich zu kaufen. Sonst aber tut sie allen alles an. Auch sich. Immer. Zwanghaft. Bestialisch. Brennende Zigarette auf die Haut drücken, mit dem Kopf aufs Pflaster schlagen, ob sie´s ist oder andere, anderen zwischen die Beine treten, andere unsäglich beleidigen, sich selbst treten und beleidigen lassen. Unberechenbar gegenüber allen, die ihr stark vorkommen, ob Gleichaltrige oder Erwachsene oder sie selbst – darin allerdings berechenbar: Sie versucht, sich Liebe zu erpressen.
Die Großeltern, ihre Lehrer, dazu Sozialarbeiter und Psychologen, Ärzte und Ämter versuchen, mit ihr zu reden. Die Fachleute stellen fest: Borderline-Syndrom, auch Symptome von ADHS, Medikament: Ritalin, Ursache: Mangel an Geborgenheit, Vorbildern und Urvertrauen – sie konnte sich nicht entwickeln. Irgendwann allerdings kommen alle, die sich um sie bemühen, an ihre Grenzen, die Gekauften und die Erpressten. Sie verlieren ihrerseits die Geduld, schreien die eine an, werfen sie raus, dann tut sie ihnen wieder leid, denn was wäre damit gewonnen, sie in eine andere Schule abzuschieben?
Die eine ist, als sie 5 Jahre alt war, auf einer Luftmatratze in einem See getrieben, weit vom Ufer entfernt. Da ist die Luft aus der Matratze entwichen. Keiner hat die eine gehört. Da hat sie schwimmen gelernt. Sie glaubt nicht, dass ihr im Ernst irgendwas passieren kann. Wenn eine U-Bahn einfährt, steht sie an der äußersten Bahnsteigkante. Nichts passiert. Bald ist sie 14, also strafmündig. Sie will nicht in den

Knast. Sie ist sich sicher, dass sie nicht hinkommt. Sie hat es schon angedeutet: Dann macht sie Schluss, sie will kein Opfer mehr sein, in einer Welt von Feinden. Die, die eigentlich die Nase voll hatten von ihr, sind wieder da, um mit ihr zu reden...

Ein arabischstämmiger Sozialarbeiter, kein Starker, mit Sprachfehler und gehbehindert, hat eine Idee: Wir denken uns ein Theaterstück aus – Szenen, bei denen es um Menschenrechte geht. Die eine geht hin, zweimal in der Woche. Es geht um Arme, um Abgehängte, um sie, um ihre Wut gegen all die Feinde, gegen diese ganze Welt. Sie spielt begeistert mit. Dann zerreißt sie, ohne sichtbaren Grund, ein Buch des Sozialarbeiters, das er liebt, Seite für Seite, jedes in mehrere Teile.

Der Sozialarbeiter sagt kein Wort. Er wirft sie raus. zwei Stunden wartet sie vor der Tür. Dann geht er an ihr vorbei, wortlos. Sie schreit. Sie bettelt. Er schreit nicht zurück. Aber er lässt sich auch nicht erweichen. Er weiß: Das ist das Einzige, was sie wirklich beeindruckt, nämlich keine Aufmerksamkeit mehr geschenkt zu bekommen, auch nicht die der „Gegen-Liebe“: die der „negativen Zuwendung“. So war´s ihm auch mal ergangen, als er seine eigene Opferrolle als „ausländischer Spast“ nicht mehr ausspielen konnte...

Die eine weiß, dass es eine selbstbestimmte Selbsthilfegruppe mit dem Arbeitstitel „Teenies am Arsch“ gibt. Ihr Sozialarbeiter hatte sie ihr schon beim Kennenlernen empfohlen. Jetzt geht sie hin. Keiner bemitleidet sie dort. Keiner blafft sie an. Sie ist einfach da: Hallo! Und das war's.

Sie versucht´s mit „Alles Ärsche seid Ihr!“ und mit „Diese Scheißwelt, das sind nur Ärsche!“ Nutzt alles nichts. Man versteht sie nicht. Dafür erzählt jemand was von einer guten Tat: Er hat einem armen Schwein keinen Euro gegeben, sondern ein Fahrrad zum Reparieren, nach zwei Tagen war´s wieder o.k.

Die Gruppe diskutiert, ob man eine Werkstatt für Fahrräder auf die Beine stellen könnte. Oder so was Ähnliches. Bedingung: Verlässlichkeit. Bei Nichtverlässlichkeit: man trennt sich wieder, ohne Mitleid und ohne Anblafferei.

Die eine bleibt. Sie hat schon einen Brief ans Jugendamt geschrieben, für einen anderen, der so was nicht kann – noch nicht kann. Sie versucht´s ihm jetzt beizubringen.

88.) Rote Teppiche

Eine hat einen Sohn. Sie hat lange auf ihn gewartet. Als er geboren wurde, war sie 38. Sie wollte alles richtig machen. Sie hat Bücher gelesen und Seminare besucht, um sich auf die Geburt vorzubereiten. Schon im Mutterleib hat sie das Kind mit Mozartklängen beschallt. Bald nach der Geburt hat sie mit musikalischer Früherziehung begonnen, ebenso mit dem Baby-Schwimmen.
Von klein auf spricht sie mit ihm in Deutsch und Englisch. Von Anfang an hatte er zu Hause eine Umgebung voller Farbenpracht: ein Augenschmaus. Frühzeitig brachte die eine ihn zum Kinderturnen, mit Liedern, Plüschtieren und O-Saft. Immer war er hübsch anzusehen – ein kleines adrettes Herrchen oder ein kleiner Football-Crack, mit Helm und Knieschützern. Klar, dass die eine ihn überall hinfuhr, abholte und rundum betreute.
In der pädagogischen Krabbelgruppe war er mit der erste, der stehen und laufen konnte. Mit 3 konnte er zählen, mit 4 große Buchstaben schreiben, mit 5 war er Torwart bei den Fußball-Minis und verstärkte die Defense bei den Joungsters vom Football. Im Kindergarten konnte er schon fast alles. Nie fühlte er sich gefordert. Es machte ihm Spaß. Er war gut. Er wurde gelobt. Wenn er kam, gingen die Türen auf und auch die Herzen. Überall wurden ihm rote Teppiche ausgerollt.
Er ist verwöhnt worden. Das gefiel ihm. Das gefällt ihm. Er ist jetzt 7 und in der 2. Klasse der Beste. Er weiß, dass seine Mutter stolz auf ihn ist, auf ihn und auf sich selbst. Er weiß, dass er sie für ihren Einsatz belohnen muss, durch Leistung – kein Problem für ihn und die Voraussetzung für weitere Verwöhnung. Die eine ist für den Sohn der „Coach all inclusive“: die Göttin für den Vergötterten.
Die eine fällt plötzlich aus. Sie muss das Bett hüten, nach einem Unfall. Ohne die eine kann der Sohn nicht. Die Oma versucht einzuspringen. Sie schafft es nicht. Der Sohn ist empfindlich, er ist anspruchsvoll. Wer weckt ihn? Wer packt ihm seine Sachen? Wer ist sein Taxifahrer? Wer nimmt ihm das Denken ab, wenn's um die Mühen der Ebene geht? Just zu dieser Zeit wird die Schulzeit verkürzt, die Lehrpläne bleiben – der Staat müsse sparen, und die Deutschen seien beim Einstieg ins Berufsleben, im europäischen Vergleich, zu alt. Der Sohn fühlt sich plötzlich rundum überfordert. Seine Leistungen werden schwächer. Wen soll er auch jetzt noch belohnen? Und: Muss er eigentlich noch belohnen? Im Gegenteil: Er, der bisher so Strebsame, fühlt sich bestraft! Seine Lehrer sind von ihm enttäuscht. Sie sagen: Du kannst doch, nun mach mal! Der Sohn fühlt sich unverstanden. Er lässt sich hängen. Die Lehrer sind noch sauerer: ein Teufelskreis. Das Abi des Sohnes ist in Gefahr.

Die eine leidet. Sie will wieder coachen, aber sie kommt einfach nicht wieder auf die Beine. Der Sohn bemerkt, sie lasse sich's ja wohl jetzt gutgehen, im Bett und gut gepflegt! Die eine hätte ihn beinahe geohrfeigt. Ihre eigene Mutter, die Oma, sagt ihr auf den Kopf zu, dass sie schon lange über ihre Kräfte gegangen sei. Die eine heult. Sie weiß das ja selbst. Aber sie wollte immer stark sein: für ihr ein und alles, den Sohn, und für sich, das ein und alles des Sohnes.
Mit dem Satz „So geht´s nicht mehr weiter" lädt eine Selbsthilfegruppe mit dem Namen „Lebenskrisen" zu sich ein. Die eine geht hin. Dort ist sie nicht die einzige, deren Welt zusammenbricht. Aber sie begreift, dass ihr Unfall sein Gutes hatte: Er war ein Warnschuss – Menschen sind Menschen, sie dürfen sich nicht gegenseitig vergöttern, sonst gehen sie kaputt.
Die eine besucht die Gruppe regelmäßig.
Sie kommt wieder auf die Beine. Aber sie reißt sich kein Bein mehr aus für den Sohn. Es fällt ihr schwer, aber sie fordert ihn. Sie gibt jenen Lehrern recht, die dem Sohn keine Extrawurst braten wollen, nur weil ihm die roten Teppiche fehlen. Am liebsten würde sie die Lehrer anklagen, die mit Extrawürsten nicht geizen, sowie den Staat mit seiner neuen „unpädagogischen" Härte. Aber ist sie nicht selber sauer auf den Sohn – den, der ihr vorgeworfen hat, krank zu feiern? Sie klagt nicht an, sie will keine Teufelskreise.
Der Sohn holt nach. Erstmals leistet er menschlich was. Er muss seinen inneren Schweinehund überwinden. Er paukt. „Spaß macht das nicht", äußert er Aber es verschafft ihm ein Erfolgserlebnis, ein echtes, ohne Coach, der ihm an den Lippen hängt und nach dem Munde redet. Die eine geht nicht mehr über ihre Kräfte. Das macht sie kräftiger denn je. Und der Sohn schafft das Abi.

89.) Benjamin

Eine ist eine einfache Frau: schlicht strukturiert, wie es heißt. Unter der Hand hört man: „e bissi blöd isse", auf Hochdeutsch: Sie begreift´s nicht!
Immerhin hat sie Hauptschulabschluss und den Führerschein. Aber sie hält Bismarck für einen Hering und Kant für einen Torwart. Sie hat LRS und wirkt begriffsstutzig. Bei Wahlen kreuzt sie immer nur die Erststimme an, trotz aller Belehrung. Bisweilen trägt sie zwei verschiedene Schuhe, manchmal sind bei ihr 2 x 50 Cent 2.50 €.

Die eine isst und trinkt gern, vor allem Letzteres, früher mal Milch, jetzt Malzbier. Keiner sagt zunächst was: Malzbier ist für Kinder gut, und ist sie nicht noch ein Kind? Das „Kind" heiratet. Ihr Mann liebt an ihr, dass sie an ihm hängt. Er ist Maurer – auch nicht gerade ein Kirchenlicht, aber ein Praktiker. Und er ist ein guter Kerl. Deshalb merkt er eines nicht: dass seine Frau es faustdick hinter den Ohren hat und ihn ständig nasführt.
Die eine ist zwar ungebildet. Aber eines kann sie hervorragend: sich dumm stellen und sich klein machen. Sie weiß genau, was Malzbier ist: süßes Leichtbier. Sie säuft. Lange will es ihr Mann nicht wahrhaben. Wie heißt es doch so schön: Intelligenz säuft; Dummheit frisst! Also kann sie gar nicht saufen – das denken viele. Irgendwann macht ihr Mann ihr doch mal eine Szene: sie heult: „Blöd bin ich, das denkt Ihr, ich weiß es, da trink´ ich dann mal ein paar Schluck Malz..."
Bald darauf ist sie schwanger, sie hat die Pille weggelassen. Das „Kind" liebt Kinder, ihr Mann weiß das. Sie wird nicht mehr saufen, ihr Mann glaubt das. Er hält sie für zu dumm, um sich auszudenken, dass das Kind von ihrem Trinken ablenkt. Das Kind kommt, ein Junge, Benjamin, süß. Als er 1 Jahr ist, wird seine Mutter ins Krankenhaus eingeliefert. Sie ist gestürzt. Im Krankenhaus treten Entzugserscheinungen auf – man entdeckt, dass sie alkoholabhängig ist. Dann entdeckt man, dass Benjamin schon im Mutterleib vom Alkohol der Mutter was abbekommen hat: Alkoholembryopathie II. Stufe.
Benjamin kommt in eine Pflegefamilie. Sein Vater trennt sich von der einen. Sie schließt sich einer Selbsthilfegruppe für Suchtkranke an und bleibt trocken. Sie denkt unkompliziert. Sie ist nicht gebildet, aber deshalb auch unverbildet. Für sie muss der Alkohol weg ohne Wenn und Aber und ohne Hintertürchen, die fallen nur der Intelligentia ein. Nach zwei Jahren erhält sie ihren Sohn zurück. Er hat einen Herzfehler und einen gespaltenen Gaumen. Die Pflegefamilie hat sich überschlagen für ihn. Sie hat´s gut gemeint. Die eine will wiedergutmachen. Sie hat einen Freund.
Der ist eifersüchtig auf den Benjamin. Die eine ist nicht wiederzuerkennen. Sie ist eine Löwin. Der Benjamin ist ihr Junges. Nachts arbeitet sie bei einer Versandfirma als Packerin. Tagsüber kratzt sie allen die Augen aus, die ihrem Sohn etwas wollen.
Mit 17 hängt Benjamin an der Nadel. Er verschmäht Alkohol. Der ist ihm zu gemein. Er wähnt sich unter dem Schutz eines Engels: seiner Mutter. Da kann ihm, denkt er, nichts passieren. Die eine träumt manchmal, dass sie fixt. Sie wacht auf und weiß, dass das ihr Sohn

für sie erledigt. Sie weiß es, sie macht sich nichts vor. Die meisten denken, sie sei zu blöd dafür.
Ihr graut: Ihr Ex hatte ihr geglaubt, fast bis zum bitteren Ende. Sie aber glaubt ihrem Benjamin nichts mehr. Sie kennt sich aus. Er muss sich nicht, wie er behauptet, den goldenen Schuss geben, weil er eine Säuferin zur Mutter hat. Das Gegenteil ist richtig: Der Frühgeschädigte, von klein auf bemitleidet und dann von der schuldgeplagten Mutter in den Himmel gehoben, ist übermütig geworden und versucht´s jetzt mit Erpressung. Benjamin ist nicht klein, er macht sich klein, wie einst seine Mutter.
Die eine ist entschlossen, sich von ihrem Benjamin zu trennen. Auf den eigenen Rückfall ins Kleine und Dumme und in den Suff verzichtet sie. Sie kehrt in ihre Selbsthilfegruppe zurück. Dort tankt sie Kraft. Die braucht sie, um ihren Entschluss zur Tat werden zu lassen. Sie schafft es. Auch der Benjamin schafft es, anschließend. Er braucht ein wenig Zeit, sicher. Nach 1 Jahr meldet er sich bei der einen: clean und in Arbeit. Da ist was gewachsen, ganz unkompliziert.

90.) Arbeitswelt

Einer studiert Physik. Als Diplomphysiker beginnt er bei einer Großfirma. Er ist immer noch ein kleiner Mann. Aber seine Firma blüht auf und der eine mit. Neue Techniken sind entstanden, sie werden genutzt und weiterentwickelt: im Transport, in der Kommunikation, in der Produktion, in der Finanzierung.
Der eine steigt auf ins Management. Dort ist man sich einig: Alles ist möglich – noch nicht ganz, aber bald. Wenige Leute steuern alles, weltweit. Sie arbeiten rund um die Uhr. So auch der eine. Ziel: im Wettbewerb bestehen, zum Marktführer werden, Gewinne steigern. Mittel: Käufer und Anleger anlocken, mit schwungvollen Mitarbeitern. Der eine hat Erfolg. Er wirkt mit bei der Senkung der Personalkosten. Er ist nicht dumm und fragt sich von Zeit zu Zeit, wohin das führt:
dass er kaum noch Zeit hat, sich zu fragen, wohin das führt;
dass er sich selber ziemlich hemmungslos ausbeutet, Tag und Nacht;
dass er sich, um das alles zu schaffen, medikamentös dopt;
dass er, nicht mehr persönlich, aber elektronisch vernetzt und zwar global, allmählich zum Autisten wird, ohne Partnerschaft, ohne Freundschaft;

dass ihm die alles beherrschende Technik längst über den Kopf gewachsen ist: wenn der Automat versagt, der den Automaten kontrolliert, der den Automaten kontrolliert, ist der eine hilflos;
dass die Käufer und Anleger, verführbar wie sie sind, letztlich in Katastrophen schlittern, von persönlichem körperlichem Übergewicht bis zur globalen Finanz – oder Klimakatastrophe;
dass kaputtgehende und ausgemusterte Mitarbeiter weder gute Käufer noch gute Anleger sein werden, sodass bald auch die Firmen kaputtgehen;
dass der Wettbewerb dank raffinierten geistigen Diebstahls immer ruinöser für alle wird;
dass Marktführerschaft zur Monopolbildung führen wird und damit zur ökonomischen Diktatur;
dass die eigentlichen Nutznießer einige wenige sind, die von der Firma reden und sich selbst meinen: sie predigen Wasser und trinken Wein, sie sind unglaubwürdig, bieten schlechte Beispiele und schädigen das Ansehen der Firmen.
Wie gesagt: Der eine hat diese Fragen im Kopf, aber er stellt sie sich nicht, er hat keine Zeit dazu.
Kürzlich hat sich in der Firma eine Selbsthilfegruppe gebildet, sie nennt sich ironisch „Think tank“: Dort ist man sich einig: Hochmut kommt vor dem Fall – heute hängen die Trauben meistens nicht mehr zu hoch, also kommen sie einem nicht mehr sauer vor. Mangels eigener Schwäche erscheint nunmehr die Umdeutung zur Moral entbehrlich, ebenso die Moral selbst, das Kind wird mit dem Bade ausgeschüttet. Scheinbar frei von allen Fesseln erhebt sich der von sich selbst Berauschte in die Lüfte und vergisst, was Wilhelm Busch so beschrieb: „Wenn einer, der mit Mühe kaum gekrochen ist auf einen Baum, schon meint, dass er ein Vogel wär, so irrt sich der!“
Der eine lernt in der Gruppe, dass er bei sich selbst anfangen muss: Er muss sich die Zeit nehmen, die er braucht, er muss auf Selbstausbeutung, dope und Entpersönlichung verzichten, er muss die Anbetung des „Zauberlehrlings Technik“ einstellen und darf nicht mehr zum Dieb werden, sobald sich die Gelegenheit dazu bietet, er muss aufhören, Wertvolles kaputtzumachen und zu ruinieren, Diktaturen hinzunehmen und ebenso „die neuen Kleider“ des nackten chinesischen Kaisers zu beklatschen.
Der eine wehrt sich in der Gruppe nach Kräften: Nie gehe das! Zu groß seien die Sachzwänge! Er wolle kein Don Quichotte werden und gegen Windmühlen kämpfen! In <u>einem</u> aber stimme er zu: Es sei eben nicht alles möglich! Aus der Gruppe kommt Widerspruch: Nicht

alles, aber einiges sei möglich! Es gehe um die Gelassenheit, die Dinge hinzunehmen, die man nicht ändern kann, den Mut, die Dinge zu ändern, die man ändern kann, und die Weisheit, das eine vom andern zu unterscheiden!
Der eine kämpft sich zu dieser Erkenntnis durch. Er nimmt an einem Gespräch der Gruppe mit dem Vorstand der Firma teil: man werde die Firma verlassen oder eine neue gründen, wenn sich nichts ändere. Der Vorstand nimmt die Argumente der Gruppe ernst, ihre Mitglieder sind Spitzenleute, die man nicht verlieren will. Die Gruppe trifft sich regelmäßig. Man hilft sich selbst und gleichzeitig der Firma, die ihre Lektion lernt und die Firmenphilosophie Schritt für Schritt ändert – auch als Beispiel für die Konkurrenz.
Der eine fühlt sich wie befreit.

91.) Der Tod war schneller

Der eine ist nicht mehr. Er ist selber gegangen.
Schon vor 15 Jahren war er in einer Sucht-Selbsthilfegruppe wegen Nikotinmissbrauchs. Das glaubte ihm damals niemand. Alle anderen hatten Alkoholprobleme, oft verstärkt durch Medikamentenmissbrauch. Das vermutete man auch bei dem einen. Er nahm´s aber nicht übel. Er deutete Eheschwierigkeiten an und dankte der Gruppe dafür, dass er dabei sein durfte. Dann blieb er weg.
14 Jahre später kommt er wieder. Zwei Leute kennen ihn noch. Äußerlich ist er fast unverändert, nur grauer – 69, seit vier Jahren im Ruhestand, noch die gleiche Frau, zwei jetzt erwachsene Töchter, zwei Enkel. Er raucht noch. Es ist aber nicht mehr sein Thema. Müde sei er, schrecklich müde, aber schlafen? Schlafen könne er nicht, fast nicht – immer müder werde er. Klar, er nehme Medikamente, vom Arzt verschrieben, massenweise, immer wieder was anderes und vieles nebeneinander und, so denke er, auch gegeneinander. Oft glaube er, bald wahnsinnig zu werden..., mehr erzählt er nicht. Typisch für ihn ist sein brütendes Schweigen.
Ein einziges Mal, zwei Monate vor seinem Wiedererscheinen, wird er in der Gruppe wild. Eine Frau war mit ihrem Mann erschienen. Den putzt sie herunter, wegen seines, sagt sie, Selbstmitleids. Dann putzt sie ihre – abwesende Tochter herunter, wegen ihrer Stimmungsschwankungen, die sie „Depressionen“ nenne und auf denen sie sich ausruhe. Der eine bekommt einen roten Kopf und schreit die Frau fast an: Wer Menschen so runtermache wie sie, dürfe sich nicht wundern,

wenn die aus der Spur kommen! Die Gruppe ist überrascht: Es ist noch Leben in dem einen!
Zwei Wochen später ist kein Leben mehr in ihm. Er hat, wieder mal, zu viel Medikamente geschluckt. Aber, durch eine unglückliche und unvorhersehbare Verquickung verschiedener Umstände, war diesmal keiner da, der ihn, wie schon viele Male zuvor, in der letzten Minute gerettet hätte...Meist war es zur Noteinweisung in die psychiatrische Klinik gekommen. Genau das hatte er der Gruppe verschwiegen. Die Gruppe erfährt von seinem Tod. Jemand sagt: Der eine hat russisches Roulette gespielt und bisher immer Glück gehabt! Ein anderer widerspricht: Der eine wollte immer schlafen, und er wurde immer müder – wir durften ihn nicht vor sich hinbrüten lassen... Man wird sich in der Gruppe nicht einig. Doch alle merken: Der eine ist tot, aber er lebt noch, man denkt über ihn nach...
Ein Dritter befürchtet, dass an dem, der widersprochen hatte, das schlechte Gewissen nagt, leidet – ohne dass der so freundliche eine das je gewollt hätte! Dies wiederum bezweifelt ein Vierter: Der Verstorbene habe jener Frau, die mit Mann und Tochter so hart ins Gericht gegangen war, ein schlechtes Gewissen ausdrücklich gewünscht! Erneut merkt die Gruppe, dass der Verstorbene noch da ist, auch in dem Sinne, dass an seiner Stelle nachgedacht wird.
Ein Zwischenruf: „Da kann man mal sehen, erst wenn man tot ist, denken die Leute an einen, nur erlebt man's nicht mehr!“ Antwort aus der Gruppe: „Also vorverlegen und den Tod ankündigen, dann dreht sich alles um Dich!“ Die Gruppe ist sich einig: Genau das hat der eine getan, und seine Sehnsucht nach Ruhe um jeden Preis – um nicht noch wahnsinnig zu werden - überdeutlich gemacht. Der Jemand von vorhin bringt es auf den Punkt: Die Drohung, jahrelang wirksam, wird unglaubwürdig, wenn sie nie zur Tat wird!
Niemand in der Gruppe zieht dieses Leben nach dem Tod dem wirklichen Leben vor. Aber man sieht, wie verführerisch dieser Weg ist. Insofern hat der eine posthum noch etwas Gutes bewirkt.

92.) „Optimierungsbroschüre“

Einer liest folgendes:
„Jemand wird an der Haustür abgeholt. Dann macht man sich gemeinsam auf den Weg, den man gemeinsam gefunden hat. Auf diesem Weg ist man dann, einem guten Weg. Der eine bekommt dabei Angebote. Die werden ständig erweitert und optimiert, sie wer-

den immer passgenauer. Fehler sind handwerklicher Art und werden sukzessive minimiert. Es wird vernetzt gearbeitet. Öffentliche und private Träger arbeiten Hand in Hand, es treten Synergieeffekte auf. Es geht aber nicht um Einsparungen. Keiner soll verändert werden. Seine Lebensbedingungen sollen positiv gestaltet werden. Dabei formuliert er die Angebote an ihn weitgehend selbst, so dass sie seinen Lebensraum erreichen und seinen Bedürfnissen gerecht werden, ja er unterstützt sie selbst aktiv."

Es handelt sich um eine Pressemitteilung der städtischen Sozialverwaltung.

Der eine überlegt: Wenn er, der eine, sie, die Angebote, selbst aktiv unterstützt, heißt das doch wohl: Eigentlich macht er sich die Angebote selbst. Also kriegt er, was er will. Er soll ja auch nicht verändert werden. Und wenn er doch unzufrieden ist? Dann waren´s handwerkliche Fehler, Melodie: ‚Kommt vor, nobody is perfect, wir arbeiten daran.'

Der eine gönnt sich ein Weizen. Besser als kein Weizen. Aber schlechter als 2 Weizen. Also: 2 Weizen. Und so weiter. Am Ende ist er überzeugt: Die schmieren mir Honig ums Maul, diese Gauner! Der eine haut auf den Tisch: Die Brüder kennen wir doch, von Ackermann bis Zumwinkel, die kassieren, und uns verarschen sie nach Strich und Faden! Am Ende krieg´ ich Hartz IV, Lebensversicherung weg, Wohnung zu groß, 1€-Job, sonst krieg´ ich von denen keinen Cent mehr...

Der eine ist in guter Gesellschaft. Er schwelgt in Selbstmitleid, verstärkt durch das eine oder andere Weizen. Das eine <u>und</u> das andere. Er kriegt es gar nicht mit, dass jemand von denen mit am Tresen steht, die die Pressemitteilung verfasst haben. Der will dem Volk aufs Maul schauen. Ihn treibt eine große Frage um: Wie sag ich's meinem Kinde? Deshalb hat er sich ein Herz gefasst und stellt sich dem schimpfenden einen. Er kennt ihn nicht, aber er hat ihm zugehört.

Die Antwort des einen kommt wie aus der Pistole geschossen: „Schluss mit der Verscheißerung! Sagt uns die Wahrheit, und dann tut was!" „Und was?", fragt der Mann von der Sozialverwaltung.

Der eine beruft sich auf die Pressemitteilung, dieses Angebot an sich selbst: „Ihr sollt uns keinen Honig ums Maul schmieren, Ihr sollt uns Honig geben, nämlich Grundeinkommen, Mindestlohn, anständige Stütze, Jobs, die Spaß machen, billiges Weizen – so was, klar?"

Der Tresen bebt. Vor Beifall. Der eine muss brüllen, um noch verstanden zu werden: „Wer zahlt?" Die Kneipe tobt: „Die´s, dies haben, die Ackermänner und Zumwinkels, so Typen wie Du da, Sozialfuzzi,

wirst doch bestimmt von denen bezahlt, oder? Was machst Du überhaupt hier?" Der eine schreit in die Runde: „Leute, der ist vom Verfassungsschutz, Achtung!"
Der Sozialfuzzi zeigt sein Parteibuch. Es ist das der Linkspartei. Es ist noch ganz neu, so wie die Partei. Jemand aus der Runde ruft: „Ja, Du bist doch der..." „Ja, der bin ich", sagt der Mann von der Sozialverwaltung, „ich bin dieser städtische Schuldnerberatner, der offenbar nur einen Fehler gemacht hat: zu glauben, dass der kleine Mann lediglich Opfer ist." „Nein", fährt er fort, „in aller Regel macht der nicht das Beste aus seiner Lage, sondern das Schlechteste, nämlich ein Feindbild, sein Leben gleicht dem der Ackermänner – er schlägt um sich und ist glücklich..." Das sagt der Schuldnerberater ganz leise, und es ist auch ganz leise am Tresen geworden, trotz der vielen Wiezen in den Köpfen. Nein, sagt der Schuldnerberater, <u>er</u> wolle nicht auch noch um sich schlagen, er sei nur traurig. Er geht. Alles schweigt. Hat es den Leuten die Sprache verschlagen? Hinten ruft einer: „Jetzt sülzt er auch noch... Da hört sich der eine sagen: Nein, der ist in Ordnung!" Keiner widerspricht, jedenfalls jetzt nicht.
Der eine wollte schon lange bei einer Selbsthilfegruppe vorbeischauen, die sich „Lebenskrisen" nennt. Das tut er jetzt. Dort hört er z.B.: Wenn die da oben, die, die´s haben, sich alles Mögliche erlauben, wieso darf ich das dann auch? Schlechte Beispiele verderben die Sitten, aber wo steht denn geschrieben, dass ich mich verderben <u>lassen</u> muss? Ist das nicht die beste Notwehr gegen die Mächtigen: anders zu sein, jeder für sich und dann viele zusammen, und dann kommen Wahlen, und als Kunde ist man König, und die Umfragewerte sind der Horror für alle, die da (noch) herrschen...?
Nach 1 Jahr hat der eine sein Selbstmitleid hinter sich. Er weiß jetzt, dass er sich erst mal selber in den Allerwertesten treten muss. Jetzt sagt er: Es geht nicht darum, zu kriegen, was ich will, sondern ich muss tun, was ich will, und <u>das</u> muss ich wollen: etwas <u>tun</u>. Er arbeitet jetzt bei der städtischen Schuldnerberatung mit, ehrenamtlich. Er gibt den Schuldnern keinen Honig, er schmiert ihn auch keinem ums Maul, er sagt ihnen die Wahrheit, wenn sie sich mal wieder selbst bedauern. Er freut sich, wenn sie sich dann selber in den Allerwertesten treten!
Er geht regelmäßig zu seiner Selbsthilfegruppe.

93.) Nicht geizen

Die eine will nicht geizig sein. Sie will leben und leben lassen. Sie will nicht geizen mit ihrer Nächstenliebe, aber auch nicht mit ihrer Neigung, auch mal selber zu genießen. Irgendwo liest sie: Je schöner ein Sonnenuntergang ist, um so dreckiger ist die Luft – im Smog bricht sich das Sonnenlicht besonders farbenprächtig. Ihr 14 jähriger Sohn sagt: In Afrika hungern die Menschen, und Du gehst ganz groß essen!
Das trifft die eine. Sie fragt einen evangelischen Pfarrer um Rat. Denn die evangelische Kirche hat die diesjährige Fastenzeit unter das Motto gestellt „Geiz ist nicht geil!“ Sogar zum „Verschwenden“ hat sie aufgerufen: So verschwenderisch wie Gott seine Schöpfung gestaltet hat, so rückhaltlos soll man sich seinen Mitmenschen zuwenden, aber auch sich selbst und seiner eigenen Lust am Leben. Der Pfarrer antwortet zwar: „Wer nicht genießen kann, ist ungenießbar.“ Aber er sagt nichts dazu, ob man die Farbenpracht des Smogs sowie materiellen Überfluss in einer hungernden Welt genießen darf, nach dem Motto: es hat alles sein Gutes, und Jesus´ Botschaft ist ja eine frohe Botschaft!
Der Sohn der einen, Konfirmand des Pfarrers, hat noch eine Frage: Wer sich für einen anderen verschwendet - verausgabt und erschöpft der sich nicht selbst und verführt außerdem die, für die er das tut, zur Faulheit und macht sie dadurch schwach?
Die eine muss lachen. Sie könnte auch heulen. Ihrem Sohn hat sie das Leben so leicht gemacht wie möglich, jetzt ist sie ausgebrannt, und der Sohn ist antriebsschwach. Beide, sie und der Sohn, sind oft wie gelähmt. Für die eine liegen Smog und Hunger in Afrika plötzlich sehr weit weg. Ihr Sohn hingegen quält sie damit, trotz aller Lahmheit: Nichts tue sie gegen all die Not – auch er sei in Not, mit ihrem „Ich tue ja alles für Dich!“ wolle sie ihm den Mund stopfen und ihn zwingen, ihr dankbar zu sein. Neulich ist der einen mal der Geduldsfaden gerissen. Sie hat den Sohn angeschrienen. Dann hat sie lange geweint und den Sohn wieder in die Arme genommen.
Das fand der Pfarrer gut. Er war der einen ja noch eine Antwort schuldig. Jetzt hatte er eine, nämlich: Liebe sei, wenn man über sich hinauswachse, vom Ich zum Du! Der Sohn, nach wie vor bequem, aber keck, findet das Haar in der Suppe. Er meint, die Mutter sei doch stolz darauf, alles für – z.B. – ihn zu tun, also sei doch auch sie egoistisch und nicht nur er!
Der Pfarrer stimmt ihm zu und bezieht sich selber ein: Er sei der Frage der einen neulich aus eigener Feigheit heraus ausgewichen. Und der schöne Spruch „Vom Ich zum Du“ führe in die Irre. Wenn die

eine jetzt fortfahre, den Sohn zu betütteln, sogar noch mehr als zuvor, um ihren Wutausbruch wiedergutzumachen – zu vertütteln z.B. als den erstaunlich Frühreifen, statt zu beschreiben als intelligenten Rechthaber und Klugscheißer, der, statt aufzubauen, zerschlägt – dann schade sie ihm, aber niemand werde sie eine Rabenmutter nennen, darum aber gehe es ihr, um ihr Image! Der Pfarrer fügt hinzu, dass man also als Egoist immer in bester Gesellschaft sei, aber sich damit zu trösten, sei ja schon wieder höchst bequem! Wenigstens könne sich jedermann bemühen, anständig zu leben. Dabei werde er immer wieder scheitern, aber es gebe eine Kraft, die einen trage...
Der Pfarrer hat selber Kinder, er nimmt an einer Eltern-Selbsthilfegruppe teil. Die empfiehlt er auch der einen. Sie gehen von nun an zusammen hin. Die eine geizt nicht mit ihrem guten Willen. Sie spürt, dass irgendwas sie dabei trägt. Es ist nicht der Pfarrer. Doch der spürt dasselbe. Und die anderen spüren´s auch, früher oder später.
Fahrradfahren, 1-Welt-Produkte bevorzugen, nicht nur schwelgen in Augenschmaus und Gaumenfreude, die „Rabenmutter“ in Kauf nehmen, akzeptieren, dass man sich nie am eigenen Schopf aus dem Sumpf ziehen kann und dass doch da, wo die Gefahr am größten ist, auch das Rettende naht, wie der Dichter sagt – all das misslingt immer wieder, aber es geht doch! Die eine findet das wunderbar.
Von anderen hört sie, es sei ja ein kleines Wunder, wie aktiv sich ihr Sohn plötzlich im 1-Welt-Laden engagiere statt immer nur zu meckern. Die eine freut sich.

94.) Hungerstreik

Eine, ein Kind, hat blonde Locken und blaue Augen. Sie lacht und macht, hau ruck, einen Schiesser von der Bank in die Sandkiste, dass alle nur staunen. Ihre große Schwester, 3 Jahre älter, die Kronprinzessin, ist eher stolz und spielt von Anfang an in einer anderen Liga. Ihre kleine Schwester, 2 Jahre jünger, noch ein Baby und süß, hat, wie die eine sich ausdrückt, „etwas Dummes an sich“, aber die eine trägt es mit Fassung. Im Kindergarten und in der Schule hat sie eine Menge Freunde und Freundinnen. Sie turnt, sie reitet, sie spielt Handball. Sie hat ein Rennrad. Ballet liegt ihr weniger. Sie ist eine wilde Hummel, aber eine nette. Sie sei immer sehr hilfsbereit, so steht´s in einem ihrer Zeugnisse. Aber wenn sich die große Schwester ein T-Shirt von ihr „leiht“, geht sie auf die los, mit Gebrüll.

Keine Spur von Sandwich-Kind, das heißt keineswegs zerquetscht, zwischen älteren und jüngeren Geschwistern. Dafür ein Darling. Das findet jedermann in Ordnung. Verwöhnt? Na ja, vielleicht da und dort mal, aber soll man sie vielleicht bestrafen – für was denn? Auch der Vater denkt so.
Der ist Sozialarbeiter. Natürlich geht ihm Gerechtigkeit über alles. Gut, er hat ihr das Rennrad geschenkt, zum Geburtstag, und, richtig, die Fahrt mit der Bahn zur Patentante und dann auch noch den Kanarienvogel – sie wusste wirklich nicht, dass sie so was je kriegen würde. Dann ihr Jubel, der Vater wird ihn nie vergessen. Klar, dass die Schwestern nicht benachteiligt wurden: ein Prinzesschenkleid für die Große, ein Dreirädchen für die Kleine... Immer wollte der Vater nur eines: dass die Kinder gesund sind, Geschlecht egal. Aber die wilde Hummel war doch was Besonderes, wie ein Bub, ein Brecher, der Vater war so glücklich – ganz normal, dachte er.
Mit 14 beginnt die eine, das Essen einzustellen. Dafür kocht sie leidenschaftlich gern, für andere.
Sie will später in die Entwicklungshilfe gehen, lernt verbissen und treibt exzessiv Sport, jetzt Volleyball. Sie wird immer „durchsichtiger". Sie werde immer „heiliger", meint die große Schwester. Ihren Vater jedoch nennt sie „bescheuert": Für seine Klienten habe er sich immer zerrissen, sie aber habe er immer mit seiner Lobhudelei gedeckelt – in jedem Lob stecke eine Erwartung, erdrückt habe er sie mit seiner sogenannten Liebe, den Mund gestopft habe er ihr mit dieser seiner „Götterspeise", vergöttert habe er sie und damit doch nur abgespeist, deshalb ekle sie sich jetzt vor Speise und habe jeden Appetit verloren.
Der Vater ist entsetzt, obwohl er auch wieder stolz ist auf die Ausdruckskraft der einen. Er hat es doch nur gut gemeint. Und offenbar will sie doch immer noch mehr haben von dieser Götterspeise:
Sie ist plötzlich verschwunden. Für Schule und Sport ist sie zu schwach geworden. Er sucht sie. Er findet sie tief in der Nacht, auf einem Hochsitz, lesend, unterkühlt, oder, bald darauf, in einem Obdachlosenasyl, kochend, spülend, tröstend, auf zitternden Beinen, halb tot – „Sozialarbeiterin wie Du", sagt sie, „aber nicht im warmen Büro!", letzte Worte von ihr? Der Vater lebt nur noch für sie, vernachlässigt sein Beruf, lässt sich krank schreiben, schleppt sie von Arzt zu Arzt, aber sie will nicht, und der Vater will keine Gewalt anwenden, dabei arbeitet der Vater in seiner Beratungsstelle mit Süchtigen, auch Magersüchtigen...

Der Vater, am Ende seiner Möglichkeiten, schreit sie an, wirft sie raus, nimmt sie wieder auf, schlimmer kann es nicht werden. Er gibt auf – für ihn wie ein Sterben. Aber gerade dadurch – er verhindert den Tod. Nach Monaten, in denen er sie nicht mehr sucht und nicht mehr bei sich rein lässt, in denen sie für ihn tot ist, erfährt er, dass sie wieder isst, wieder in der Schule war und sogar wieder beim Volleyball. Sie lebt bei einer Freundin. Die ruft ihn an, im Auftrag der einen.
Die eine macht, 2 Jahre später, ein gutes Abi. Sie wird Optikerin und studiert anschließend Architektur mit dem Abschluss Diplomingenieur. Sie heiratet und bekommt 3 Kinder, deshalb arbeitet sie nur selten als Architektin. Gegen „Götterspeisen" ist sie allergisch. Weder will sie so was noch mal für sich selbst, noch will sie so was anderen verabreichen. Aber ein klein bisschen will sie´s doch. Ihr Mann merkt das, so ein bisschen soll er sie auf Händen tragen. Und ein bisschen will sie das auch mit ihren Kindern: sie verwöhnen. Sie weiß es besser, als Optikerin hat sie ja den Durchblick. Und als Architektin will sie aufbauen. Sie hat ja auch schon aufgebaut: Familie, ein Haus, einen Freundeskreis, und den Beruf will sie in Kürze richtig „hochziehen". Doch die Versuchung ist groß.
Die eine ist immer noch ein Lockenengel, jetzt ein mütterlicher, und wer von ihrem Sieg über die Magersucht weiß, bewundert sie, sie will es nicht, aber sie genießt es. Sie erkennt selbst ihre allergischen Symptome: leid- und lustvolle Selbstverausgabung in Richtung Askese-Sucht.
Eine Selbsthilfegruppe, die sich so nennt („Askese als Sucht"), hilft ihr. Den letzten Schub gibt ihr ihr Ältester. Er ist 8 und nennt sie „bescheuert", er verweigert zwar nicht die Nahrung, aber die Zuwendung seiner Mutter, er hat ihr Lockenhaar und treibt sich herum. Der einen graut´s. Das gibt ihr die Kraft, auf ihrem Durchblick aufzubauen. Sie muss nicht erleben, dass sich die alten Geschichten wiederholen. Nach einigen Monaten hat ihr Ältester seine schwierige Phase hinter sich. Die eine arbeitet an einem großen Architektenauftrag. Keineswegs ist sie immer da für ihn. Für ihn ist das gut. Die eine freut sich.

95.) Konfirmation

Einer braucht für sein Auto eine neue Batterie. Seine Autowerkstatt bietet sie ihm cash an: ohne Mehrwertsteuer. Er nimmt sie. Sein 14-jähriger Sohn bekommt das zufällig mit. Er fragt ihn, wieso er Steuern

hinterziehe. Der eine lacht ihn aus: Solange unsere Großverdiener das im großen Stil machen, darf ich das doch wohl auch, oder? Der Sohn erklärt, im Konfirmandenunterricht gelernt zu haben, niemand dürfe betrügen und schlechte Vorbilder seien keine Entschuldigung. Der eine behauptet, kein schlechtes Vorbild zu sein, schließlich würden so gut wie alle so handeln wie er, und zwar schon immer, außerdem nehme uns der Staat so viel weg, da dürfe man auch mal zurückschlagen. Der Sohn antwortet, jedermann solle anständig sein, ohne Ausreden, natürlich auch die anderen, aber natürlich auch man selbst. Der eine schimpft zwar über diesen „lebensfremden" Konfirmandenunterricht. Aber im Stillen schämt er sich.
Auf einem Treffen der Konfirmandeneltern wird Kritik am Pfarrer laut: Der sei ja wohl päpstlicher als der Papst und bringe die Kinder gegen ihre Eltern auf mit seinen moralinsauren Tiraden. Der eine sagt nichts, er erinnert sich jedoch an seine eigene Jugend, da war er auch für das Wahre, Schöne, Gute, und sein Vater sagte: Du kennst das Leben noch nicht, das Leben, es ist ein Haifischbecken. Und er, der eine? Ist er inzwischen selbst ein Haifisch? Das nagt an dem einen.
Es passiert etwas. Der eine streift mit seinem Wagen einen anderen, der andere, ein BMW, war geparkt. Der eine hat es zur Unfallzeit eilig, sehr eilig, und er denkt: Na ja, BMW, es trifft keinen Armen, seine Parkzeit ist ja noch lange nicht abgelaufen, ich komme in 2o Minuten wieder vorbei...
Der eine hat Pech. Ein Fußgänger notiert sich seine Autonummer und zeigt ihn wegen Fahrerflucht an. Der eine behauptet, von dem Unfall nichts gemerkt zu haben. Man glaubt ihm nicht. Er wird zu einer Geldstrafe und 1 Jahr Führerscheinentzug verurteilt.
Auch sein Sohn glaubt ihm nicht. Das trifft den einen ins Mark: Immer wollte er gut dastehen vor ihm, neulich die Sache mit der Autobatterie, und jetzt das... Der Sohn sagt: „Sag ja nicht, dass alle Leute Fahrerflucht begehen, und selbst wenn: das ist kein Argument!" Der eine fragt sich in einer stillen Stunde: Bin ich ein Feigling? Da liegt plötzlich ein Zeitungsartikel über einen Mobber vor ihm. Der Mobber hatte Gerüchte gegen einen Kollegen in die Welt gesetzt, der Kollege hatte sich das Leben genommen. Der Sohn zu seinem Vater: „Mobben traue ich Dir auch zu, keiner merkt´s, und jeder mobbt ja, wenn er kann, und der Kollege, der war ja wirklich voll die Sau, oder?" Um ein Haar wäre der eine voll die Sau zum eigenen Sohn gewesen, er hätte sich am liebsten auf ihn gestürzt, aber er tut es nicht. Der eine denkt: Ein Feigling tut so was nicht... Der eine, nach dem Tode seiner Frau mit dem Sohn allein, hat wirklich mal einen Kollegen zu

mobben versucht ... Er gibt sich einen Ruck. Er geht zu dem Pfarrer. Er beichtet. Er wollte das gar nicht. Aber es kam so aus ihm heraus. Der Pfarrer empfiehlt eine Väter-Selbsthilfegruppe. Der eine geht hin. Er will weder Haifisch noch Feigling sein. Er will in den Spiegel schauen können, ohne sich zu schütteln – und ohne den Spiegel zu zerstören. Er erschrickt bei dem Gedanken, dass der Spiegel auch der eigene Sohn sein kann.
In der Gruppe trifft er auf weitere Spiegel: Leidensgenossen – solche, die ebenfalls an sich selbst leiden. Alle wollen an sich arbeiten. Alle wissen: Gemeinsam geht das besser. 1 Jahr vergeht. Der Sohn ist konfirmiert – und irgendwie fühlt sich der eine auch so.

96.) Contergan

Eine ist ein Contergan-Opfer. Sie hat keine Arme. Sie ist übergewichtig. Sie behauptet, überall und von jedermann abgelehnt zu werden, auch werde ihre Behinderung, da selten, nicht richtig erforscht, und auf Schadensersatz warte sie seit 30 Jahren. Die Firma, die seinerzeit das Contergan herausgebracht hatte, hat bisher eigenes Verschulden abgestritten. Die Interessengemeinschaft der Contergan-Geschädigten behauptet das Gegenteil, die eine ist Mitglied. Sie wird oft interviewt und ist Gast bei Talkshows im Fernsehen.
Sie hat einen Hund. Der ist sehr alt und fast blind und läuft nur noch sehr mühsam. Sie hat auch einen Freund. Der versucht ihr die Arme zu ersetzen. Der Freund fährt sie und den Hund jeden Abend auf einen Parkplatz am Wald. Die eine und er gehen ein Stück spazieren. Der Hund trottet hinterher. Alle paar Meter bleibt er stehen. Wenn er merkt, dass er in eine Pfütze geraten ist, legt er sich hinein und versucht, Wasser zu schlabbern. Der Freund hebt ihn hoch und setzt ihn wieder auf trockenen Boden. Die eine schimpft mit dem Hund. Der Hund legt sich schlafen, mitten auf den Waldweg. Sie wird ganz wild und versucht, ihn zu treten. Der Freund trägt den Hund ins Auto zurück, er streichelt ihn. Jetzt schimpft sie auch noch mit dem Freund. Der Freund hält ihr vor, sie behandle den Hund so wie alle Welt sie, jedenfalls klage sie doch immer über diese Welt. Sie findet, der Hund sei zwar alt, aber er solle nicht so tun. Er, der Freund, verwöhne ihn. Es sei kein Wunder, dass er immer frecher und fauler werde. Der Freund kommt in Rage und sagt der einen, sie sei auch nicht ohne. Das merke er gerade selbst, und der Hund merke es auch, und es merke auch immer mehr diese Welt, die von ihr ständig an den

Pranger gestellt werde, auch wenn sie nur dasitze und heule – wie der Hund, wenn er sich auf den Boden schmeiße und alle Viere von sich strecke...

Die eine ist hellauf empört. Der Freund hat keine Lust mehr und trennt sich von ihr. Den Hund nimmt er mit. Zwar gibt es Leute, die den Ex-Freund jetzt kritisieren: Eine Contergan-Geschädigte kann man doch nicht sitzen lassen! Aber Schritt für Schritt ziehen sich immer mehr Menschen von der einen zurück, oft mit der Begründung: Sie ist ein armes Schwein, aber sie fährt die Mitleids-Tour! Kommt hinzu, dass der bewussten Contergan-Firma Fahrlässigkeit oder gar bedingter Vorsatz nicht nachgewiesen werden kann, im Vorfeld gab es nur sehr vereinzelte Warnungen. Fest steht aber, dass alle Contergan-Geschädigten im Laufe der Jahre erhebliche Kulanzzahlungen erhalten haben.

Die eine fühlt sich zwar immer noch als bloßes Opfer, gegen das sich Gott und die Welt verschworen haben. Aber sie hält ihre zunehmende Einsamkeit nicht mehr aus und geht mal, zur Probe, in eine Selbsthilfegruppe „Lebenskrisen". Da wird sie mit nur einer einzigen Tatsache konfrontiert: Contergan-Geschädigte sind zunächst mal wirklich reine Opfer, es gibt keine eigene Mitverantwortung wie bei den Übergewichtigen, den Rauchern, den Trinkern, den Stresssüchtigen usw. – wenn die aber dann irgendwann wirklich abgelehnt werden, dann warum? Sie haben sich unbeliebt gemacht, und das war harte Arbeit!

Die eine will gleich wieder weg. Aber merkwürdig: sie bleibt. Im Grunde gibt sie der Gruppe recht. Aber sie muss erst noch ihr Gesicht wahren. Sie muss, um das zu überwinden, wieder mal hart an sich arbeiten.

Das kann sie ja! Z.B. gibt sie sich einen Ruck und erzählt von dem Hund. Der tue ihr jetzt leid.

Doch nie habe er sich selber leid getan. So wie sie, dass sehe sie jetzt...

97.) Psychiatrie - Erfahrene

Eine ist eine Psychiatrie-Erfahrene, PE genannt: eine frühere Patientin eines psychiatrischen Krankenhauses. Die eine freut sich, dass PE so geheimnisvoll klingt, ein wenig wie PD, psychological doctor, oder MP, Ministerpräsident.
Die eine hat vor 15 Jahren eine psychosoziale Selbsthilfekontaktstelle gegründet: eine SEKOS. Da geht es vor allem um Information und Beratung für Leute, die für sich selbst und andere psychische und/oder soziale Möglichkeiten von Selbsthilfe suchen, ohne zu wissen, was es da alles gibt und wie das alles so ist. Es geht aber auch um Information und Beratung für professionelle Anbieter psychischer und/oder sozialer Hilfen in Bezug auf die Möglichkeiten von Selbsthilfe. Drittens sieht man sich selber als Initiator, Dienstleister und Begleiter von Selbsthilfegruppen, die derartige Hilfen leisten wollen.
Die eine ist jetzt hauptamtliche Geschäftsführerin der SEKOS e.V. Land, Kommune, Krankenkassen, Mitglieder und Sponsoren zahlen. Die eine sitzt im zuständigen Kreistag und, ehrenamtlich, im zuständigen Kreisausschuss. Von einem Profi ist sie, was Management und Lebenserfahrung angeht, kaum noch zu unterscheiden, jedenfalls hat man den Eindruck.
Was ihre mehrfachen jeweils mehrmonatigen Aufenthalte in psychiatrischen Krankenhäusern angeht, äußert sie sich selbst wie folgt: „Da habe ich erlebt, was es heißt, stigmatisiert zu werden. Ich war überarbeitet und hatte verrückt gespielt, aber ich war nicht verrückt, trotzdem trage ich ab damals eine Art Judenstern, ich gelte als schizophren. Lange Zeit konnte von Wertschätzung keine Rede mehr sein. Ich wurde mit Medikamenten ruhiggestellt und hatte nichts mehr zu sagen. Diese Erfahrungen nimmt mir keiner. Ich will sie anderen ersparen. Das leitet mich."
Die eine ackert Tag und Nacht. Aber sie wirkt keineswegs überarbeitet oder burnt-out, wie man heute sagt. Dabei ist sie inzwischen Mitglied in diversen überregionalen Gremien, so im Vorstand der „Arbeitsgemeinschaft deutscher Selbsthilfekontaktstellen". Ihr Privatleben leidet nicht (mehr), es gibt keines (mehr), aber offenbar braucht sie auch keines (mehr). Sie geht in ihrem Engagement auf, ohne sich dabei aufzureiben, jedenfalls sieht es so aus.

Auf einer Tagung sagt ihr eine andere PE, sie, die eine, pflege ein Feindbild und sehe sich offensichtlich immer noch als Märtyrerin, als

ein weiblicher Robin Hood oder eine „Jeanne d´ Arc der PE´s“ und aller, die vielleicht mal PE´s werden könnten – ob das nicht ihre Droge sei, ohne die sie (wieder) zusammenbrechen würde? Die eine versteht dies als Bestätigung ihres Weltbildes: PE´s sind von Feinden umgeben, so wie einst die Juden von den Nazis! Sie unterstellt ihrer Kritikerin, sie verrate die gerechte Sache der Psychiatrie-Opfer. Die eine hat so was schon oft geäußert. Vielen geht das zu weit. Es gibt Widerstand gegen die eine, der sich steigert.
Die eine erleidet einen Rückfall. Sie droht mit Suizid: Wer ihr Lebenswerk in Zweifel ziehe, zerstöre sie! Sie wird, zu ihrem Schutz, in ein psychiatrisches Krankenhaus eingewiesen.
Die medikamentöse Sedierung dauert nur 2 Tage. Dann wird ihr freigestellt, an einer Selbsthilfegruppe teilzunehmen, die sich „Die Verrücktspieler“ nennt. Da sitzen Leute, die begriffen haben, dass sie in den Unmenschen, die sie überall zu sehen glauben, eigentlich sich selber erkennen, ihre Aggressivität gegenüber „ihren Nazis“ entspricht der Aggressivität, die sie „ihren Nazis“ unterstellt – und die infolgedessen bei diesen, wenn sie denn, wie oft, wenigstens ansatzweise schon vorhanden war, zur Weißglut eskalieren kann. Damit, so die Gruppenleute, scheint bewiesen zu sein, was behauptet worden war, nämlich: Die psychiatrischen Profis mit ihren Hilfstruppen sind Unmenschen!
Die eine akzeptiert das rational. Aber sie braucht noch einige Niederlagen. Sie verliert ihre Ämter. Sie wird wieder zur „normalen“ Kranken. In der Selbsthilfegruppe erkennt sie, dass ihr größter Feind ihr Selbstmitleid war. Am Ende ist sie wütend auf sich selbst und zwar darauf, dass sie so lange wütend war auf Gott und die Welt! Sie will kein Robin Hood mehr sein. Sie bewirbt sich um eine Stelle als Hauptbuchhalterin in einer Baufirma. So was hat sie mal gelernt. Sie bekommt die Stelle. Regelmäßig besucht sie ihre Selbsthilfegruppe.

98.) Gerettet

Einer hat, nach diversen Therapien, alle denkbaren Selbsthilfegruppen kennengelernt. Er fühlt sich zwar keineswegs (mehr) am Ziel, doch dafür (jetzt) auf dem richtigen Weg. Er fühlt sich nicht (mehr) perfekt, aber auch nicht (mehr) völlig defekt. Er weiß, dass diese Mittellage gut für ihn ist – die Mittellage zwischen „himmelhochjauchzend“ und „zu Tode betrübt“. Der eine fühlt sich insofern „therapeutical correct“, aber er hat einen Horror davor, wieder mal abzuheben –

was in ihm den Beginn einer Panik auslöst: Oh Gott, ich stürze wieder ab! Und wieder taumelt er zwischen „himmelhochjauchzend“ und „zu Tode betrübt“ hin und her – was ihn zu Tode betrübt, aber auch mit himmlischer Genugtuung erfüllt, weil er wenigstens keinem Größenwahn verfallen ist.
Der eine fragt sich, ob er je weiterkommt oder ob, wie ein Sprichwort sagt, tatsächlich der Weg das Ziel ist. Merkwürdigerweise macht sich der eine angesichts dieser Ausweglosigkeit keineswegs verrückt – ohne jetzt ins Gegenteil zu kippen und sich als Übermensch zu fühlen: als einer, den das Urvertrauen des Kleinkindes nie verlässt.
Er spürt eine Kraft, die nicht die seine sein kann. Wieder rühren sich die zwei Seelen in seiner Brust: die eine, die ihm zuflüstert: Alles Unsinn, was Du willst, schaffst Du! und die andere, die ihm zuzischt: Da hast Du´s, Du bist ein Nichts! Aber der eine bleibt ruhig. Woher kommt diese Kraft? Von außen, mehr weiß er nicht, aber das weiß er. <u>Woher</u> weiß er das? Er fühlt es. Wie sagt Goethe? „Und fühlt Ihr´ s nicht, Ihr werdet`s nie begreifen.“ Und wie endet Goethes „Faust“? Als nichts mehr geht, Gretchen ist zur mehrfachen Mörderin geworden, kein Mensch kann sie noch retten, da spricht eine Stimme „von oben“: „Ist gerettet.“
Der eine geht jetzt nur noch in <u>eine</u> Selbsthilfegruppe: eine Gemeinde, die sich dieser Kraft „von oben“ öffnet, ohne Hoch- und ohne Kleinmut, ohne den unverjährbaren Anspruch auf Belohnung für gute Taten oder wenigstens Bemühungen, aber auch ohne den Kadavergehorsam des reuigen Sünders, jedoch mit etwas Drittem: mit Demut.

99.) Vom Saulus zum Paulus

Einer wird vom gefährlichen Idioten, Typ Fanatiker, der über Leichen geht, auch seine eigene, zum gebildeten Gutmenschen, Typ kleiner Mittelständler mit sozialem Gewissen. Wäre er Muslim, wäre er vielleicht als Selbstmordattentäter geendet. Er galt als Kinderschreck. Vor ihm zu warnen, war leicht. Jetzt, als Handwerksmeister, Gemeindevertreter und Vereinsmensch, ist er anerkannt und beliebt. Kürzlich wurde er mit dem Bundesverdienstkreuz ausgezeichnet.
Der eine ist vom Saulus zum Paulus geworden, so heißt es. Nur selten ist Kritik zu hören: Er sei <u>zu</u> gut zu den Menschen, von gewissen Leuten werde das schamlos ausgenutzt. Er übernimmt z.B. mit Vorliebe Jugendliche in ein Lehrverhältnis, die bisher nicht vermittelbar waren.

Gerade erst hat er einen 17-Jährigen genommen, der durch Gewalttätigkeit und Drogengebrauch aufgefallen war, wenn auch mit linksradikalen Gedanken „überbaut." Der eine will aus diesem Saulus einen machen, wie er angeblich einer geworden ist: einen Paulus.
Der Lehrling genießt und nutzt seine Freiheiten: Gelegenheit macht Diebe. Er bestiehlt seinen Lehrherren und finanziert damit seinen „alternativen" Lebenswandel. „Stoff" kostet ebenso Geld wie „autonome" Schlagringe und Ledermonturen. Der eine deckt ihn. Intern nimmt er ihn zwar ins Gebet, aber als der Lehrling von seinem prügelnden und saufenden Vater erzählt und Besserung gelobt, gibt er ihm auch weiterhin, was er Chance nennt. Die Sache endet wie schon oft zuvor: Der eine muss sich von dem Lehrling trennen, und er muss sich sagen lassen, er habe ihn begünstigt. Dennoch bleibt ihm sein Ruf als sozial denkender Chef, der sich halt auch mal die Finger schmutzig macht, im ganzen auch weiter erhalten.
Als sein Handwerksbetrieb dank seiner „Menschenfreundlichkeit" allmählich ins Trudeln kommt, sagt ihm seine Frau endlich mal die Meinung: Er habe wohl ganz vergessen, dass sie ihm einst, als er noch der wüste Typ war, den Laufpass gegeben hatte, obwohl auch er immer wieder auf die Tränendrüsen gedrückt hatte: er sei als Kind schon Scheiße gewesen u.s.w. ... Er, der eine, solle sich gefälligst erinnern und nicht bei dem wüsten Typen von heute ein Leben unterstützen, dem er offenbar immer noch nachweine! Er, der eine, der angebliche Paulus, entlarve sich damit als der alte Saulus, denn er schade ja den wüsten Typen von heute!
Der eine hat mit einer solchen Rede nicht gerechnet. Seine Frau sagt ihm, sie gehe seit einiger Zeit zu einer Selbsthilfegruppe „Lebenskrisen". Er könne ja mal mitkommen. Noch will er nicht. Aber dann muss er Insolvenz beantragen. Und dann wird er wegen Hehlerei angezeigt – er hatte Diebesgut „schwer Vermittelbarer" bei sich zwischenlagern lassen. Er scheint reif für eine erneute Wende in seinem Leben.
In der Selbsthilfegruppe, die er jetzt gemeinsam mit seiner Frau besucht, hört er folgenden Satz des spanischen Philosophen Nikolas Gomez Davila: „Terrorismus ist dort, wo den Unterdrückten keine Unterdrücker gegenüberstehen." Der eine braucht einige Zeit, dann kann er den Satz „übersetzen":
„Haltlos und brutal wird jemand, der als Kind schon Scheiße war, allen leid tut und deshalb keinen findet, der ihm später Grenzen zieht und ihn erzieht." Erst jetzt wird der eine zum wahren Paulus.
Der eine kann seinen Betrieb retten. Die Staatsanwaltschaft eröffnet kein Hauptverfahren, es bleibt bei einem Bußgeld. Da hat er Glück.

Aber er weiß, dass er sich darauf nicht ausruhen darf. Er ist jetzt so weit, dass er kein Gutmensch mehr sein will – wohl aber ein guter Mensch.

100.) Kassandra

Einer hört von klein auf folgendes:
Er soll ehrlich sein, aber auch höflich,
offen, aber auch diplomatisch,
loyal, aber nicht glatt,
tolerant, aber nicht beliebig,
zuverlässig, aber nicht stur,
profiliert, aber auch flexibel,
durchsetzungsfähig, aber ohne Dickkopf,
verführerisch, aber keine Schlange,
freundlich, aber nicht scheißfreundlich,
ordentlich, aber nicht perfekt.
Der eine hört, was alle hören. Aber er macht daraus, was nicht alle daraus machen: Er will alles richtig machen. Dabei macht er sich verrückt. Er denkt: Was ich auch mache, ich mache es falsch – entweder bin ich ordentlich, dann bin ich perfekt, oder ich bin nicht perfekt, dann bin ich unordentlich. Natürlich kennt der eine genügend Leute, die nach dem Prinzip leben: Das eine tun und das andere nicht lassen! Die glauben an den „goldenen Mittelweg“. Sie halten sich an Wilhelm Busch: „Das Gute, dieser Satz steht fest, ist stets das Böse, das man lässt.“ Der eine findet, dass all diese Leute das Unmögliche wollen: die Quadratur des Kreises. Er findet, dass er einer der wenigen ist, die sich selbst nichts vormachen, daher seine Verzweiflung. Er sieht sich in der Kassandra aus der griechischen Sage wieder: Die wusste alles und litt wie sonst niemand.
Der eine, wegen Depressionen krank geschrieben und zunehmend einsam, macht auf ärztliches Anraten eine Kur in einer psychosomatischen Klinik. Dort wird festgestellt, dass sein IQ weit überdurchschnittlich ist. Sein Therapeut nennt ihn „einen von diesen tragischen Hochbegabten“.
Das ist gar nicht ironisch gemeint, kommt aber bei dem einen so an. Daraufhin korrigiert sich der Therapeut folgendermaßen: Ich hätte ironisch sein sollen, denn tatsächlich bemitleiden Sie sich, und Sie merken es, Ihr schlechtes Gewissen hat Sie mich missverstehen

lassen! Der eine wehrt sich: Einerseits soll ich mich nicht bemitleiden, anderseits soll ich Hilfe annehmen und diese Kur machen!
Der Therapeut klatscht Beifall, diesmal ironisch: Sieg nach Punkten, wie auch immer!
Dann erzählt der Therapeut dem einen, wie er selbst war, als er noch nicht Therapeut war, nämlich wie der eine! Irgendwann sei er von seinem Thron des tragischen Helden gestürzt, genauer: gestürzt worden, jetzt wolle er den einen stürzen, vielleicht komme der eine, den ja sowieso schon ein schlechtes Gewissen plage, wenigstens schon mal ins Wackeln...
Der Therapeut gibt dem einen die Adresse einer Selbsthilfegruppe „Lebenskrisen." Der eine will sein Gesicht wahren und geht hin. Da hört er, dass Extreme zwar lebensfeindlich sind, dass Mittelmass aber sei langweilig: Extremisten sind berühmt oder berüchtigt, der Rest sind Spießer. Der eine begreift, dass diese Sentenz „ordentlich, aber nicht perfekt" lediglich vor den Extremen „Chaos" einerseits und „Zwangshandlung" andererseits warnen will. Trotz seines hohen IQ ist ihm das bisher entgangen. Allmählich bröckelt sein Selbstbild, und es gelingt ihm, sich als den „eingebildeten Kranken" zu sehen, der er schon immer war: blasiert und leidensselig.
Aber dazu bedarf es noch mehrerer „Stürze." Der Vertrauensarzt bezeichnet ihn als „therapieresistent", und er verliert seinen Arbeitsplatz wegen „Depressionen mit schlechter Prognose".
Er ahnt, wo das endet – womöglich in einer Fernseh-Talkshow, wo er den „verstoßenen Hochbegabten" gibt...Er will das nicht. Also wird er zum „Langweiler", zum „Spießer", der den Mittelweg sucht. Seine Depressionen schwinden. Er braucht sie nicht mehr. Er findet wieder einen Arbeitsplatz. Da arbeitet er ordentlich, aber er muss nicht mehr der Allergrößte sein, in Gestalt der Kassandra mit ihrer Tragik. Plötzlich hat er auch wieder Freunde.

101.) Bipolar gestört

Einer legt großen Wert darauf, dass er eine bipolare Störung habe: „manisch-depressiv“ klingt ihm zu sehr nach „verrückt“, „himmelhoch-jauchzend, zu Tode betrübt“ zu läppisch. Er möchte als psychisch Kranker wertgeschätzt werden: nicht ausgegrenzt oder bemitleidet, sondern ernst genommen.

In der Praxis ist der Umgang mit ihm allerdings schwierig. Er ist eine Mimose. Man tritt ständig in Fettnäpfchen. Man darf nicht sagen: Siehst gut aus heute! Er antwortet dann grollend: Wenn Du wüsstest! Wehe aber dem, der nachfragt: Geht´s Dir heute nicht so gut? Der eine ist beleidigt: Was für eine Frage, Du unterstellst mir da was, wie kommst Du eigentlich dazu? Wenn ihn dann jemand den einen so sehr schont, dass er gar nichts Persönliches mehr zu ihm sagt, bekommt er bei Gelegenheit von ihm zu hören, es sei eine Schande, keiner interessiere sich für ihn, obwohl doch jeder wisse, dass er unter einer bipolaren Störung leide.

Eine Frau sagt dem einen irgendwann, ihr lange es jetzt: bipolar hin, bipolar her – sie habe es nicht nötig, sich von dem einen, egal was sie tue, jedes Mal abservieren zu lassen! Er könne sie mal, und wenn er sie jetzt beschimpfe, sei das <u>sein</u> Problem! Die Frau bleibt in ihrem Frust nicht allein. Verschiedene Leidensgenossen kommen jetzt aus der Deckung: Der eine trage vielleicht ein Kreuz, aber er sei auch ein Kreuz mit ihm!

Der eine, nach eigener Einschätzung von seiner Umwelt in eine depressive Phase gedrängt, stößt vage, aber unzweideutige Suiziddrohungen aus. Einige überwinden ihren Ärger und bieten ihm, zur Vermeidung „unterlassener Hilfeleistung“, doch wieder Hilfe an für den Fall, dass er zu verzweifeln drohe. Er reagiert süßsauer: Er fährt zwar nicht gerade seine Stacheln aus, lässt aber erkennen, dass keiner ihm helfen könne, keiner! Wenn er dahingehe, sei Ruhe, das sei doch auch gut für seine Mitmenschen!

Die Frau mit dem „Du kannst mich mal!“ äußert sich, wütend, noch mal: Der will uns erpressen und spielt dann auch noch den Großzügigen, der uns von sich befreien will – also noch mal: soll er doch tun, was er will, es ist <u>sein</u> Problem!

Der eine verschwindet. Er hinterlässt einen Brief. Darin stellt er fest, er mache Schluss. Das sei allein <u>sein</u> Problem. Er klage niemanden an. Mit Mitleid aber möge man ihn verschonen.

Man sucht ihn. Man findet ihn nicht. Aber man redet über ihn: Er sei ja ein Kotzbrocken, aber schließlich sei er bipolar gestört, also krank, und so wie die bewusste Frau und ihre Freunde dürfe man mit so einem nicht umgehen!
Zufällig stellt sich in diesen Tagen eine neue Selbsthilfegruppe „Bipolare Störungen“ der Öffentlichkeit vor. Dort schildert ein Betroffener, der anonym bleibt und den in der Gegend niemand kennt, er sei in seiner Heimat „abgetaucht“, mit einem Abschiedsbrief... Jetzt wisse er, dass er trotzdem in Vergessenheit geraten sei. Er habe das Gegenteil von dem erreicht, was er erreichen wollte, nämlich: Aufmerksamkeit, Zuwendung, Liebe. Nie habe er wirklich sterben wollen. Aber jetzt wolle er zu leben anfangen. Noch heute nacht kehre er in seine Heimat zurück. Er dankt und geht.
Der eine bleibt verschwunden. Nach etwa 1 Jahr taucht er wieder auf. Er erscheint in der Selbsthilfegruppe „Bipolare Störungen“. Dort erzählt er, dass er damals an der Veranstaltung teilgenommen habe, unerkannt in einer dunklen Ecke. Der Mann, der damals gesprochen habe, habe recht gehabt. Jetzt sei er so weit. Seine Rechnung sei nicht aufgegangen. Sein Leben sei ein Loch geworden, in dem er gesessen habe, tief unten und vergessen. Das sei die Hölle gewesen. Aber er habe sie gebraucht. Er danke denen, die er für seine Feinde hielt, dafür, dass sie ihm gegeben haben, was er brauchte, aber nicht das, was er wollte.

102.) Politikerin

Eine will vom Volk in ein politisches Amt gewählt werden. Sie macht Wahlversprechen. Unter anderem verspricht sie, sich nach der Wahl nicht mit Leuten zu verbünden, mit denen zusammen sie zwar die Mehrheit hätte, so dass sie regieren könnte, die ihr aber zuwider seien.
Genau dieser Fall tritt ein: die eine braucht diese Leute. Sie bricht ihr Wort und verbündet sich mit ihnen. Ihre Begründung: Sonst könne sie all ihre anderen – inhaltlichen – Wahlversprechen nicht einlösen. Sie habe halt immer gedacht, sie werde sich gegebenenfalls mit ein paar anderen Leuten verbünden können, die ihr nicht zuwider seien – leider zeige sich jetzt, dass das nicht auf Gegenseitigkeit beruhe. Diesen „scheinbaren Freunden“ jedoch gibt sie jetzt die Schuld, die hätten sie verraten. Die wehren sich und halten ihr vor, sie hätten ihr nie ihr „Jawort“ gegeben. Dieses „Jawort“ hat auch niemand gehört.

Die eine hat eine 16-jährige Tochter. Die kommt verheult nach Hause: Liebeskummer! Ihr Freund, „dieser Hund“, habe sie bitter enttäuscht. Er behaupte jetzt, sie nie richtig geliebt zu haben. Die eine fragt ihre Tochter, wie alt sie eigentlich sei. Die eine: “Ob man geliebt wird, das merkt man doch mit 16!“ Die Tochter kontert: „Und Deine Freunde, die Dich angeblich verraten haben? Jetzt stehst Du als Wortbrüchige da! So was macht man doch nicht mit 49!“ Beide müssen unwillkürlich lachen. Die Tochter, Gymnasiastin, verweist auf die Bibel: Wer ohne Schuld ist, der werfe den ersten Stein! Mutter und Tochter sehen, dass sie sich beide zu sicher waren: leichtsinnig, übermütig, geleitet von Wunschdenken.
Die eine meint, eigentlich sei sie anders veranlagt: ängstlich, kleinmütig. Das versuche sie bewusst mit „positivem Denken“ zu überspielen. Die Tochter erklärt, diesen Fehler nicht noch mal machen zu wollen, trotz irgendwelcher entgegenstehender Anlagen. Die Mutter nennt genau diese Einstellung „voll von jugendlichen Leichtsinn“. Die Tochter nennt genau diese Einschätzung „geprägt vom typischen Pessimismus frustrierter Erwachsener: Nur keine Enttäuschungen mehr!“ Die eine und ihre Tochter folgen einer Einladung des Gymnasiums der Tochter zu einem Vortrag: „Eltern auf die Schulbank?“ Da sind noch mehr Eltern und Kinder, die sich erschrocken ineinander wiedersehen. Nicht nur die eine fürchtet, dass sie mit Überängstlichkeit ebenso wenig weiterkommt wie mit dem Gegenteil: dem Größenwahn – und dass all das auf ihre Tochter abfärbt.
Die eine wird wegen ihrer politischen Blauäugigkeit vom politischen Gegner, aber auch von den Ex-Freunden geradezu verhöhnt. Ihr wird, wenn sie denn eigentlich eher schüchtern sei, spöttisch eine Psychotherapie ans Herz gelegt. Sie zieht eine Selbsthilfegruppe vor, die sich „Wer bin ich?“ nennt. Da hängt ein Gedicht von Wilhelm Busch an der Wand: „Wenn einer, der mit Mühe kaum, gekrochen ist auf einen Baum, schon meint, dass er ein Vogel wär´, so irrt sich der,“ „Nein, ich bin kein Vogel,“ erklärt die eine. „Und Du brauchst Dir´s auch nicht einzubilden, um zu vergessen, dass Du ein Wurm bist, Du bist ein Wurm!“ , sagt eine anderer.
Die eine und ihre Tochter ändern einiges: Die eine hält ihr Wort noch nachträglich, indem sie wenigstens ab jetzt politisch nicht mehr mit denen zusammenarbeitet, die ihr zuwider sind. Ihre Ex-Freunde nähern sich ihr wieder, sie finden sie endlich glaubwürdig. Sie hat jetzt eine verlässliche politische Hausmacht und kann regieren. Ihre Tochter aber hat einen neuen Freund, der liebt sie wirklich. Die eine war noch nie so zufrieden.

103.) Gnade

Einer möchte sich glücklich fühlen, aber ohne Selbstbetrug. Er verzichtet auf den Glauben an irgendwas, das heißt auf den Placebo-Effekt. Er nimmt das „sapiens“ (klug) in „homo sapiens“ (der kluge Mensch) ernst.
Vor allem will er nicht an die christliche Verheißung glauben: „Wir sterben, und dadurch leben wir.“ Das heißt: Wenn wir mit Christus sterben, werden wir mit Christus auferstehen. Natürlich steht für den einen lediglich die Deutung dieser Aussage zur Debatte, nicht irgendeine fleischliche Realität. Und die Deutung lautet weder: „Nach jedem Winter kommt ein Frühling“ (deshalb das Osterfest) noch: „Man lernt durch Versuch und Irrtum“ (deshalb gesundet man durch Leidensdruck) noch: „Jeder lebt in seinen Kindern und durch ihr Tun weiter“ (deshalb wirkt er über sein Leben hinaus).
Der eine sieht, dass es bei der christlichen Verheißung um ein Leben nach dem Tod geht – das nicht vorstellbar, das aber doch irgendwie für den vorgesehen ist, der als Christ lebt. Dabei sieht der eine nicht, dass irgendjemand tatsächlich als Christ lebt, das sagt ja schon Christus selbst: Alle Menschen, angefangen bei seinen Jüngern und endend bei seinem eigenen „menschlichen Anteil“ („Herr, lass diesen Kelch an mir vorübergehen“), sind Sünder allzumal, übrigens auch Noah, der als einziger die Sintflut überlebte: kein Gott, ein Mensch - und niemand kann sich am eigenen Schopf aus dem Sumpf ziehen.
Aber genau hier fragt sich der eine, ob nicht irgendetwas Außer-Menschliches im Spiel ist, wenn jemand im Sumpf zu versinken droht und dann doch nicht versinkt. Er hat es bei sich selbst erlebt. Er glaubte, ihm sei das Herz zerrissen und zerbrochen – ein Herzstillstand nahm ihm die Besinnung. Er überlebte. Es sei eine psychosomatische Phänomen gewesen, sagten die Ärzte. Er hatte es erlebt: Irgendetwas Außer-Menschliches rettete ihn. Es brachte ihn ins Leben zurück – wobei eine Lektion zu lernen war: Dass nämlich sein Versuch, er könne sich alles zu Herzen nehmen, was man sich nur zu Herzen nehmen kann, ein Irrtum war. Denn das Herz ist zu klein dafür.
Der eine merkt, dass dieses Außer-Menschliche nicht nur sein Leben gerettet, sondern ihm auch die Lektion erteilt hat, deren Befolgung eine weitere Lebensrettung überflüssig machen wird. Er nennt das Wirken dieser außermenschlichen Macht „Gnade“: unverdient, aber

da. Freunde halten ihm vor, er habe da ein Placebo entwickelt: unbeweisbar, aber wirksam, weil er daran glaube.
Er hält es jedoch für „sapientia“ (Klugheit), die Wirklichkeit als solche zu akzeptieren, auch wenn man sie sich – vielleicht noch – nicht erklären kann. Er zitiert Goethe: „Es gibt mehr Dinge zwischen Himmel und Erde, als unsere Schulweisheit sich träumen lässt!“
Der eine wird trotzdem von vielen für einen Spinner gehalten – gerade er, der genau das nicht sein will! Er will aber nicht als der große Unverstandene herumlaufen. Er spürt seine Neigung dazu.
Jemand in ihm selbst spricht so zu ihm: „Keiner ist so sapiens wie Du, den Neid der anderen musst Du in Kauf nehmen...“ Er merkt, dass diese Stimme nicht von außen kommt.
Er sucht Bundesgenossen für seinen Kampf gegen das Selbstmitleid. Er schließt sich einer Selbsthilfegruppe an, die unter „Keiner kann uns das Wasser reichen !“ firmiert. Jemand aus der Gruppe fragt ihn gleich zu Beginn, ob auch er sich in seiner Demut von niemandem übertreffen lasse – oder wenigstens in seinem Bemühen um diese Demut. Der eine führt den Satz fort: ... oder in der Genugtuung, auch diese Falle wieder erkannt zu haben...
Der eine und der andere aus der Gruppe lachen kein bisschen. Sie sind einverstanden, als ein Dritter aus der Gruppe sagt, ganz leise: „Da hilft nur Gnade.“

104.) Säubern

Eine sieht, dass an einem Türrahmen ein Stück Lack abgesprungen ist. Sie hat ein Lackdöschen dabei und lackiert nach. Ohne Auftrag, ohne Entgelt. Sie fährt Auto. Auf der Straße liegt eine leere Plastikflasche. Sie hält an. Mitten auf der Fahrbahn: Rundumbeleuchtung, raus aus dem Auto, Flasche geschnappt, andere legen eine Notbremsung hin, nix passiert, Glück gehabt, weiter. Eine Irre? Eine Nette? Eine(r) muss den Dreck ja wegmachen! Eine(r), der/die mal nicht jammert, sondern anpackt! Oder etwa nicht?
Die eine fragt sich dass alles selber. Ja, sie ist irgendwie stolz. Aber sie fühlt sich getrieben. Sie hat eine Zwangsstörung. Wenn's wieder über sie kommt, riskiert sie ihr Leben. Und es kommt ständig über sie. Freunde hat sie schon lange nicht mehr. Obwohl jeder einräumt, man könne sich durchaus eine Scheibe von ihr abschneiden – aber eine Scheibe, und zwar eine kleine Scheibe, und nicht mehr!

Die eine findet Anschluss an eine Selbsthilfegruppe „Ängste". Da trifft sie nicht auf Türrahmen und Plastikflaschen, sondern auf Leute, bei denen der „Lack ab" ist und die „unaufgeräumt" wirken.
Sie fragt nach und gibt Ratschläge. Zeitweise vergisst sie, was mit ihr selbst los ist. Dann verschüttet jemand seine Fanta. Sie wischt und poliert den Tisch ½ Stunde lang. Längst ist alles wieder sauber, aber sie wischt und poliert. Die anderen versuchen <u>nicht</u> zu schimpfen. Sie raten ihr zu einer Therapie. Das will sie nicht. Sie kriege das schon alleine hin. Nur: die Eingangstür da vorne schleife am Boden, sie müsse unbedingt gehoben werden, das verstehe doch wohl jeder, oder?
Beim nächsten Treffen, 1 Woche später, ist die Tür gehoben. Der Hausmeister, dem ein anderes Gruppenmitglied einen Tipp gegeben hatte, hat das erledigt. Die eine ist keineswegs erleichtert. Sie schlägt die Hände vors Gesicht und wimmert: Warum habt ihr mir das weggenommen, ich wollte das heute machen, mit Eisenringen für die Scharniere, hier sind sie... Das bewusste andere Gruppenmitglied wird wütend: „Du bist ja echt süchtig, Dir trau´ ich zu, dass Du die Fanta selber umschmeißt, damit Du hinterher putzen kannst!" Eine andere lacht auf: „Nein, mit der Fanta, das war ich neulich, aber Du, Du Putzerin, Du hast mich gestumpt, kann ja mal passieren, hab´ ich gedacht, aber jetzt..."
Die eine rennt heulend raus. Aber sie kommt wieder rein. Sie ist am Ende. Sie beichtet: Sie wisse das ja, notfalls „mache" sie sich die Sorgen, um deren Beseitigung sie sich dann verdient mache, z.B. gebe sie furchtbar gerne Ratschläge, aber auch das seien Schläge und damit fange das Problem ja oft erst richtig an, darum (und nicht aus Stolz) wolle sie auch keinen Rat für sich selbst...
Seit diesem Treffen geht es aufwärts mit ihr. Sie wird die Welt nicht retten, im Gegenteil, sie weiß es ja. Und dass Hochmut vor dem Fall kommt, das weiß sie auch. Sie hat sich nicht an ihre Erkenntnisse gehalten. Das rächt sich jetzt: Selbsterkenntnis ist zwar der erste Schritt zur Besserung, aber <u>nur</u> der erste Schritt zur Besserung. Die eine fühlt sich zunehmend nicht mehr für alles zuständig, und die Faulen können im Blick auf sie nicht mehr sagen: Besser faul als irr!
Sie kommt weiter in die Gruppe. Plötzlich fällt auf, dass der Gruppenraum beim nächsten Mal schmuddelig aussieht. Die eine hat keinen Finger gerührt. Beim nächsten Mal räumen andere auf, nach einem Plan, nach dem jeder mal drankommt, auch die eine, und es geht nur ums Aufräumen, nicht ums Tapezieren oder Renovieren oder so was! Die eine wird gelobt. So frei hat sie sich noch nie gefühlt.

105.) Börse

Einer hat einen Vertrauensposten. Er ist stolz darauf. Er hat sich das erarbeitet. Es ist schon Jahre her, da hatte sein Chef eine schwache Stunde und dem einen angedeutet, man sei fast pleite. Der eine hatte dichtgehalten. Er war auch immer ehrlich zu seinem Chef, der Chef hatte ihm einst dieses Versprechen abgenommen. Z.B. hatte der eine den Chef immer wieder davor gewarnt, zu viel zu vertrauen und vertrauensselig zu werden – manchmal sei Vertrauen gut, Kontrolle aber besser, schon Lenin habe das gesagt...
Der Chef weiß selbst, dass er zu gutmütig ist, er hat schon mehr als einmal jemanden für kreditwürdig gehalten, der´s nicht war. Zum Glück hat der Chef den einen. Zwar macht er sich ständig von ihm abhängig, aber was soll's? So denkt er. Der eine aber denkt: Der verlässt sich auf mich – wieso soll der ein gesundes Misstrauen entwickeln, wenn ich´s ja habe?
Dabei fällt ihm auf, dass er ja auch dem Chef gegenüber misstrauisch ist. Er denkt: Eigentlich habe ich dem gegenüber ein Wächteramt, das ihm als Alibi dient. Der eine findet, dass er sich sein Wächteramt im Grunde anmaßt, obwohl es der Chef so will, allerdings in der letzten Zeit offenbar mit immer mehr Unbehagen. „Sie halten mich ja ganz schön unter Kuratel!", sagte der Chef kürzlich halb im Spaß zu dem einen – aber nur halb!
Der eine entdeckt, dass sein Misstrauen dem Chef gegenüber im Grunde sein eigenes ist, sich selbst gegenüber. So wie der Chef kommt ihm oft die Börse vor: Gern wird da vertraut, dann wird gekauft, und die Kurse steigen, obwohl die Analysten warnen und übrigens auch der eine, und dann kauft der eine doch noch selbst. Der Vertrauensseligkeit des Chefs entspricht das selige Vertrauen des einen in sein Alibi-Wächteramt, und der Vertrauensseligkeit der Börse entspricht das selige Vertrauen des einen in seine analystische Sachkunde, die ihn darüber hinwegtröstet, dass er am Ende selber kauft. Der eine müsste sich sagen: Zu der Euphorie des Chefs und der Börse trage ich selber bei. Er will es aber nicht wahrhaben. Er sei doch schon misstrauisch genug, sich selbst gegenüber.
Er liest mal was von einer „Co"-Rolle: Der „Co" hat einen Bruder Leichtfuß, den versucht er zu zähmen, aber im Ergebnis fördert er noch seinen Leichtsinn. Der Leichtfuß wird in dem Buch als Alkoholiker beschrieben. Der eine ist kein Alkoholiker, na also! Trotzdem: die

Sache mit dem „Co“ macht ihn nachdenklich, zumal der Chef neulich von einem Kunden „inkompetent“ genannt wurde. Seitdem ist der Chef sehr schlecht gelaunt.
„Nur so“ geht der eine mal zum Treffen einer „Co“-Selbsthilfegruppe. Von Alkohol ist da nicht die Rede, dafür aber davon, wie schmeichelhaft es doch ist, Vertrauensmann und Experte zu sein, und wie man für dieses Gefühl nicht selten alles gibt: auch seine Selbstachtung, denn man fügt Schaden zu! Er entdeckt noch so manches, z.B. dass er privat – als Vater eines kiffenden und computerseligen Sohnes – nicht anders ist als sonst, nämlich: Vertrauensmann mit bösen Folgen.
Die Entdeckungen sind „Wahrhabungen“, sie tun weh. Aber Schmerz motiviert, er weiß es schon immer und erlebt es jetzt. Es sind Wachstumsschmerzen.
Er wächst. Er sagt dem Chef, er wolle nicht mehr sein misstrauischer Wächter sein, er, der Chef, wolle das ja wohl auch nicht mehr. Der Chef bestätigt: Auf einem IHK-Führungsseminar habe er neulich dazugelernt. Der eine erzählt von seiner Selbsthilfegruppe. Der eine und sein Chef sehen sich mit neuen Augen. Der eine denkt: Dass man, wenn man wächst, nicht nur neue Zähne, sondern auch neue Augen bekommt, habe ich noch nicht gewusst!

106.) Hoffnungsloser Fall

Eine erscheint zur Selbsthilfegruppe „Lebenskrisen“. Als Erstes stellt sie fest, niemand könne ihr helfen, auch diese Gruppe nicht, sie habe schon alles durchprobiert. Jemand aus der Gruppe berichtet, er kenne das, so sei er auch mal hierhergekommen – und doch geblieben. Auch die eine bleibt und hört zu. Dann stellt sie fest, ihr Fall sei ganz anders als das, was sie hier mitkriege – eben unlösbar. Ein anderer aus der Gruppe meint, er könne dazu nichts sagen, solange sie dazu nichts sage, was natürlich ihr gutes Recht sei. Die eine: „Ihr braucht mir nichts zu sagen, ich kenne das, das bringt überhaupt nichts!“
Die Gruppe akzeptiert das und beschäftigt sich nicht mehr mit ihr. Nach einiger Zeit fängt sie an zu gähnen. Ja, sie langweile sich. Aber nein, man brauche sich nicht um sie zu kümmern. Erneut akzeptiert die Gruppe ihren Wunsch der einen. Wieder nach einiger Zeit verlässt sie den Raum, sie weint dabei. Nach 10 Minuten ist sie noch nicht wieder zurück. Niemand schaut nach ihr. Nur einer erklärt, er wolle doch mal nach ihr gucken. Jemand erinnert daran, dass man es einst

genauso gemacht habe - er jedenfalls lasse sich von ihr nicht unter Druck setzen. Alle anderen schließen sich an. Nur der, der mal nach ihr gucken wollte, muss auf die Toilette. Sie steht vor der Tür und raucht, sie weint nicht mehr, sie lächelt. Der WC-Besucher sagt zu ihr, sie wisse ja, wo man sei, aber in 20 Minuten sei Schluss für heute. Sie kommt wieder rein, sie sagt nichts mehr.
Eine Woche später kommt sie wieder. Keiner fragt sie, was sie eigentlich hier wolle. Nach 1 Stunde, in der man sie nicht weiter beachtet, steht sie auf und bittet um Entschuldigung. Sie könne noch nicht reden. Die Gruppe akzeptiert erneut und stellt fest, sie brauche sich nicht zu entschuldigen. Sie schweigt. Sie geht raus, kommt wieder und schweigt weiter.
Eine weitere Woche später: Sie erscheint erst ¼ Stunde vor Schluss. Sie nimmt sofort das Wort: Dass man sie so sehr links liegen lasse, sei ihr noch nie passiert, ihr, dem hoffnungslosen Fall! Aus der Gruppe ruft jemand: „Was Dich darin bestätigt, dass Du der hoffnungslose Fall bist – ging mir auch mal so, da war bei mir Badezeit: Baden im Selbstmitleid!“ Sie stöhnt: „Ich bin nur todtraurig, sonst nichts!“ Jemand aus der Gruppe fasst zusammen: „Keiner kann Dir helfen, da rauszukommen, das akzeptieren wir!“ Da schreit die eine plötzlich auf: „Nein nein, das wollt Ihr nicht, aber so helft mir doch, bitte, ich allein schaffe es nicht!“ Sie sinkt in sich zusammen.
Dann erzählt sie, wie sie immer wieder gegen die Wand gelaufen ist – sie hat die Leute rat- und hilflos gemacht, sie hat ihnen ein schlechtes Gewissen verschafft, und am Ende waren sie alle sauer, und dann waren alle schuld – Sie waren die Wand, und sie waren schuld ... – ja, sie hat sich bemitleidet, immer und immer wieder...
Später sagt die eine: „Damals, als ich losgeschrien habe, ist der Knoten geplatzt!“ Sie hat Depressionen und kennt schon lange den Satz: Wer Depressionen hat, ist tot, aber er merkt es! Jetzt sagt sie: „Ich war lebendig und habe mit dem Tod gespielt, mit der Hoffnungslosigkeit, es war meine Waffe, damit habe ich die Wände einzureißen versucht – die Wände, die wir doch alle brauchen, weil sie uns schützen.“ Die eine arbeitet an sich. Sie kommt voran.

107.) Beobachtung

Eine ist Journalistin. Sie schreibt Reportagen. Ihre Aufgabe sei es, Fragen zu stellen. Ihre Aufgabe sei es nicht, Antworten zu geben. Sie masse sich nicht an, zu urteilen. Schlussfolgerungen, so sagt sie,

müssten andere ziehen. Sie analysiere auch nicht. Das sei Psychologensache. Was rätselhaft sei, bleibe halt rätselhaft. Der Politiker-Grundsatz „Denken, Entscheiden, Handeln“ sei nicht ihrer. Sie schreibe über das, was dem Denken zugrunde liege oder zugrunde liegen sollte: die Wirklichkeit, ungeschminkt, unfrisiert, wertfrei.
Sie begleitet einen Politiker in seinem Wahlkampf. Der Politiker gibt Antworten, er urteilt, er schlussfolgert, er analysiert, er versucht Rätsel zu lösen und geht davon aus, dass er die Wirklichkeit kennt. Er stammt von ganz unten und arbeitet sich seit Jahren Schritt für Schritt nach oben, viele finden ihn überzeugend und mitreißend, andere allerdings angeberisch und besserwisserisch.
Die eine behauptet, sie finde an ihm gar nichts. Aber sie beobachte ihn. Ihr Blick sei scharf und unnachsichtig, sie sehe, was sei. Das sei die einzige Wahrheit, die es gebe. Der Politiker hetze durch sein Leben, ohne Pause. Zur Beobachtung, sowohl anderer als auch seiner selbst, bleibe ihm keine Zeit. Jeder Tat folge die nächste – zwanghaft und als ob es keinen Tod gäbe. Sein Leben sei wie ein Blindflug.
Die eine schreibt ihre Reportage über den Wahlkampf des Politikers. Daraus wird ein Buch. Die Kritiker zerreißen es, die Freunde und Anhänger des Politikers sowieso: Da tue eine ganz neutral, und dann vernichte sie ihr Objekt. Da lege eine Gift aus und wasche ihre Hände in Unschuld.
Der Politiker gewinnt die Wahl. Die eine hat ihn mit ihrem Buch zum Märtyrer gemacht. Er bedankt sich bei ihr: Er sei halt ein Tatmensch, und zur Beobachtung gebe es ja Gott sei Dank Leute wie sie. Die eine ist froh, aber nicht nur. Sie ist auch neidisch auf ihn, von seinem Schwung hätte sie gerne was ab. Anderseits möchte sie ihn retten und seinen Blindflug beenden. Sie spürt, dass sein Kompliment nicht nur ironisch gemeint war.

Sie trifft sich mit ihm. Jetzt, wo er der Sieger ist, bekommt er Angst vor der eigenen Courage: Angst vor der eigenen Verantwortung – da kennt sich die eine aus. Sie werden ein Paar. Die eine entdeckt erschrocken, dass sie eine Antwort gegeben hat: sie hat Ja gesagt, zu diesem Mann, sie hat nachgedacht und sich entschieden, sie will handeln, sie will ihn „erden.“ Aber ein bisschen ist sie auch auf sich stolz, denn ein Scheibchen hat sie sich von ihn abgeschnitten: von seinem Mut.
Sie fühlt sich hin- und hergerissen – als ihr Buch zerrissen wurde, war das noch nicht so. Ihrem Partner geht es ähnlich. Er will der bleiben,

der nicht nur redet, sondern auch wirklich was tut, aber er will nicht wie ein Getriebener mit Scheuklappen durch die Welt hetzen – Scheuklappen, die die eine nicht hat.
Sie gehen zu einer Paar-Selbsthilfegruppe. Da sind andere Paare, die eine Zerreißprobe bestehen wollen. Alle setzen sich da nicht nur, weil das zu einem Paar zu passen scheint, zusammen, sondern auch und vor allem auseinander. Die eine, bisher eine Art Kamera, die die Wirklichkeit beschreibt, kommt endlich ebenso in der Wirklichkeit an wie ihr Partner, der jetzt Goethes Weisheit versteht: „Der Handelnde hat kein Gewissen“ – der nur Handelnde.

108.) Top-Frau

Eine wird lange erwartet. Als die Mutter 38 ist, wird sie geboren. Die Mutter hat alles gelesen: zur Problematik der Spätgeborenen, der Einzelkinder, der Prinzen und Prinzessinnen, der Chaosbringer für das Karriereweib, das dann doch noch Mutter wird. Dann ist alles ganz anders. Die eine ist süß. schreit wenig, lächelt schon nach 8 Wochen und ist kaum krank. Alle sind begeistert: neben der Mutter zwei Großelternpaare und der ganze große Freundeskreis. Die eine wächst als die Prinzessin auf, von der alle Pädagogen warnen. Die Mutter beruhigt sich: Sie ist ja noch so klein, schon in der Krabbelgruppe muss sie lernen zu teilen, aber eigentlich ist sie ja jetzt schon lieb und verschenkt gerne, was sie hat. Die eine ist ein Musterkind und trotzdem gar nicht eingebildet.
So geht das weiter. Überall ist sie die Nr. 1, sie muss um nichts kämpfen, nicht mal um Demut – auch nicht um jene Demut, sich ohne Hochmut in seiner Demut von niemandem übertreffen zu lassen.
Die eine macht ein 1er- Abitur, hat mit ihrem 18. Geburtstag ihren Führerschein und einen festen Partner. Anders als ihre Mutter heiratet sie mit 20 und bekommt bis zum 24. Lebensjahr 3 Kinder. Sie will Vorbild sein und dazu beitragen, dass wir nicht aussterben.
Als die Kinder aus dem Gröbsten heraus sind, mit 34 Jahren, trennt sie sich von ihrem Mann, dem sie die Kinder überlässt, und beginnt Soziologie und Politologie zu studieren. In Rekordzeit macht sie ihr Diplom und wird Referentin für Gesellschaftspolitik in der Zentrale einer großen Partei. Ihre Kinder besuchen eine Privatschule, der Vater zahlt. Bei der nächsten Wahl wird sie Spitzenkandidatin und fährt ein sensationelles Ergebnis ein.

Aber sie verfehlt den Sieg um Haaresbreite. Sie behauptet aber, gewonnen zu haben. Es zeigt sich, dass sie koalieren muss – mit einer Partei, mit der nie zu koalieren, sie hoch und heilig versprochen hatte. Sie koaliert. Sie war für das staatliche Schulsystem eingetreten. Jetzt kommt heraus, dass ihre Kinder in eine Privatschule gehen. Sie war, Politiker betreffend, massiv für den Vorrang des Gewissens gegenüber der Parteidisziplin eingetreten. Jetzt setzt sie eine Abgeordnete, die aus Gewissensgründen nicht für sie gestimmt hat, unter stärksten moralischen Druck.
Sie schaltet auf stur. Sie habe sich lange genug geduckt und angepasst. Nur ihre Familie habe sie aus eigener Entscheidung so früh gegründet. Jetzt werde sie ihre Sache durchziehen. Eine Parteifreundin hält ihr entgegen, eigentlich habe sie immer getan, was sie wollte – im Guten, so lange es ging, und jetzt eben, „notgedrungen", im Bösen, also mit Zuckerbrot zuerst, mit Peitsche jetzt. Die eine verbittet sich „derartige Analysen einer selbsternannten Analytikerin."
Es gibt Leute, die ihr zujubeln: Frechheit siegt. Aber die meisten distanzieren sich: Die ist unglaubwürdig und arrogant – früher was sie vielleicht anders, aber jetzt? Sie steckt nicht zurück. Sie, der Shooting-Star von neulich, verliert das Vertrauen ihrer Gefolgsleute. Sie wird abgewählt.
Sie will es nicht glauben. Sie spielt ihre letzte Karte. Sie sei brutal gemobbt worden und leide jetzt unter lebensgefährlichen Depressionen. Sie begibt sich in eine Klinik. In der Klinik erhebt sie schärfste Vorwürfe gegen „alle, die mich verraten haben" – dabei lässt sie niemanden aus. Kaum jemand glaubt ihr die Depressionen.
Der Vater ihrer Kinder besucht sie, die Kinder sind dabei: Er habe die Prinzessin geliebt, aber die, die ihre Familie auflöste und wegschickte – die habe er nie geliebt. Die Kinder nicken: „Du wolltest was werden, und wir waren Dir im Wege."
Die eine nimmt eine Überdosis Schlaftabletten. Sie wird gerettet. Noch in der Klinik lernt sie eine Selbsthilfegruppe „Krisen" kennen. Da sind noch andere, bei denen sich bewahrheitet hat: Hochmut kommt vor dem Fall. Die eine, einst Prinzessin und dann Karriereweib, entdeckt etwas Neues, nämlich: wirkliche Demut. Sie will nicht mehr lieb sein und nicht mehr stur - aber was? Sie kennt den Satz von Wilhelm Busch: „Das Gute, dieser Satz steht fest, ist stets das Böse, das man lässt."
Sie ist wieder bei ihrer Familie. Ihrer Partei versucht sie damit zu dienen, dass sie ihre Fehler bekennt – und damit Mut beweist. Sie

macht noch eine Zusatzausbildung zur Psychotherapeutin und arbeitet dann in einer Lebensberatungsstelle mit.

109.) Hebamme

Einer, ein Dicker, der gerne isst und unter Luftnot leidet, kann das Wort „Selbsthilfe“ nicht mehr hören. Da wolle der Staat Geld sparen und sich damit aus der Verantwortung stehlen, und plötzlich appelliere er an die „Selbstheilungskräfte“ des Kranken. Dabei sei es nun mal nicht möglich, sich am eigenen Schopf aus dem Sumpf zu ziehen. Wenn 5 Leute leiden und nirgendwo ausreichende Hilfe bekommen haben und sich dann zusammensetzen: was kommt dabei heraus? Sie ziehen sich gegenseitig noch weiter runter! – so spricht der eine. Er habe das selbst erlebt. Einigkeit mache nicht nur stark, sondern auch schwach, besser: noch schwächer.
Der eine kennt andere, die auch so denken. Sie vereinbaren, sich mal ganz zwanglos zu treffen. Ganz zwanglos schimpfen sie gemeinsam auf den Staat, der die Steuern in die Rüstung stecke oder in die angeblich notleidende Wirtschaft, nicht aber in Therapie, Therapeuten, Kliniken und die entsprechende Forschung. Allen tut das Schimpfen gut. Sie treffen sich wieder. Neue stoßen dazu. Sie sagen: „Wir sind die Loser!“ Dabei lachen sie.
Als Krankenhausärzte gegen Unterbezahlung und ihre endlosen Bereitschaftsdienste demonstrieren, beteiligen sie sich. Sie führen ein Transparent mit, auf dem steht: „Hilf Dir selbst, dann hilft Dir Gott? Falsch! Niemand hilft Dir, Du bist ein Loser!“
Jemand, der nicht mitdemonstriert, hält ein Schild mit folgendem Text hoch: „Ärzte sollten Hilfe zur Selbsthilfe leisten!“ Er kommt mit den „Losern“ ins Gespräch. Er fragt, ob er offen reden dürfe. Das wird bejaht. Dann redet er: „Eigentlich seid Ihr jetzt doch eine Selbsthilfegruppe – Ihr schimpft, weil Ihr Euch nicht selber anstrengen wollt, dadurch haben wir Ärzte natürlich mehr zu tun, Ihr fresst und sauft, und wir dürfen den Bluthochdruck und die Leber behandeln, also fresst und sauft Ihr weiter, unsere Hilfe, über den Tag hinaus gesehen, schadet Euch also!“
Die „Loser“ sind empört, besonders der eine ist es. Der eine, schnaufend und mit hochrotem Kopf, fragt den Arzt, wovon er eigentlich lebe. Antwort: Er berate, im Auftrag einer Privatversicherung, präventiv, z.B. wenn jemand nur noch schimpfe und auf diese Weise genau die Energie verpuffen lasse, die er brauche, um z.B. eine gesündere

Lebensweise zu erlernen – gegen seinen inneren Schweinehund. Dabei schaut der Arzt den einen lächelnd an. Diesen Schweinehund gebe es bei ihm nicht, behauptet der eine patzig, im übrigen nehme ein Privatversicherer nur Gesunde, die ihn eigentlich gar nicht brauchen! „Na ja", ruft ihm einer anderer „Loser" zu, „Du würdest den schon mal brauchen, guck mal in den Spiegel!" Der eine kontert: „Und Du? Kaputtgeschuftet, ausgebrannt, Held der Arbeit, das wolltest Du doch selber, oder?"
Ehe der andere „Loser" antworten kann, meldet sich der Arzt: „Kann es sein, dass Ihr beide gerade in den Spiegel schaut – jeder sieht im anderen das eigene Problem: sich nicht im Griff zu haben, ob beim Essen oder beim Schaffen?" Beide starren den Arzt an: „Na und wenn schon, ist doch unsere Sache!"
Der Arzt strahlt: „Klasse! Dann gründet doch eine Selbsthilfegruppe von Leuten, die keine Loser mehr sein wollen!" Einige von den anderen „Losern", die zugehört haben, finden das gut. Einer von denen ruft: „Der Doktor will uns nicht selbst therapieren, aber er schiebt uns nicht ab, er traut uns was zu, nämlich, dass wir in Zukunft besser auf uns aufpassen, und gemeinsam geht´s ja wirklich besser – der Leidensgenosse mein Spiegel, das leuchtet mir ein!"
Die Stimmung der „Loser" dreht sich. Tatsächlich bildet sich die Selbsthilfegruppe „Die „Ex-Loser". Dem Arzt sind sie dankbar, aber er ist nicht ihr Therapeut oder Leiter, an den Gruppentreffen nimmt er nicht teil, sie nennen ihn ihre „Hebamme".
Der eine nimmt ab und bekommt wieder Luft. Er freut sich, dass der andere „Loser", jetzt „Ex-Loser", der Ausgebrannte, der ihn angesprochen hatte, heute auch mal faulenzt.

110.) Gerechtigkeit

Einer behauptet, alles könne er ertragen, nicht aber Ungerechtigkeit. Dass z.B. jemand, der was versemmelt hat, dafür auch noch belohnt wird, das gehe nicht! Oder, das zwei für gleiche Arbeit verschieden bezahlt würden! Oder, dass jemand nicht wisse, wohin mit seinem Geld, während ein anderer am Verhungern sei! Oder, dass der kleine Mann von irgendwelchen Heuschrecken einfach weggefressen werde! Alles Skandale!
Eigentlich fühlt sich der eine, bei aller Empörung, durchaus nicht unwohl: Er ist auf der richtigen Seite, und so wie er denken fast alle!

Der eine hat einen halbwüchsigen Sohn. Als der sich mal danebenbenimmt, verzichtet er auf einen Tadel, vielmehr lobt er ihn dafür, dass er in der Kopfnote „Betragen“ eine 1 bekommen hat: „Da bin ich stolz auf Dich!“ Als ein anderer Vater sich bei dem einen darüber beschwert, dass sein Sohn bei gleichem Wohlverhalten nur eine 3 bekommen habe, verweist der eine auf die Entscheidungshoheit der Lehrer.

Als ein Nachbar dem einen gegenüber spitz anmerkt, der neue Zweitwagen sei ja wohl nicht unbedingt nötig, er selbst fahre Fahrrad, als rechtschaffender Billiglöhner – kontert der eine mit dem Satz: „Tja, mein Lieber, Leistung muss sich lohnen, und bei mir lohnt sie sich!“ Zu seinem Sohn sagt er: „Du weißt ja, wie viel ich immer spende! Außerdem weiß der Nachbar genau, warum er Rad fährt, er ist seinen Führerschein los, wegen Alkohol, mit Suff kommt man halt auf keinen grünen Zweig!“

Der Sohn benimmt sich wiederum daneben. Er fährt nach dem Genuss mehrerer Apfelkorns mit seinem Bike in Schlangenlinien mitten auf der Fahrbahn. Die Polizei erwischt ihn. Jetzt wird der eine wild. Der Sohn ist so was nicht gewöhnt. Er wird noch wilder als der Vater. Er wirft dem Alten an den Kopf, dass er sich ständig widerspreche, er rede immer von Ungerechtigkeit, aber an ihn, den Sohn, habe er sich eigentlich immer nur rangeschleimt – was dahinter stecke, merke er gerade jetzt: Er, der Vater, lasse ihn im Stich, kaum, dass es ernst werde! Der Sohn heult vor Wut: Geld brauche er, der Vater stecke das alles in seine Scheißspenderei, deshalb habe er so ein Scheiß-Bike, es war mal wieder kaputt, daher die Schlangenlinien, verdammt noch mal!

Des einen Frau hat das vorhergesehen. Sie geht schon länger zu einer Eltern-Selbsthilfegruppe. Sie hatte sich zu schwach gefühlt, ihrem Mann und dem Sohn zu widerstehen. Der eine, bisher selbstgerecht und stolz auf seine angebliche Fähigkeit, mit dem Sohn klarzukommen, lässt sich jetzt von seiner Frau in die Gruppe mitnehmen. Die anderen in der Gruppe machen Mut. Der Nachbar, der nur Fahrrad fährt, ist auch da. Es ging auch bei ihm nicht so weiter, er ist jetzt trocken und hat eine feste Stelle in Aussicht. Der eine hört auch, dass dem Mitschüler mit der 3 in „Betragen“ genau diese 3 genutzt hat, er benimmt sich jetzt besser.

Der eine und seine Frau sind sich endlich einig: Sie sind noch nicht auf der richtigen Seite, auf der Seite der Gerechtigkeit. Aber man kann da hinkommen. Sie gehen weiter zu ihrer Gruppe. Das Jugendgericht verhängt eine Geldbuße über den Sohn. Seine Eltern machen ihm klar, dass er sie zu bezahlen hat, nicht sie. Sie halten Wort. Der Sohn verdient sich das Geld, indem er Zeitungen austrägt. Und er spart jetzt auf ein besseres Bike.

111.) Sozialoffizier

Einer verträgt sich mit seinem Vater nicht. Der, katholischer Kirchenbeamter, will seinem Sohn seine eigenen christlichen Werte vermitteln: nicht nur Gehorsam und Pflichterfüllung, sondern auch Gottvertrauen und Toleranz. Mit 18 verlässt der eine sein Elternhaus und wird Zeitsoldat. Verlangt werden Gehorsam, Pflichterfüllung, Toleranz und ständige Hilfsbereitschaft. Der eine wird Sozialoffizier: eine Art Sozialarbeiter für die Kameraden, zuständig für alles, auch für Konflikte mit dem Vorgesetzten wegen Mangels an „innerer Führung".
Der eine gibt alles, um Kameraden bei Pflichtwidrigkeiten vor ihren – Konsequenzen fordernden – Vorgesetzen zu schützen. Ein Kamerad trinkt, er soll disziplinarisch belangt werden, der Vorgesetzte bekommt einen Brief, in dem der Kamerad ihm androht, er werde ihn wegen einer Kokain-Party verpfeifen, er legt ein entsprechendes Foto bei. Idee und Foto stammen von dem einen. Der Vorgesetzte schlägt die Sache nieder. Sie fliegt auch nicht auf. So lebt der eine: Er wirbelt umher, Tag und Nacht, seine Frau sieht nicht viel von ihm.
Auch privat ist er ein verdeckter Rebell. Er baut einen ausrangierten Post – Pkw so um, dass er beim TÜV als Klein – Lkw durchgeht. Er hatte die entsprechenden Bestimmungen genau gelesen und einige Hintertürchen entdeckt. Bei Ebay und auf Flohmärkten ersteigert bzw. kauft er für Freunde Wertvolles aus dunklen Quellen zu Schnäppchenpreisen. Nach außen allerdings vertritt er das Gewaltmonopol des Staates und gilt als konservativer Kämpfer gegen Sozialmissbrauch, insofern selber ganz Obrigkeit.
Der eine, sehr erfolgreich als pfiffiger und deshalb geheimer Robin Hood, erleidet über Nacht eine Netzhautablösung. Es folgen Operation und zeitweise Erblindung. Er, der immer den großen Durchblick zu haben schien, sieht zuerst nichts mehr und dann nur noch unter Sicherheitsmaßnahmen: kein Sport mehr, keine Erschütterungen, keine Aktionen im Dunkeln...
Sein Vater vermutet, Gott schlage ihn zur Strafe für seinen versteckten Ungehorsam mit Blindheit. Der eine könnte den Alten umbringen, er erklärt ihn als für sich gestorben. Dann der nächste Schlag: Des einen Frau verlässt ihn, ihre Worte: „Immer warst Du der Beste, aber

ich hab´s Dir ja oft genug gesagt: Hochmut kommt vor dem Fall. Irgendjemand will Dich warnen mit diesem Schuss vor den Bug, und den kriegst Du jetzt auch von mir!“
Er ist plötzlich allein. Wer ihm zu Dank verpflichtet sein sollte, setzt sich ab – weil Undank der Welt Lohn ist? Er stürzt in eine Depression und wird am ganzen Körper von Schmerzen überzogen. Er kann keinen Dienst mehr machen. Er ist dem Selbstmord nahe. Jeder spürt das. Aber er bleibt allein: er, der Untriebige, der listenreiche Odysseus der kleinen Leute. Die Ärzte-Odyssee des gewesenen Odysseus bringt nichts. Kein Medikament rettet ihn, eine Therapie scheitert an seinen Schmerzattacken.
Der eine greift zum letzten Strohhalm: Er gesteht sich selber zu, dass er schon jahrelang Migräneanfälle hatte und zuletzt kaum noch richtig schlafen konnte – er hatte sich selbst blind gemacht dafür, es war für ihn immer, wenn er dann doch mal daran dachte, gleich wieder gestorben, so wie damals sein Vater... Der eine weiß schon lange: Es ist eine Frage der Zeit, bis er nicht mehr kann, bis die Bombe platzt, bis der Krug, der so lange zum Brunnen gegangen ist, bricht. Es ist so weit. Und es geht so nicht weiter.
Der eine geht zu einer „Selbsthilfegruppe“ die genauso heißt: „So geht´s nicht weiter.“ Ihm ist jetzt klar: Der Vater hatte recht. Die Frau hatte recht. Und die Gruppe hat recht. Er spürt noch die Wut über all die „Obrigkeiten, die von vorneherein recht haben.“ Aber er ist nicht mehr hochmütig. Er ist demütig: Nicht die haben recht, sondern die Wirklichkeit hat recht. Davon geht er jetzt aus.
Depressionen und Schmerzen nehmen ab. Es geht aufwärts.

112.) Fußballfan

Einer hofft, dass sein Fußballverein aufsteigt. Sein Kumpel sagt: „Der doch nicht, vergiss es!“ Der eine ärgert sich: „Wieso soll ich denn das vergessen, die werden`s schon mal schaffen!“ Der Kumpel lacht: „Hättste gern – ich würd`s trotzdem vergessen, sonst schiebste dauernd Frust!“
Der eine erinnert sich: schon als Kind muss er die Lust auf Eis verloren haben, es gab nämlich nie Eis – er hatte vergessen, um nicht leiden zu müssen! Der Kumpel bestätigt: was ich nicht weiß, macht mich nicht heiß, und wenn die Trauben zu hoch hängen, ohne das ich sie vergessen kann, finde ich sie halt sauer!

Der eine will aber seine Wünsche nicht über der entgegenstehenden Wirklichkeit vergessen. Er will für die Realisierung kämpfen. Daher steht er als Fan bei Heimspielen seines Vereins im Stadion.
Als neulich seine Freundin einen anderen hatte, war er schwer eifersüchtig und versuchte, den Rivalen auszustechen. Er hatte Erfolg. Seine gute Stimmung aber verdirbt ihm sein Kumpel, der schlecht drauf ist. Also fährt er nicht ins Stadion. Er weiß: Die Fußballer werden verlieren, wenn die Fans übellaunig sind.
Der eine hofft nicht nur auf die Fußballer. Er hofft auch, dass seine Aktien wieder steigen. Das ist, nach einhelliger Meinung der Analysten, nicht zu erwarten. Er aber gibt nicht auf und kauft. Die Aktien sinken, der eine verliert. Als Einzelner kann er keinen Trend setzten, das merkt er. Anders die Südkurve im Stadion und ihre mitreißende Wirkung! Als Aktionär, so denkt er jetzt, hätte er sich mit anderen Aktionären solidarisieren sollen, das hätte seiner Sache Wucht gegeben.
Er hat schon mal was von Selbsthilfegruppen gehört: Da solidarisieren sich Leute, die allein nicht weiterkommen mit anderen – Einigkeit macht stark! Der eine geht mal zu einer Gruppe, deren Flyer ihm gefällt: „So geht´s nicht weiter!" Er trifft dort auf jemanden, der ihn an sich erinnert – neulich, als seine Freundin einen anderen hatte. Der jammert, er komme gegen den Rivalen nicht an: ob nicht jemand aus der Gruppe ein gutes Wort bei der Freundin einlegen könne! Die Gruppe lehnt ab, ganz im Sinne des einen: die Freundin ist Privatsache des Jammerers. Aber die Gruppe hat auch wenig übrig für die Fan-Solidarisierung, von der der eine spricht. Da werde auch nur gejammert, keiner fange an, bei den Fußballnarren werde das alles von oben, vom Verein her, in die Wege geleitet und organisiert.
Der eine sieht ein: der sogenannte „kategorische Imperativ" ist auch von ihm bisher nicht beachtet worden: Jeder möge tun, was richtig ist, aus sich, ohne Rücksicht auf die andern! Er erzählt, wie er zu den Fans seines Fußballvereins gestoßen ist: Jemand hat ihm im Auftrag des Fanclubs e.V. „angeworben", Freifahrt zu den Spielen, Trikots, Pfeifen und Trommeln werden gestellt, dito Verpflegung, nur Alkohol ist kontingentiert. Das heiße: Auch bei den Aktionären, von denen er der Gruppe ebenfalls erzählt hat, müsse die Solidarisierung von unten kommen.
In der Gruppe findet jemand, es sei gut, dass so einer wie der eine in die Gruppe komme – einer, der nicht bis zum Hals im Alkohol, in Schulden oder in Depressionen stecke. Aber mit „Immer erst gucken, was die andern machen" gehe es eben auch nicht weiter! Das sagt

der Redner, ohne vorher zu gucken, was wohl der Rest der Gruppe sagen wird.
Das gefällt dem einen, es ist glaubwürdig. Er geht weiter in die Gruppe und kann denen, die bis zum Hals drin stecken, auch mal ein gutes Beispiel bieten, schlechte gibt's genug, und die – schlechte Beispiele verderben die Sitten – sind eine wundervolle Ausrede, die er ihnen damit ein wenig nimmt. So sieht er das jetzt: er – ganz für sich. Dass es auch andere ebenso sehen, freut ihn, ist aber keine Bedingung mehr für sein Handeln.
Er versucht jetzt andere Aktionäre zu finden, mit denen er gemeinsam Aktien kaufen will. Und zu den Spielen seines Vereins fährt er nicht mehr im Auftrag des Vereins – so wie er aus sich regelmäßig in die Selbsthilfegruppe geht.

113.) Throninhaber

Eine fährt einen Porsche. Sie kann es sich leisten. Sie ist Bankerin. Der Porsche ist schnell. Er ist rassig. Er ist cool. Er ist Kult. Weltweit. Die eine weiß: Der Porsche ist ein Spritfresser – bis zu 25 Liter auf 100 km. Sein Schadstoffausstoß ist Spitze. Die EU will vor solchen Autos warnen. Die eine will sich aber nicht bevormunden lassen. Sie sagt: 100 000e von Arbeitsplätzen hängen an Porsche, es ist die liebe Konkurrenz, vor allem die ausländische, die Porsche seinen Welterfolg neidet, auf Porsche kann Deutschland stolz sein, und bald wird er auch umweltfreundlicher...
Der Freund der einen ist wie die EU. Er will die eine umerziehen. Er fährt zumeist Fahrrad. Er ist Biologielehrer. Er zu ihr: Dein Porsche ist Dein Lieblingsspielzeug! Sie zu ihm: Du bist ein kleiner Ökodiktator! Er zu ihr: Du nimmst Dir ganz schöne Freiheiten heraus! Sie zu ihm: Du beschneidest die Freiheit anderer! Sie bleiben trotzdem zusammen. Er fühlt sich als Missionar. Sie fühlt sich als Märtyrerin. Beide tragen, jeweils in ihrer Weise, einen Heiligenschein. Und jeder weiß genau, was falsch ist: die Einstellung des jeweils anderen. Daraus bezieht jeder sein Selbstbewusstsein.
Die eine fährt neuerdings ebenfalls viel Fahrrad. Ihr Freund lässt sich auch mal von ihr im Porsche kutschieren. Die jeweilige Nachgiebigkeit wird vom jeweiligen Sieger sowohl mit Genugtuung („Aha, wird weich!") als auch mit Argwohn („Vorsicht, will mich beruhigen!") aufgenommen.

Nicht aber mit Freude. Beide werfen einander dasselbe vor: Was ich mache, ist falsch, und Du bist immer der Sieger, als Verlierer aber bist Du ´s auch, da bist Du dann der Märtyrer!
Die eine und ihr Freund wissen nicht, was sie tun sollen: Sie brauchen sich, aber ihre Liebe ist eine Hassliebe. Ein Kind, das ist ihnen klar, würde da zerrissen. Aber sie hätten gerne ein Kind. Sie gehen zu einem Therapeuten-Paar, das mit Paaren arbeitet. Sie hören, man müsse, jeder für sich, von seinem Thron runter, und dazu gehöre auch, sich zu freuen, wenn es der Partner tue. Die eine und ihr Freund fühlen sich bei dem Therapeuten-Paar irgendwie zerrissen – als die „Kinder" des Therapeuten-Paares, das in Bezug auf Hassliebe nicht besser ist, als die eine und ihr Freund.
Sie gehen dann zu einer Selbsthilfegruppe von Paaren. Sie nennt sich „So geht´s nicht mehr weiter." Einige haben Kinder und bestätigen, dass auch die Kinder leiden: Sie spüren, dass sie ihre Eltern zusammenhalten sollen, ohne an ihrem Thron zu rütteln – eine unlösbare Aufgabe. Jeder Gruppenteilnehmer verteidigt seine alte Thron-Position, solange es geht, lauter Throninhaber, alle auf Augenhöhe zueinander, also nicht mehr auf Thronhöhe. Alle empfinden das als befreiend.
Zu den Mühen der endlich erreichten Ebene gehört für die eine der vom Freund begrüßte Abschied von der Spielzeugglückseligkeit und für ihren Freund der von der einen begrüßte Abschied von Kreuzzugsphantasien. Der Abschied braucht Zeit. Aber alles hat auch seine Zeit: Jetzt, nach 1 Jahr Gruppe, kündigt sich Nachwuchs an bei der einen. Sie und ihr Freund sind glücklich.

114.) Borderline

Eine schneidet sich in die Unterarme. Es blutet stark. Ihre übliche Langeweile ist gewichen. Magersucht, ADHS, Drogen, Sex, Depressionen und Wutanfälle hat sie schon durch. „Leben und Leiden in einem Augenblick, tiefschwarz bis grellpink", das will sie, so hat sie´s selbst ins Internet gestellt. Gerade eben ist es so bei ihr.
Ihre Umwelt steht Kopf: Ist die irr? Weiß die, was sie tut? Die zerstört sich selbst, ist das Selbsthass? Ist sie nicht genügend geliebt worden? Hat sie die Lieblosigkeit der Umwelt verinnerlicht? Fragen beantwortet sie nicht. Im Internet findet sie 1000e, die so denken wie sie. Dort testet sie sich – ja es ist „borderline". Das tut ihr gut. Sie weiß jetzt, wo sie hingehört. Borderliner sind in. Schon der Name ist

sexy. Er klingt nach Verwegenheit, nach Grenzgängertum, nach lifestyle, nach maximaler Vitalität, nach Himalayabesteigung.
Die Eltern der einen fordern die Schließung der „Selbstmord-Internetforen“, sie fürchten den „Werther-Effekt“, der Selbstmord von Goethes Werther löste vor über 200 Jahren eine europaweite Selbstmordwelle aus. Es bildet sich die Elterninitiative „Schützt unsere Kinder!“ Die eine lässt sich nicht stören. Sie spielt mit dem Gedanken, sich ein Skalpell in den Bauch zu rammen. Sie weiß, dass sie dann zwangseingewiesen würde. Das schreckt sie, aber nicht nur. Noch weit mehr als bei der Diagnose „borderline“ würde sie dann wissen, wo sie hingehört. Bei ihren Eltern weiß sie das nicht, da ist es umgekehrt: die Eltern wissen, wo sie hingehören: an die Seite ihrer Tochter! Sie glauben, dass sie an ihr etwas wiedergutmachen müssen – etwas? Ungeheuer viel.
Die eine wird von den Eltern auf Händen getragen – so weit sie sich das gefallen lässt. Der fürsorglichen Belagerung, die ihr die Eltern aus Angst um ihr Leben angedeihen lassen, entzieht sie sich, indem sie auf Internettrip zu Freunden geht.

Sie macht in Rekordzeit Abitur und will Psychologin werden. Dann wird sie auf dem Mount Everest angekommen sein. Den Tod fürchtet sie nicht wirklich. Ein Heer von Schutzengeln wird ihr zur Seite stehen. Auch ohne den Aufruf der Eltern sind die Engel, möglichst unaufdringlich, gegenwärtig. Die eine und Angst? Wozu? Hauptsache, die Umwelt hat sie!
Die eine nimmt kein Skalpell. Sie macht ihren Führerschein und überholt an unübersichtlicher Stelle. Der Frontalzusammenstoß kostet sie fast das Leben. Sie merkt, dass sie sterblich ist. Wieder gehört sie wohin, sie ist in der Intensivstation verortet. Als sie wieder reden kann, sagt sie zum Klinikseelsorger, der sie besucht: Ich habe wieder mal meinen Anker geworfen. Der Seelsorger gibt das, mit ihrem Einverständnis, an ihre Eltern weiter. Beide Eltern leiden seit einiger Zeit an Erstickungsanfällen. Sie haben sich dann immer Luft gemacht und losgebrüllt. Anschließend haben sie sich noch schuldiger gefühlt als zuvor.
Für beide, die eine und ihre Eltern, gibt es Selbsthilfegruppen: „Borderline“ und „Hilflose Helfer“.
Die eine und die Eltern gehen hin. Die eine fühlt sich dort bestätigt: ihre tiefste Sehnsucht ist die nach Grenzen, denn was kommt nach dem Mount Everest? Die Eltern erkennen dort, dass Schutzengel die Angst vor einem Tod nehmen, der gerade durch sie selbst unver-

meidlich wird – auch bei den Schutzengeln selbst, denn ihr schlechtes Gewissen wird sie ersticken.
Die Selbsthilfegruppen wirken. Die eine ist nicht mehr der Nabel der Welt, ihre Eltern sind nicht mehr ihre Leibeigenen. Die eine ist nicht mehr maximal vital. Vital genügt. Sie lebt und lässt leben, genauer: sie lernt es endlich.

115.) Kaffee

Einer trinkt um 0:30 Uhr seine letzten zwei Tassen Kaffee für diesen Tag – oder seine ersten zwei Tassen des neuen Tages. Er schläft prächtig. Morgens um 6:30 wirft er die Kaffeemaschine an, noch bevor er in der Dusche war.
Er führt eine Event-Agentur, bei der Künstler und Entertainer gebucht werden können. Da muss er praktisch rund um die Uhr ansprechbar sein. Er ist es auch, dank Coffein. Dass er allmählich immer mehr Kaffee braucht, um immer hellwach zu sein, fällt ihm zunächst nicht auf. Aber er merkt, dass er Kaffeevorräte anlegt und nur noch ungern irgendwohin geht, wo er vielleicht keinen Kaffee bekommt. Ohne Kaffee oder wenigstens die nahe Aussicht auf Kaffee wird er nervös. Eine Bekannte sagt zu ihm: Ohne Coffein drehst Du ja fast durch, muss das sein? Dann bemerkt der eine, wie gut er nach 15 Tassen Kaffee um 0.3o Uhr einschläft. Was ihn bisher frisch gemacht hat, wirkt nicht mehr.
Als mal eine Besprechung bis weit nach Mitternacht dauert, nickt er am Konferenztisch ein.
Der eine gerät in Panik: seine Droge wirkt nicht mehr! Er erhöht die Dosis weiter. Jetzt dreht er nicht mehr nur durch, er überdreht. Er ist überwach und wird schreckhaft. Er zuckt zusammen, wenn er unerwartet angesprochen wird. Ein Handygeklingel bringt ihn aus der Fassung. Dann, ganz plötzlich, überfällt ihn bleierne Müdigkeit, er muss sich setzen und schläft sofort ein. Was ist los? fragt ihn die Bekannte, hast Du Dich selbst vergiftet?
Der eine verliert Kunden. Neue Kunden finden sich immer weniger. Die Bekannte, die ihn mal tüchtig fand, rückt von ihm ab. Er trinkt jetzt weniger Tassen Kaffee, aber jetzt ist der Kaffee so stark, dass der Löffel fast darin stecken bleibt. Da passiert es. Sein Herz beginnt zu rasen. Er meint, dass es ihm aus dem Hals springt. In Todesangst greift er nach dem Handy. Er hat Glück, seine Bekannte ist dran. Sie kommt und bringt ihn ins Krankenhaus, es ist 3:00 Uhr in der Frühe.

In der Aufnahme läuft die Kaffeemaschine. Der Arzt trinkt noch schnell seine Tasse leer. Der eine, nach einer Spritze, erzählt, er sei überarbeitet. Die Bekannte ergänzt: Er ist ein Coffein-Junkie! Der Arzt bittet sie, vor der Tür zu warten: die Diagnose stelle er! Die Diagnose lautet: Kein klinischer Befund, psychovegetativer Erschöpfungszustand. Empfehlung: Beruhigungsmittel, Erholung, Spaziergänge, frische Luft.

Die Bekannte lässt sich einen Termin beim Chefarzt geben. Sie erzählt ihm von der Coffeinsucht des einen. Sie hat Glück, der Chefarzt ist Ex–Coffeinist und weiß, wie nahe sich Patienten und Pflegepersonal beim Kaffee sind. Er bestellt den einen, der gerade entlassen werden soll, zu sich und erzählt ihm von sich und wie am Ende sein Herz nicht mehr mitspielte... Er empfiehlt dem einen die Selbsthilfegruppe „Die Süchtigen," die auch ihm seinerzeit geholfen habe.

Der eine geht hin. Seine Bekannte freut sich für ihn. Er verzichtet auf Kaffee. Coffein in Cola-Form ist für ihn kein Problem, er trinkt kein Cola. In der Gruppe lernt er, dass man auf alles süchtig werden kann, mit ähnlichen Folgen. Er beschließt, in Zukunft besser auf sich aufzupassen. Sein Herz ist wieder ruhig. Er dreht nicht mehr durch. Er überdreht nicht mehr. Die Panik ist weg. Er schläft nicht mehr zu wenig und nicht mehr zu viel. Sein Geschäft läuft wieder. Aus seiner Bekanntschaft zu der Frau wird Freundschaft.

116.) Die alte Frau

Einer ist ehrenamtlicher gesetzlicher Betreuer einer sehr alten Frau. Sie kann nicht mehr aufstehen, meist schläft sie. Auf Ansprache reagiert sie nicht mehr, jedenfalls äußerlich. Das Füttern ist mühsam und dauert lang. Sie lebt in einer Alteneinrichtung. Ihr Fernseher läuft Tag und Nacht. Wenn er ausgestellt wird, wird sie unruhig. In ihrem Zimmer steht ihr altes Klavier. Vor 6 Jahren hat sie noch darauf gespielt. Wenn jemand spielt, dreht sich ihr Kopf in die Richtung des Klaviers.

Der eine streichelt sie, wenn er vorbeischaut. Das tun auch zwei grüne Damen, einmal täglich. Jedenfalls wehrt sie sich nicht dagegen. Angehörige, die sie besuchen könnten, hat sie nicht mehr. Eine Großnichte, die bei ihr aufgewachsen ist, ist nicht auffindbar.

Plötzlich isst die alte Frau nicht mehr, sie trinkt auch nicht mehr. Sie bekommt Infusionen. Es stellt sich die Frage einer Magensonde. Der eine ist für alle Gesundheitsangelegenheiten der alten Frau zustän-

dig. Ihr Arzt ist für die Sonde. Der Oberpfleger meint, sie wolle nicht mehr leben, das sollte man respektieren. Der eine merkt, dass eigentlich keiner was von ihr hat: sie macht viel Arbeit und gibt, emotional, kaum was zurück. Sie kann nichts dazu, aber es ist so.
Der eine macht einen Versuch. Er kann Klavier spielen. Er spielt der alten Frau ein Stück vor, das sie, wie er vom Oberpfleger weiß, einst besonders gern hatte. Sie reagiert zunächst nicht. Er schaltet den Fernseher ab. Sie wird unruhig. Er schaltet ihn wieder an und spielt das Stück wieder und wieder. Sie schläft, ihr Kopf liegt in der Richtung Klavier. Das Essen wird gebracht. Die Schnabeltasse wird ihr an den Mund gehalten. Sie öffnet den Mund und trinkt, zum ersten Mal wieder nach Wochen.
Der eine versucht noch mal, die Großnichte der alten Frau zu finden. Sie hatte einen Freund. Der sitzt ein. Er sucht den auf und erhält von ihm einen Tipp. Dafür bringt ihm der eine 5 Gramm Shit mit. Der eine wird erwischt. Aber er findet die Großnichte.
Sie besucht die alte Frau. Sie bringt ihre zwei Kinder mit. Das eine Kind ist inzwischen 13, mit 4 war es das „Engelchen" der alten Frau. Es ruft die alte Frau mit ihrem Namen. Sie schlägt die Augen auf, sie scheint nichts zu sehen, aber sie lächelt. Der Oberpfleger will es nicht glauben, aber es ist wahr. Sie isst wieder, sie trinkt wieder. Auch der 13-jährige kann Klavier spielen. Er spielt. Die alte Frau braucht keine Infusionen mehr. Das Füttern geht schneller als früher. Der Fernseher kann ausgemacht werden, wenn Klavier gespielt wird, jetzt auch von einer Grünen Dame und einer Altenpflegerin aus einer anderen Station, der das Spaß macht. Dann lächelt die alte Frau.
Der eine wird nach dem Betäubungsmittelgesetz zu einer Geldstrafe verurteilt. Sein Motiv wird strafmildernd berücksichtigt. Ihm wird aber empfohlen, sich einer Betreuer-Selbsthilfegruppe anzuschließen. Er geht hin. Er begreift, dass er sich geirrt hat: Nicht nur der Oberpfleger war im Fall der alten Frau überfordert, sondern auch er, der eine – es gibt eine Parallele zwischen dem Sterbenlassen der alten Frau und der Beihilfe zum Drogenkonsum, beides ist verständlich, aber so, wie die Dinge hier liegen, falsch. Der eine schämt sich seines Hochmuts. Aber da ist er in der Gruppe nicht der einzige. Das hilft.

117.) Konkurrenz

Eine, die unter Depressionen leidet, sitzt beleidigt in ihrer Selbsthilfegruppe. Eine andere aus der Gruppe habe ihr gerade ihren Stamm-

platz weggenommen. Diese andere ist empört: Ihr eigener Stammplatz sei heute besetzt, Britta, die Neue, sitze darauf, und sie habe die Britta nicht gleich wieder vertreiben wollen. Außerdem komme die eine ja nur sehr unregelmäßig, und da von Stammplatz zu reden, sei ja wohl nicht ganz passend. Die eine verliert völlig die Fassung, lauthals beschwert sie sich: Nie komme sie hier zu Wort, daher habe sie schon öfters überhaupt nicht mehr kommen wollen, dann aber habe sie sich, nach einer Pause, doch wieder einen Ruck gegeben!
Sie heult und fügt an: Es sei überall das Gleiche, sie sei der letzte Dreck! Aus der Gruppe heraus wird ihr vorgerechnet, dass sie z.B. beim letzten Treffen über eine halbe Stunde lang ganz allein das Wort hatte, keiner habe ihren Redestrom zu unterbrechen gewagt. Die eine aufgelöst: „Ihr lacht hier immer wieder, und ich bin so furchtbar unglücklich, und jetzt habe ich sogar meinen Stammplatz in der Gruppe verloren, ach, ich gehe!“ Sie steht auf und verlässt den Raum. Unbehagliches Schweigen in der Gruppe. Nur Britta, die Neue, lächelt. Schon vor Beginn des Treffens hatte sie Unwillen erregt: Sie sei, um das mal gleich klarzustellen, nicht die Spur krank, seit 18 Jahren werde sie von den Psychiatern verfolgt und ausgegrenzt. Vom Gefühl her sei ´s jetzt wieder so. Dabei habe sie gar nicht mitgekriegt, dass die eine ihren Stammplatz wieder haben wollte.
Aus der Gruppe hört man: „Jetzt ist die Konkurrenz weg, das freut Dich, oder?“ Jetzt schreit auch die Britta: „Schweinerei von Euch, mich mit der einen zu vergleichen!“ Zwischenruf: „Die fühlt sich wenigstens krank, hoffentlich kommt sie bald wieder!“ Darauf die Britta: „Wenn die wieder kommt, gehe ich!“ Mehrere Zwischenrufe aus der Gruppe: „Aber dann geh´ doch!“ Dann Widerspruch: „Hier wird keiner rausgeworfen!“
Da kommt die eine wieder rein. Sie war auf der Toilette und wirkt jetzt erschöpft. An dem Streitgespräch darüber, ob die Gruppe einen Teilnehmer ausgrenzen darf, nimmt sie nicht teil.
Die Britta geht – sie habe sowieso früher gehen wollen, ihr Hund warte zu Hause auf sie, er sei noch ein Baby, das nächste Mal sei sie wahrscheinlich wieder in der Psychiatrie, die Psychiater seien schon auf ihrer Spur...Die eine lächelt, ein wenig. Aus der Gruppe hört man: „Jetzt ist die weg, und Du hast gewonnen!“
Die eine winkt ab: „Ich gewinne nie, immer waren alle gegen mich, in Polen immer die Polen, in Deutschland immer die Deutschen, sie wollten mir meine Kinder stehlen, ich musste sie verstecken...“ Die eine, Deutschpolin und dreifache Mutter, erzählt noch mal, wie schon vorige Woche, ihre Lebensgeschichte: Ihre Kinder wollten nicht, was

sie sollen, hier im verdorbenen Deutschland wurden sie – so die eine – verführt und missbraucht, von Punkern, Dealern und Zuhältern... Zwischenruf: „Und Du hast sie verloren, gehören die eigentlich Dir?" Eine Frau aus der Gruppe erzählt hier, wie glücklich sie jetzt ist: Sie will nicht mehr überall im Mittelpunkt stehen, weder als Mutter Maria oder Teresa ihrer Kinder noch als die große Leidende, die keine anderen großen Leidenden neben sich duldet... Die eine merkt, dass die Frau auf die Britta anspielt: Was habe sie denn mit der zu tun? In der Gruppe zitiert jemand den Ausspruch eines Philosophen: „Denen, die wir hassen, ähneln wir mehr, als wir ahnen." „Du hast bei der in den Spiegel geschaut, und da bist Du hier nicht die einzige, die sie rauswerfen wollte", ruft ein weiterer Teilnehmer.
Die eine hat sich entladen. Sie geht noch mal zur Toilette. Danach räumt sie ein, ihr Temperament habe ihr schon so manchen Streich gespielt. „Und Dein Temperament bist Du!" hört man aus der Gruppe. Unwillkürlich nickt die eine. Die Frau von vorhin: „Oder sind´s Deine Gene?" Die eine ist mit dem Fahrrad zur Gruppe gefahren, 20 km in 45 Minuten. Sie sagt: „Eigentlich bin ich ja ganz unsportlich, aber es ging, ich wollte es mir beweisen!" Beifall aus der Gruppe. Die eine kommt weiter in die Gruppe. Es geht ihr allmählich besser.

118.) Betüttelei

Die eine schimpft: Ich soll meinen Sohn immer betüttelt haben, darum sei er heute noch so unselbständig – aber ich hab´s doch nur gut gemeint! Ja, sie kenne den Spruch: Das Gutgemeinte ist der Feind des Guten. Ihr Mann sage immer, es gebe in dieser Welt oft eine Art Schubumkehr: etwas, das einem dienen solle, wende sich gegen einen selbst, z.B. werde man von einem hilfreichen Medikament abhängig und nehme zu viel davon, oder: das eigene Immunsystem spiele verrückt und werde zum Feind. „Aber", so die eine, „muss das denn sein?"
Der Sohn leidet, obwohl erst 23, unter Rückenschmerzen. Sie kommen und gehen, und niemand weiß, wo sie herkommen. Körperlich ist er „ohne Befund." Medikamente und Spritzen helfen nur kurzfristig, und auf dem Beipackzettel steht ausdrücklich, man könne davon abhängig werden.
Die eine liest in einem Buch: Schmerz – eigentlich ein Warnsignal – kann sich verselbständigen und quält dann ohne Sinn. Wenn der Sohn sich wieder mal krümmt vor Schmerzen, muss er liegen, die

Mutter pflegt und betüttelt ihn, und das hilft ihm, wenn auch nur kurze Zeit – „Ist doch wohl normal, dass ich helfe, oder?“ fragt sie. Ihr Mann verneint. Für ihn ist der Sohn kein Fall von Schubumkehr. Unbewusst, sagt er, wolle der ein Kind bleiben, und die eine lasse sich darauf ein. Diese kontert: „Du bist ja nur eifersüchtig!“ Sie fügt an: „Und ob´s Schubumkehr ist oder nicht, bestimmst ja wohl Du, oder?“
Der Familienfrieden ist gestört. Der Sohn wird vom Vater aufgefordert, Sport zu treiben. Der Sohn hat´s mal versucht, er hat mit Joggen angefangen und ist vor Rückenschmerzen, die ihn nach wenigen Minuten überfallen haben, „fast gestorben“, wie er sagt. „Nie wieder!“ war und ist seine Reaktion. Die eine zum Vater: „Das war eine klassische Schubumkehr!“
Die eine entdeckt eine neuartige Schmerztherapie: In einer Klinik wird ein neuer Lebensstil eingeübt – positives Denken, Verhaltenstherapie zum Verlernen der subjektiven Erfahrung, dass der Schmerz gerade da und gerade dann auftritt, wo und wann er erstmals oder öfters aufgetreten ist, ferner Yoga, Malen und Trommeln und das alles in einer Atmosphäre der Wertschätzung, niemandem wird unterstellt, er wolle offenbar, wenn auch unbewusst, ein Kind bleiben und erzeuge in der Tiefe seinen Schmerz selber, von der Seele her. Der Sohn macht die Therapie. In der Klinik ist er fast schmerzfrei. Danach ist es das alte Lied mit ihm.
Das kennt die eine von ihren Versuchen, dem Sohn beizustehen. Wenn sie ihn streichelt, geht´s ihm besser. Sie wirkt offenbar, ähnlich wie Medikamente oder auch körpereigene Schmerzmittel wie Adrenalin oder Endorphine, kurzfristig, damit alle mal aufatmen können: die Schmerzopfer und ihre Helfer. Trotz der Kurzfristigkeit wird die Abhängigkeit, in der der Sohn zu ihr schon immer steht, jedes Mal verstärkt, auch die Klinik würde der Sohn am liebsten gar nicht mehr verlassen...
Die eine fasst zusammen: „Er braucht noch viel mehr Liebe!“ Aber wo nimmt sie die her? Das fragt sie sich immer häufiger. Wenn sie den Sohn sich krümmen sieht, bricht ihr fast das Herz – auch buchstäblich: sie hat plötzlich Schmerzen in der Herzgegend und wird gerade noch rechtzeitig eingeliefert und operiert, sie hat jetzt 3 Stents. Sie klagt: „Und ich wollte doch immer gesund bleiben, vor allem für den Bub!“ Ihr Mann ergänzt: „Und für mich, gib´s zu - und was hast Du erreicht? Das war ein Warnsignal!“ Die eine darauf: „Und wirst Du jetzt wenigstens netter sein zu mir?“ Ihr Mann: „So wie Du zum Bub, das tröstet Dich, und Du tust wieder nichts gegen Deine Betüttelei!“ Die eine heulend: „Für Dich ist Liebe ein Fremdwort!“

Der Sohn hat neuerdings kaum noch Schmerzen. Die eine ist noch in der Reha, der Vater hat „keine Liebe“, die Therapie ist herum, und er selbst gilt als austherapiert.
Es geschieht ein kleines Wunder: Die eine geht heimlich in eine Selbsthilfegruppe, die sich „Loslassen“ nennt. Sie hat Angst davor, dass ihr Herz tatsächlich zerbricht, durch Herzinfarkt. Und davor, dass der Sohn es nie schafft – mit dem, was man so „Liebe“ nennt. Und davor, dass dann ihr Herz endgültig zerbricht – das Herz einer Mutter, die ihr Kind nicht loslassen wollte.

In der Selbsthilfegruppe trifft die eine auf Leidensgenossen. Das hilft. Gemeinsam geht´s besser. Sie verändert sich: keine Herzschmerzen mehr – der Sohn mit einer Freundin, die ihn nicht betüttelt, ihr Mann bemüht, nicht zum Ersatz für den Sohn zu werden, als Objekt einer Betüttelung. Ein gutes Zeichen: Alle vier joggen zusammen, nebeneinander her.

119.) Gruppengründung

Einer ist ein Dicker.
Er ist gutmütig. Er schluckt alles runter. Man sieht´s ihm an. Er wehrt sich zu wenig. Er muss sich schützen. Er hat ein dickes Fell. Auch das sieht man. Hinter seinem Fett versteckt er sich: Sorgenspeck nennt man das. Sein Übergewicht geht auf die Gelenke, vor allem die Hüfte. Er kann sich nur schwer bewegen, Folgen: Bluthochdruck, Gefahr von Herzinfarkt. Wer sich zu wenig wehrt und sich einen Schutzwall aufbaut, der ihn umbringt, steht unter Stress. Auch der zieht Bluthochdruck nach sich. Er ist auch zuckerkrank: Er will immer geben und nicht nehmen – Liebe, die ihm entgegengebracht wird, fällt bei ihn durch, das ist der Zucker, der bei ihm nicht verarbeitet wird, sondern durch seinen Körper durchfällt. Verstärkt wird die Zuckerkrankheit durch zu viel Essen, Übergewicht, Unbeweglichkeit und Bluthochdruck.
Der eine weiß das alles. Er glaubt nicht mehr an die Allmacht der Gene. Das ist zwar bequem, weil er dann einen Sündenbock hat. Aber er hat dann keine Chance mehr. Er verurteilt sich selber zum Tode.
Er sucht, nach einer vieljährigen Odyssee von Arzt zu Arzt und von Klinik zu Klinik, eine passende Selbsthilfegruppe. Er hat mehrere Operationen hinter sich, die seinen Magen verengen oder zugunsten

eines Bypasses lahmlegen sollten. Er starb fast vor Qual: Seelenqual. Wie sollte er leben, ohne dick zu sein? Obwohl er bald sterben wird, wenn er nicht abnimmt...
Er findet nur Selbsthilfegruppen, die Ärzten und Kliniken zuarbeiten oder das etwaige eigene Selbstmitleid noch verstärken und nicht selten zu Kampfgruppen werden gegen angebliche Schuldige: Neben den Genen Mac Donalds, all die Ehrgeizigen, die über Leichen gehen und es mit den Feinen und Sensiblen machen, und eine Gesellschaft, die von „dick, faul und gefräßig“ spricht und von Einfühlung in Fette nichts hält.
Er findet keine passende Selbsthilfegruppe.
Aber eine selbst gründen, das hält er für unmöglich. Schließlich stimmt es ja: Er ist fett, faul und gefräßig! Er bekommt den Hintern nicht hoch. Er reißt sich zusammen und annonciert in Zeitung und Internet, er suche Leidensgenossen. Übers Internet melden sich drei. Mit einem kommt es zum Chatten. Die beiden schicken sich Fotos. Es dauert drei Monate, aber dann treffen sie sich. Sie gründen gemeinsam die Selbsthilfegruppe „Wir sind mit allen dicke“. Das setzen sie ins Internet.
Etwa 20 Leute fragen an, was das heiße. Der eine und sein Mitstreiter erklären: „Schon Caesar sagte: Lasst dicke Männer um mich sein, die sind lieb und ungefährlich! Und es gibt den Spruch: Everybody´s darling is everybody´s Depp.“
Nach einem halben Jahr kommen sechs Leute zusammen. Der eine soll die Gruppe leiten: Wenn er es nicht tue, sei er noch genauso fett, faul und gefräßig wie bisher, und man sei sich ja einig, dass niemand anders den eigenen Hintern hochkriegen kann als man selbst, und zwar im eigenen Auftrag. Der eine gibt das an die anderen fünf zurück. Niemand tut was. Soll man wieder nach Hause fahren?
Keiner gibt nach. Zwei Teilnehmer wollen einen Fachmann einbeziehen. Tatsächlich finden sie einen Gruppentherapeuten, der eventuell bereit ist zu kommen. Er sagt aber ab, als er hört, dass er die Gruppe leiten soll: für eine Selbsthilfegruppe verantwortlich sei die Selbsthilfegruppe, sonst niemand.
Man trennt sich. Es vergeht fast 1 Jahr. Plötzlich schlagen fünf von den sechs Teilnehmern, unabhängig voneinander, einander vor, sich wieder zu sehen – ohne die Bedingung, dass jemand leitet. Alle sind einverstanden, gemeinsame Begründung: So wie bisher geht es nicht weiter!
Die Selbsthilfegruppe bildet sich, Untertitel: So geht's nicht mehr weiter! Nach drei Treffen, wegen der räumlichen Entfernung der

Teilnehmer einmal monatlich, kommen zwei Neue. Nach einem Jahr kann man drei regionale Kleingruppen bilden, von Zeit zu Zeit kommen alle zusammen. Ganz von selbst hat sich eine Arbeitsteilung eingespielt: Alle kriegen ganz aus sich den Hintern hoch, und „weisungsgebunden", deshalb wird jeder daran gehindert, es mit sich machen zu lassen und alles selber zu tun. Schon die Gruppengründung hat alle weiter gebracht.
Plötzlich gelingt es einigen, z.B. dem einen, Gewicht zu verlieren. Sie essen weniger. Was nie ging, geht plötzlich, natürlich in kleinen Schritten.

120.) Gegen Selbsthilfegruppen

Einer setzt eine Anzeige in die Zeitung: „Suche Mitstreiter bei der Gründung einer Selbsthilfegruppe gegen Selbsthilfegruppen!"
Zum angegebenen Termin erscheinen neben dem einen sechs Leute. Der eine stellt sich vor: 53, Diplomingenieur, alleinstehend, nach diversen Krankheiten nunmehr den Selbsthilfegruppen entkommen und endlich wieder gesund. Er und die sechs Leute, die gekommen sind, bestätigen sich gegenseitig darin, dass Selbsthilfe, wenn es nicht gerade um Lappalien geht, ein Widerspruch in sich selbst sei: man könne sich halt nicht am eigenen Schopf aus dem Sumpf ziehen! Der eine beklagt, dass manche Fachleute einfach kneifen: sie verweisen den Patienten auf sich selbst, statt ihm unter die Arme zu greifen. Ein anderer erzählt von einer Selbsthilfegruppe, in der seinem depressiven Vater gesagt wurde: Hilf Dir selbst, dann hilft Dir Gott! Der Vater habe sich dann umgebracht. Ein Dritter schimpft über die „Scharlatane" in Selbsthilfegruppen, die von Ärzten, Psychologen und Medikamenten abraten nach dem Motto: Erst der Fachmann macht Dich krank, denn davon lebt er! Ein Vierter spricht von den Selbsthilfegruppe-Gurus: die Gruppenmitglieder sind seine Jünger – wie bei der Scientology Church!
Alle sind sich darin einig, dass das in Selbsthilfegruppen übliche Abjammern zwar kurzfristig gut tue, aber auf Dauer nicht mehr sei als eine Energieverpuffung, und dass gemeinsames Leid halbes Leid sei, sei reine Einbildung. Jemand, der noch gar nichts gesagt hatte, rundet ab: Die meisten Gruppenleute seien auf dem Helfertrip, sie bräuchten Problemfälle wie die Luft zum Atmen, er jedenfalls fühle sich da benutzt – als Objekt und als Mittel zum Zweck.

Der eine freut sich: er hatte eine zündende Idee. Aber was jetzt? Eine Journalistin wird eingeladen, sie kommt und schreibt einen Artikel unter der Überschrift „Selbsthilfe ade?“ Beim nächsten Treffen sind um die 20 Leute da, darunter auch Professionelle. Einer von denen, ein Chefarzt, warnt: Man solle die Kirche im Dorf lassen und nicht das Kind mit dem Bade ausschütten: nicht nur bei Lappalien greife die Selbsthilfe, zwar nicht immer, aber gerade da, wo es keine „Führung“ gebe, ob nun Therapeut oder Guru. Der eine widerspricht. Es bilden sich zwei Parteien: die eine folgt dem Chefarzt, die andere dem einen. Jemand nennt den einen den „Selbsthilfe-Gegenpapst“: diese Rolle verlange alles von ihm, wahrscheinlich habe ihn das gesund gemacht. Der Chefarzt hingegen spricht von seinem burning-out vor einigen Jahren, er hatte Herzrhythmus-Störungen und tritt seitdem kürzer, eine eigene Ärzte-Selbsthilfegruppe, genannt „Balintgruppe“, habe ihm da sehr geholfen. Zwischenruf: „So muss es laufen, eigentlich sind Sie einer von uns, kein Gott im weißen Kittel!“ „Oder Papst!“, ergänzt jemand.
Alle stimmen zu, auch der eine. Er ist kleinlaut geworden. Zwar erklärt er, kein Gegenpapst sein zu wollen. Aber der Jemand, der diesen Ausdruck verwendet hatte, bezweifelt das. Das tun auch andere. Dem einen wird schwindelig. Sein Kopf fällt nach vorne. Der Chefarzt bleibt nicht untätig. Aber er ist einer von denen, die dem einen zurufen, er sei als Nicht-Gegenpapst viel sympathischer. Und wieder ein Zwischenruf: „Wen´s schwindelt, der schwindelt!“ Da springt der eine auf: „Ich schwindle nicht, ich will gesund bleiben, burning-out kenne ich auch, und auch mein Herz kommt in der letzten Zeit immer mehr aus dem Takt.“ Er setzt sich und schweigt.
Man beschließt, auf dieser persönlichen Ebene weiterzumachen als Selbsthilfegruppe „Weniger ist mehr, mehr als nichts“. Der eine macht mit, sonst nichts. Sein Herz beruhigt sich.

121.) Tat

Einer sitzt in seiner Selbsthilfegruppe „Lebenskrisen“. Soeben hat er mitbeschlossen, endlich mit dem Reden aufzuhören und mit dem Handeln zu beginnen. Man will aus der Not der gegenwärtigen Wirtschaftskrise eine Tugend machen. Z.B. will der eine eine Nachbarwohnung neu tapezieren und dafür dem Nachbar Gelegenheit geben, sein (des einen) Auto wieder in Schwung zu bringen. Oder: Er verfasst für den Nachbarn einen Text (für einen Behördenbrief), dafür

lässt er sich vom Nachbarn massieren (der Nachbar kann das). Die jeweilige Leistung kann auch jeweils bezahlt werden.
Oder ganz aktuell: Der eine hat vom Kindergeburtstag noch eine Menge Kuchen übrig. Er bringt ihn in die Gruppe mit. Ein anderer überreicht ihm im Namen der Gruppe einen Strauß Wiesenblumen, selbst gepflückt. Alle freuen sich.
Die Gruppe ist sich einig: Die Weltwirtschaftskrise ist nicht vom Himmel gefallen. Auch der eine hat zweifelhafte Wertpapiere gekauft, die man ihm empfohlen hatte, er hat Verträge unterschrieben, ohne das Kleingedruckte gelesen zu haben, hat auf seine Kreditkarte vertraut, als sei´s Bargeld, Motto: Ich mache meine Krise selber! Dabei ist der Kunde König, weltweit.
Die Partnerin des einen ist dabei. Der eine zu ihr: „Ich habe mich von Dir ebenso in Sicherheit wiegen lassen, wie von den Kapitalisten, verwöhnt hast du mich, es ging mit zu gut, und wenn´s dem Esel zu wohl wird, geht er aufs Eis, Ergebnis: Schulden, Führerschein weg, Arbeit weg…" Dazu die Partnerin: „Ich wollte Dich vereinnahmen, nicht anders als das die Kapitalisten mit uns allen versuchen…"
Aus der Gruppe fasst jemand zusammen: „Die Katze, die immer gefüttert wird, verlernt das Mäusefangen. Je mehr sie gefüttert wird, desto hungriger wird sie, sie ist wie ein Fass ohne Boden, und der Fütterer geht pleite." Der eine nickt: „Ich war die arme vereinnahmte Katze, der Kunde, das Opfer des kapitalistischen Konsumterrors." Auch die Partnerin nickt: „Und ich war die böse Kapitalistin, die Betrügerin."
Alle in der Gruppe kennen diese Situation von sich selbst, mal mehr, mal weniger. So ist die ganze Gesellschaft, sie wissen es – ohne sich damit zu trösten. Sie wollen mit eigener Aktivität der Gesellschaft ein Beispiel geben: als Selbsthilfegruppe der Tat. Motto: Es ist genug Arbeit da, tun wir sie, jeder mit seinen Gaben, arbeitsteilig, im Austausch, wobei Geld vieles erleichtert, und, wenn´s Spaß macht, auch im Wettbewerb, aber der muss fair ablaufen.
Der eine, lange erwerbslos gewesen, lahm geworden und abhängig von staatlicher Stütze sowie dem Verdienst und der Tüchtigkeit seiner Partnerin, bekommt inzwischen Aufträge von Wohlhabenden: Gartenpflege, Hausverwaltung, Gesprächspartnerschaft (vor allem bei Senioren). Auch seine Partnerin hat sich zum Teil auf eigene Füße gestellt, aber nicht als „Mütterchen für Kinder, die längst keine mehr sind", sondern als frei schaffende Dekorateurin bei Betriebs- und Familienfeiern.

Auf einem Tisch steht ein Schild mit dem Text: „Ich bin für mich selbst verantwortlich". Das hat der eine selbst gemalt, sauber auf Holz und mit Farbe. Er sagt: „Dabei habe ich darauf geachtet, dass ich nicht mehr, wie bisher sehr oft, etwas kaufe, was ich nicht brauche, von Leuten, die ich nicht mag, und für Geld, das ich nicht habe – denn: Ich bin für mich selbst verantwortlich und kann mir diese alten Fehler einfach nicht mehr leisten!"
Die Gruppe beschließt, sich in Zukunft zu nennen: „Von der Krise zu Tat".